# HEITOR DE PAOLA

# O EIXO DO MAL
## LATINO-AMERICANO E A NOVA ORDEM MUNDIAL

**HEITOR DE PAOLA**

# O EIXO DO MAL
## LATINO-AMERICANO E A NOVA ORDEM MUNDIAL

3ª edição
Agosto de 2022

O Eixo do Mal Latino-Americano e a Nova Ordem Mundial
Heitor de Paola
3ª Edição — setembro de 2022 — Editora PHVox
Título original: O Eixo do Mal Latino-Americano e a Nova Ordem Mundial: Os golpes revolucionários no continente latino-americano e os tentáculos ditatoriais da Nova Ordem Mundial
Copyright © 2022 by Heitor de Paola.

Os direitos desta edição pertencem à
Editora PHVox — PHVOX LTDA
Coronel Jose Eusebio, número 95, casa 13
CEP: 13069-096 — Higienópolis, São Paulo-SP
www.phvox.com.br
e-mail: suporte@phvox.com.br

*Direção Editorial:*
Paulo Henrique Araujo

*Revisão:*
Paulo Henrique Araujo

*Preparação de texto:*
Paulo Henrique Araujo

*Diagramação:*
Anderson C. Sandes

*Capa:*
Anderson C. Sandes

*Conselho editorial:*
Ivan Kleber Fonseca
Paulo Henrique Araujo
Rogério Luiz Palão

---

FICHA CATALOGRÁFICA

De Paola, Heitor.
O Eixo do Mal Latino-Americano e a Nova Ordem Mundial: Os golpes revolucionários no continente latino-americano e os tentáculos ditatoriais da Nova Ordem Mundial / Heitor de Paola; — São Paulo, SP: **Editora PHVox,** 2022.
ISBN: 978-65-995484-4-4
1. Organizações internacionais de partidos esquerdistas (social democráticos, socialistas, comunistas, trabalhistas)
I. Título II. Autor

CDD — 324.17

ÍNDICE PARA CATÁLOGO SISTEMÁTICO
1. Organizações internacionais de partidos esquerdistas (social democráticos, socialistas, comunistas, trabalhistas) – 324.17

---

Editora PHVox — www.phvox.com.br

Reservados todos os direitos desta obra. Proibida toda e qualquer reprodução desta edição por qualquer meio ou forma, seja ela eletrônica, mecânica, fotocópia, gravação ou qualquer outro meio de reprodução, sem permissão expressa do editor.

Para minha esposa Magali
e a linda família que constituímos juntos

**Agradecimento:**

Graça Salgueiro

**Agradecimento póstumo aos mestres
com os quais aprendi muito:**

Carlos Ilitch Azambuja
Armando Ribas
Olavo de Carvalho
Jorge Baptista Ribeiro
Cláudio Bhuchholz Ferreira

# Sumário

Prefácio ............................................................................. 13
Introdução à terceira edição .......................................... 17
Por que escrever este livro? ............................................ 21
Interlúdio ......................................................................... 35
Uma advertência necessária ........................................... 42
O recomeço ..................................................................... 45

**PRIMEIRA PARTE — UMA QUESTÃO DE METODOLOGIA**

**CAPÍTULO I** ................................................................... 61
Erros de metodologia de avaliação das estratégias comunistas cometidos pelos serviços de inteligência ocidentais ..... 61
1. A nova estratégia soviética de dominação mundial: retorno ao leninismo ........................................................ 63
2. As previsões de Anatoliy Golitsyn ............................. 64
3. A crise no mundo soviético após a morte de Stalin ... 67
4. O KGB e a desinformatsiya ........................................ 68
5. A desinformatsiya em ação ........................................ 71
6. As principais operações de desinformação ............... 73
7. O declínio da cia ........................................................ 74
8. O movimento pela paz mundial ................................ 76

**CAPÍTULO II** .................................................................. 79
A necessidade de uma nova metodologia de análise ..... 79
1. Significado da re-organização do KGB após a Perestroika ...... 80
2. A nova face da guerra ................................................ 85
3. Diferenças entre um partido comunista e os partidos democráticos ................................................................... 88
4. Algumas normas de avaliação ................................... 92
5. A verdadeira meta comunista: a nova classe ............ 98

**CAPÍTULO III** ............................................................... 103
A Revolução Cultural: Antonio Gramsci e a Escola de Frankfurt . 103
1. Antonio Gramsci e a organização da Cultura .......... 103
2. A influência da Escola de Frankfurt ........................ 116
3. O triunfo da Revolução Cultural gramscista e da Escola de Frankfurt no Brasil ........................................... 126

**SEGUNDA PARTE — AS RAÍZES HISTÓRICAS DO EIXO DO MAL: AS GRANDES ESTRATÉGIAS COMUNISTAS DE DOMÍNIO MUNDIAL E SUAS REPERCUSSÕES NA AMÉRICA LATINA**

CAPÍTULO IV ..................................................................................... 139
   Primeira e segunda estratégias ........................................................ 139
   1. A primeira estratégia (1917-1919) ............................................... 141
   2. Segunda estratégia (1919-1953) .................................................. 142
CAPÍTULO V ...................................................................................... 145
   Ofensivas na América durante a segunda estratégia ..................... 145
   1. Primeira ofensiva (1919-1943) .................................................... 145
CAPÍTULO VI ..................................................................................... 151
   Interregno ......................................................................................... 151
   1. A segunda guerra mundial e o fim da aliança teuto-soviética .... 151
CAPÍTULO VII .................................................................................... 157
   Períodos pós-guerra e guerra fria .................................................... 157
   1. Segunda ofensiva (mundial) 1944-1985 ..................................... 161
   2. A segunda ofensiva na américa latina ........................................ 171
   3. A resposta revolucionária: a Conferência Tricontinental de Havana e a OLAS ...................................................................................... 179
   4. A terceira ofensiva na América Latina: a luta armada revolucionária no continente e no Brasil ............................................................. 183
   5. A luta armada no brasil .............................................................. 186
   6. A fábrica de mitos produz conspirações e heróis ...................... 191
   7. A participação dos estados unidos no movimento de 64 .......... 191
   8. Chile: o golpe do "truculento" Pinochet e a morte do "herói" popular Allende ............................................................................ 195
   9. Operação Condor: o "complô militar fascista" ......................... 198
CAPÍTULO VIII ................................................................................... 201
   Terceira grande estratégia ............................................................... 201
   1. A terceira ofensiva mundial ....................................................... 205
   2. O engajamento da elite americana na "convergência": A fábrica de mitos produz um dissidente ..................................................... 210
   3. A vitória da convergência — sblizhienie — entre a intelectualidade americana ...................................................................................... 218
   4. A mudança estratégica da administração Reagan ..................... 223
CAPÍTULO IX ..................................................................................... 227
   A última fase da estratégia: a Perestroika ...................................... 227

**TERCEIRA PARTE — A QUARTA OFENSIVA NA AMÉRICA LATINA: O EIXO DO MAL**

CAPÍTULO X ...................................................................................... 237
   A primeira etapa: fase de transição do padrão de violência para o de não-violência (1968-1989) .............................................................. 237
CAPÍTULO XI ..................................................................................... 241
   O Eixo do Mal Latino-americano: o Foro de São Paulo ............... 241

1. A existência do foro ................................................................. 242
2. Os primórdios ........................................................................ 246
3. A fundação ........................................................................... 247
4. Cronologia dos encontros ..................................................... 252
5. Estratégia atual de gradualismo para esconder o objetivo final comunista .................................................................................. 253

CAPÍTULO XII ............................................................................... 261
O pacto entre o Foro de São Paulo e o diálogo interamericano .... 261
1. Os fundamentos e objetivos do pacto ..................................... 262
Limitar a Emigração para os Estados Unidos ............................. 262
Controle Populacional e Enfraquecimento da Igreja Católica ....... 264
Enfraquecimento dos Partidos da "Elite" Denúncias de Corrupção
.................................................................................................. 267
Enfraquecimento das Forças Armadas ....................................... 267
Guerra Assimétrica: A Política de Dois Pesos, Duas Medidas ...... 269
2. O verdadeiro pacto estratégico ................................................ 271
3. O maravilhoso mundo futuro dos fabianos — Herbert George Wells
.................................................................................................. 274

CAPÍTULO XIII .............................................................................. 279
A colheita: a reconquista na América Latina do que foi perdido na Europa do leste .......................................................................... 279
1. Alba em marcha ...................................................................... 279

**QUARTA PARTE — O EIXO LATINO-AMERICANO E A NOVA ORDEM MUNDIAL**

CAPÍTULO XIV ............................................................................. 289
A estratégia dos grandes blocos regionais ................................. 289

CAPÍTULO XV .............................................................................. 299
A "comunidade internacional" e Nova Ordem Mundial ............... 299
1. Teorias de conspiração — a "mão secreta"? ........................... 301
2. A implementação ..................................................................... 303

CAPÍTULO XVI ............................................................................. 311
Uma aliança improvável,,, mas real! ........................................... 311
1. O embrião da aliança .............................................................. 313
2. A ideia de uma união de todas as nações para a paz e o governo mundial ...................................................................................... 316
3. Wall Street e a Revolução Bolchevista .................................... 318
4. A convergência das duas estratégias ...................................... 322
5. O elo com o presente: Hammer, Gore & Co. ........................... 326

CAPÍTULO XVII ............................................................................ 329
As principais organizações globalistas ....................................... 329
1. Woodrow Wilson International Center for Scholars ................. 330

2. Council on foreign relations ..................................................... 332
3. Trilateral Commission ............................................................ 335
4. A trilateral amplia o eixo do mal: a nova China ....................... 343
5. O diálogo interamericano ....................................................... 345
6. Association of World Federalists ............................................ 352
7. A sblizhenie na ONU .............................................................. 353
8. As ONG's globalistas .............................................................. 355
**REFERÊNCIAS** ........................................................................ 359

# Prefácio

Se o jornal eletrônico *Mídia Sem Máscara* não servisse para mais nada, só o ter revelado aos leitores brasileiros o analista político Heitor de Paola já bastaria para justificar sua existência e torná-la mesmo indispensável. O homem, de fato, não tem equivalente na "grande mídia" nem até onde posso enxergar nas cátedras universitárias, tal a amplitude do horizonte de informações com que lida em seus comentários e tal a claridade do olhar que ele lança sobre o vasto, complexo e móvel panorama da transição revolucionária latino-americana, reduzindo a seqüências causais coerentes a variedade dos fatos em que seus colegas digamos que o sejam não enxergam senão um caos fortuito ou a imagem projetada de seus próprios sonhos, desejos, preconceitos e temores.

Na pequena e valente equipe de colaboradores da publicação, remunerados a leite de pato (sim, nós, os cães-de-guarda do capital, não temos capital nenhum, ao contrário dos pobres e oprimidos que nadam em dinheiro dos ministérios e das fundações estrangeiras), as felizes coincidências acabaram por produzir uma divisão de trabalho na qual ninguém tinha pensado de início: se os demais redatores sondam em profundidade certos aspectos especiais, ou investigam para trazer ao conhecimento do público fatos que a mídia comprometida ignora por malícia ou por inépcia genuína, no fim vem o Heitor de Paola e articula tudo em grandes esquematizações diagnósticas que resumem o sentido do jornal inteiro e das quais o jornal inteiro, por sua vez, fornece as provas detalhadas. É uma grande alegria para mim ter sido o pai de um órgão brasileiro de mídia que, malgrado todas as suas limitações que ninguém nega, permanece o único onde as notícias não desmentem as análises e as análises não saem voando para longe das notícias.

Na verdade o jornal revelou Heitor de Paola ao próprio Heitor de Paula, roubando-o em parte aos clientes do seu consultório de médico e psicanalista e colocando-o diante do caso clínico mais dramático e desesperador que já passou pelo divã de um discípulo (não muito fiel) do Dr. Freud: um continente neurotizado por um intenso tiroteio cruzado de ações camufladas e mentiras ostensivas que ultrapassa imensuravelmente a capacidade de compreensão da inteligência popular e a engolfa num abismo de esperanças ilusórias, terrores sem objeto e ódios sem sentido.

Neurose, dizia um outro ás da clínica psicológica, o meu falecido amigo Juan Alfredo César Müller, é uma mentira esquecida na qual você ainda acredita. Não é só uma figura de linguagem. É o resumo compacto de uma ordem causal que a observação clínica confirma todos os dias. O processo tem três etapas: mentir, ocultar a mentira de si próprio e, por fim, entregar-se à produção compulsiva de pretextos, fingimentos e racionalizações sem fim, os mais postiços e contraditórios, para poder continuar agindo com base naquilo que se nega e ao mesmo tempo defender-se desesperadamente da revelação dos motivos iniciais verdadeiros que determinaram o curso inteiro da mutação patológica.

Aplicado ao estudo dos processos histórico-políticos, o conceito tem de ser ajustado para dar conta de várias seqüências neurotizantes simultâneas e sucessivas, que, ao entremesclar-se num caleidoscópio de falsificações, tornam a forma geral do processo totalmente invisível à massa de suas vítimas, e ao mesmo tempo dão visibilidade hipnótica a aspectos isolados e inconexos, artificialmente dramatizados como "problemas urgentes", fazendo com que do mero caos mental se passe às ações arbitrárias e desesperadas que complicam o quadro da vida real até à alucinação completa. Diversamente do que acontece na neurose individual, onde o autor e a vítima da mentira são a mesma pessoa, as neuroses coletivas são produzidas desde fora, por grupos de estrategistas e engenheiros sociais que, ao menos num primeiro momento, imaginam poder controlá-las em proveito próprio, mas que em geral acabam sendo eles mesmos arrebatados pelo movimento de destruição que geraram: nunca houve grupo de líderes revolucionários que não acabasse sendo dizimado pela própria revolução.

No meio desse turbilhão, alguns indivíduos privilegiados conseguem manter-se à tona no mar de destroços e enxergar, mais ou menos, a direção do abismo para onde vai a corrente. Não por coincidência, esses observadores realistas são habitualmente recrutados entre aqueles que definitivamente não gostam do curso presente das coisas, mas que, por absoluta falta de vocação política, ou por estar em minoria infinitesimal sem possibilidade de interferir na situação, reagem para dentro, intelectualmente, e não produzem planos de ação, mas diagnósticos da realidade, sem os quais a simples intenção de agir já seria apenas uma contribuição a mais para a loucura geral.

Heitor de Paula é um desses. Não é só a experiência clínica que o qualifica especialmente para a função. A inteligência analítica da qual ele dá algumas amostras notáveis neste livro deve algo à militância revolucionária de juventude que o torna a seus próprios olhos um pouco culpado por aquilo que na época não podia prever mas hoje é obrigado a ver.

Tanto melhor. *Only the wounded can heal*, diz um provérbio inglês.

OLAVO DE CARVALHO
Richmond, VA, 29 de maio de 2008

## Introdução à terceira edição

2020. Sai a terceira edição deste livro que já tem 12 anos. Casualmente as edições levam seis anos de intervalo entre elas. O mundo mudou neste tempo. O próprio tema central assumiu novas formas, mudou recentemente de nome para Grupo de Puebla, mas o eixo central continua o mesmo: Brasília-Caracas-Havana.

Embora o Brasil tenha, há dois anos se livrado nominalmente do governo fundador do Foro de São Paulo, o aparelhamento do Estado por ele deixado como legado maligno impede que o novo Governo, que lhe é oposto, assuma realmente o poder. Este aparelhamento se deu em todos os órgãos mais importantes dos três poderes.

O Executivo, eleito pelo maior volume de votos da história do país, se vê amarrado e impedido de aplicar suas propostas de campanha pelo entrave da oposição em cargos sobre os quais, em função de uma péssima Constituição de franco pendor socialista, não pode exonerar aqueles que boicotam suas ordens. É no nível médio da burocracia estatal que permanecem enclaves indestrutíveis da velha esquerda corrupta. Estes, usando um neologismo de antigo Ministro do Trabalho, são "imexíveis" e, sabendo disto, corroem as iniciativas do Presidente e seus Ministros. Esta infiltração se deu em todos os órgãos governamentais, porém sua atuação mais efetiva foi no setor educacional, onde a preparação de uma juventude vazia de conhecimentos, mas repleta de ideologias de esquerda, fez com o País de mostrasse sofrível em certames internacionais, amargando os piores resultados. Pensamentos marxista-leninistas foram injetados subliminarmente nas cabeças dos estudantes e da maior parte da população, enquanto paulatinamente e de forma nem sempre facilmente percebidas, destruíram e desmoralizaram os tradicionais valores Judaico-Cristãos.

Se para o Executivo o voto popular deu uma grande guinada, no Legislativo, apesar de ter diminuído o poder da esquerda, nada mudou substancialmente nos antigos métodos corruptos que fazem com que aqueles que deveriam representar o povo, nada mais sejam do que representantes de si mesmos e de seus interesses, espúrios em sua imensa maioria. Mesmo entre aqueles eleitos pelo aparente apoio às teses conservadoras e economicamente liberais do Presidente, ao longo destes dois primeiros anos de mandato muitos se revelaram impostores.

No Judiciário, o Supremo Tribunal Federal, com dez de seus onze integrantes nomeados por governos esquerdistas, se esmera em impedir que o Presidente governe o país, muitas vezes inclusive atropelando a Constituição. No que toca especialmente ao Eixo do Mal o Presidente se viu tolhido em suas atribuições de mandatário das Relações Exteriores quando mandou expulsar os representantes do governo comunista inconstitucional da Venezuela e a Corte impediu-o. Ainda propiciou com medida casuística a anulação de sentenças — e possível libertação e candidatura — do corrupto fundador do Foro de São Paulo, Lula da Silva e, apesar de estar condenado em três instâncias, seu processo reverterá para a fase das alegações em função de má conduta do Juiz de Primeira Instância, por sinal outro impostor que aceitou ser Ministro da Justiça e Segurança Pública para impedir que a agenda do Presidente sobre a liberação de armas fosse cumprida.

Outro ponto relevante foi o uso de dinheiro dos pagadores de impostos para obras no exterior, como Venezuela, Cuba, Angola e outras ditaduras Africanas, desdenhando totalmente nossa sofrida população da qual só queriam os votos para se manter no poder — ao menos enquanto não o conquistassem de todo e para sempre como nos outros dois países do Eixo. Sem falar da corrupção que faria corar qualquer criminoso comum ou mesmo um Capo Mafioso! O que se instalou no Brasil e demais países dominados pelo Eixo do Mal foi uma quadrilha de proporções gigantescas com a cumplicidade de empresários, jornalistas, intelectuais orgânicos, atores, atrizes, artistas e quem mais se dispusesse.

Por isto afirmei que o Eixo principal continua o mesmo. Há muito desdenharam os velhos postulados Marxistas, facilmente rejeitados pela população. Como já adiantei desde a primeira Edição, seguiram as inovações de Gramsci e da Escola de Frankfurt.

HEITOR DE PAOLA
Setembro de 2020

## Por que escrever este livro?

*O bem estar do povo tem sido particularmente um álibi para os tiranos*

— Albert Camus

Tendo sido comunista no passado e pertencido a uma das organizações clandestinas, a Ação Popular (AP), entre os anos de 1963 e 1968, que abandonei por não concordar com o desencadeamento da "luta armada contra a ditadura", inicialmente exultei com o tão propalado "fim do comunismo" com a queda do Muro de Berlin e a derrocada da União Soviética. Mas, conhecedor do sistema por dentro, das formas de atuação, das teorias e da ideologia comunista, da crueldade de seus métodos de conquista e manutenção do poder, da capacidade de manipulação de mentes e de sua característica amorfa e protéica, restaram-me a desconfiança e a perplexidade que cresceram na razão inversa do aumento desta crença entre os liberais e das inúmeras demonstrações de regozijo e manifestações do triunfo capitalista. O livro de Francis Fukuyama, *O Fim da História e o Último Homem,* publicado no Brasil em 1992, causou-me mal estar e preocupação desde as primeiras páginas. O autor começa argumentando que

> [...] nos últimos anos, surgiu no mundo todo um notável consenso sobre a legitimidade da democracia liberal como sistema de governo, à medida que ela conquistava ideologias rivais como a monarquia hereditária, o fascismo e, mais recentemente, o comunismo.

Fukuyama deve ter dormido durante os anos a que me referirei adiante ou quis aproveitar para faturar alto com o desbaratamento da URSS. Ou pode tê-lo escrito em função de suas ligações com o *Council on Foreign Relations*, pois seus artigos são regularmente publicados pela *Foreign Affairs* — e também pelo *Le Monde Diplomatique* — duas Bíblias da esquerda mundial.

Esta visão teleológica da história é de inspiração nitidamente hegelianomarxista onde Fukuyama apenas mudou a finalidade do "processo histórico": do estabelecimento pleno do comunismo e das benesses da máxima marxista de cada um de acordo com suas capacidades, a cada um de acordo com suas necessidades, a imagem do céu na Terra apenas mudava para o pleno estabelecimento da liberdade de pensamento e iniciativa. Nada mudara, portanto, não havia nenhum rompimento radical com o pensamento marxista, com a noção absurda da existência de um "processo histórico" com meios e fins a atingir, apenas o mesmo estava sendo utilizado para outras finalidades igualmente fantasiosas e onipotentes. Em segundo lugar, a própria ideia de consenso é incompatível com a opção por uma sociedade aberta e livre, onde jamais existe consenso e na qual a discordância é o alimento essencial do debate. Em terceiro lugar, a afirmação era um verdadeiro despropósito num mundo onde mais da metade da população continuava submetida às atrocidades dos regimes comunistas da China, Coréia do Norte, Vietnam, Cuba e em alguns países do Leste Europeu. Outra grande parcela vivia sob o tacão das botas de tiranos assassinos, principalmente na África. E outra ainda, submetida às teocracias islâmicas não menos tirânicas. Fukuyama mostrava ser mais um intelectual "iluminado" idêntico aos marxistas, sem nenhum compromisso com a realidade.

O que mais me impressionou foi exatamente a não ruptura com o esquema intelectual marxista. Talvez porque o autor jamais tenha sido comunista. Quem já o foi, entendeu do que se trata o comunismo, e saiu, não pode menos do que tornar-se um anticomunista radical rejeitando inclusive, in totum a concepção materialista dialética da história. Não resta opção mediana: "deixei de ser comunista, mas não sou anti porque seria desconhecer os erros e falhas do capitalismo, da democracia, do laissez faire, que também não resolveram problemas graves da humanidade como a miséria, a pobreza e a desigualdade". Quem pensa assim não deu passo algum, sua "saída" da ideologia é apenas um auto-engano, continua fisgado pela mesma visão de mundo que supõe ter abandonado. O liberalismo jamais prometeu coisa alguma, apenas a liberdade de cada ser humano defender seus próprios interesses. Só que, ao ser bem sucedido, ele beneficia inúmeros outros seres. Não por ser predestinado ou planejado, mas por simples conseqüência lógica aumenta o número de empregos e melhora o padrão de vida da coletividade.

Outro ponto fundamental da minha desconfiança do "fim do comunismo" foi a total ausência de processos contra os facínoras e assassinos apeados do poder — com a única exceção da Romênia, ainda assim débil — de algo como um Tribunal de Nüremberg, leis proibindo definitivamente a divulgação das ideias e publicações comunistas e banindo seus símbolos e bandeiras. Pelo contrário, as versões marxistas da história e o revisionismo são hegemônicas, bandidos do tipo Fidel, Che, Allende, Sandino, Lamarca, Marighela e outros são entronizados no altar dos heróis latino-americanos. É como se, ao invés de atacar e destruir a Alemanha, o Ocidente tivesse se contentado com "democratiza-la" com a mesma elite da SS e da GESTAPO no poder (Himmler bem que tentou!).

Camisetas com imagens de Che são vendidas em butiques *chics*. Já imaginaram se tivessem a cara de Adolf Hitler? A Suástica foi banida, embora seu uso pelos nazistas tenha sido um roubo explícito de antigas tradições — dos índios *Hopi* aos *Astecas*, dos Celtas aos Budistas, dos Gregos aos Hindus — mas a Foice e o Martelo entrelaçados, símbolo tipicamente comunista, permanece e até mesmo a bandeira do Exército Russo voltará a usá-la, sendo que a companhia aérea russa *Aeroflot* nunca o eliminou. Enquanto se exulta pela queda das *soi di-sant* ditaduras militares da América Latina, exalta-se o tirano mor e seus asseclas cubanos. Enquanto a divulgação do Holocausto nazista é milhares de vezes repetida e ninguém ousa dizer que "o nazismo era até uma boa ideia desvirtuada pelo hitlerismo", é o que se escuta do comunismo: é uma boa e generosa "utopia", deturpada pelo stalinismo. O comunismo ainda não foi atingido e continua uma utopia generosa desvirtuada. Os campos de concentração nazistas são expostos e execrados, com justiça, enquanto o GULAG[1] permanece co-

---

[1] Do russo Glavnoye Upravleniye Ispravitelno-trudovykh Lagerey i kolonii, Direção Geral dos Campos e Colônias de Correção e Trabalho, do NKVD, Comissariado Popular de Negócios Internos. A existência do GULAG se tornou conhecida através do livro Arquipélago Gulag de Alexander Solzhenitsyn. Embora dissidente

nhecido apenas dos interessados na literatura específica, se tanto nos livros de Solzhenitsyn e outros dissidentes. Hitler, execrado como o maior genocida da história matou uns 20 milhões; Mao matou 60 e Stalin uns 50 e são adorados. Pinochet foi responsável pela morte de uns 3.000, largou o poder quando perdeu um plebiscito; Fidel já ultrapassou a cota dos 100.000 mortos (em toda a América Latina e na África; em Cuba estimam-se 17.000) e há 2 milhões de cubanos exilados; não obstante continua lá 49 anos depois[2]. Quem o execrado? Quem o indômito herói?

\* \* \*

Uma maneira hipócrita de tentar desmoralizar a opção anticomunista dos ex-comunistas é afirmar a respeito dos mesmos que eles nada mudaram, apenas trocaram de lado. É preciso esclarecer isto antes de prosseguir. Como, ao longo do livro ao falar da essência do comunismo, farei inúmeras considerações sobre o assunto, basta aqui citar Viktor Kravchenko.

---

de grande importância sua obra e bastante conhecida e acessível e deixa de ser comentada aqui.

[2] Quando este livro foi para o prelo Castro já havia "se licenciado" e assumira seu irmão Raul. Quatro anos depois, na edição deste e-book, foi escolhido Miguel Díaz-Canel, mas Raul continua comandando.

Viktor Andreievitch Kravchenko (1905-1966) escreveu suas experiências como agente soviético no livro *I Chose Freedom*[3]. Entrou para o Partido Comunista em 1929 e participou do processo de coletivização forçada do campo na Ucrânia, na bacia do Don. Inicialmente, ele participara ativamente com muito entusiasmo, mas testemunhou a morte pela fome de milhões de camponeses em nome dos quais se fez a Revolução (é a Foice do símbolo), o aprisionamento do GULAG ou a execução sumária dos que esboçavam alguma oposição ou compaixão. Os víveres eram acumulados com exclusividade para os próceres do Partido local e os enviados de Moscou. Mostra com crueza o grau de degradação moral e ética, além da corrupção do processo de pensar, que é necessário para um indivíduo assistir e aceitar a morte por inanição de milhares de semelhantes... em nome exatamente da melhora de situação dos seus semelhantes — no futuro. É preciso atingir uma organização mental esquizóide — dois sistemas mentais incomunicáveis — que impeça o indivíduo de dialogar consigo mesmo e afaste de si as objeções morais, éticas ou religiosas que o ameaçam com sentimentos de culpa, compaixão e empatia, conduzindo à corrupção do próprio processo de pensar, o que torna a verdade cada vez mais persecutória e temida. Como estes dois sistemas incomunicáveis não conseguem ser tão estanques como seria desejável, é necessário a re-afirmação constante por parte do grupo que partilha ardorosamente a mesma mentira. Por isto, um comunista não existe senão em grupo. Se alguém tenta expressar uma

---

[3] Disponível para download (33 Mb) em http://ia331312.us.archive.org/0/items/ichosefreedomthe012158mbp/ichosefreedomthe012158mbp.pdf

verdade num grupo desses desperta imediatamente intenso ódio e inveja, e maior coesão do grupo — e da mente de cada um em particular que fica ameaçada de uma cisão terrível — para reforçar o delírio megalomaníaco e expulsar o caráter perturbador da verdade.

Durante a II Guerra foi nomeado para a Missão Comercial Soviética em Washington, D. C. e em 1943 pediu asilo político. Apesar do pedido de extradição da URSS o asilo foi concedido. A publicação do livro gerou intensos protestos por parte de todos os Partidos Comunistas do mundo, principalmente pelo Francês que o acusou de mentiroso no semanário *Les Lettres Françaises*. Kravchenko processou-o por difamação. No julgamento em 1949, apesar da pressão irresistível dos PCs, conseguiu apresentar testemunhas que estiveram presas, como Margrete BuberNeumann que, quando do Pacto Molotov-Ribbentrop foi entregue aos nazistas e internada em Ravensbrück. Kravchenko ganhou a causa, vindo a morrer por ferimentos a bala de forma misteriosa, mas dada como suicídio.

\* \* \*

Cedo percebi que as organizações "revolucionárias" não passavam de grupelhos de filhinhos-de-papai com a vida garantida[4] que estavam levando de rol-

---

[4] Inúmeras reuniões de que participei como Vice Presidente da UNE com o Comando Nacional de AP foram realizadas em mansões do Morumbi ou dos Jardins, para onde fui levado em carros importados de luxo. Com direito a mordomo e regadas a champanhe francês ou uísque 25 anos. As militantes de uma organização "co-irmã", a Organização Revolucionária Marxista Política Operária (POLOP), eram conhecidas como loiríssimas, belíssimas

dão operários e camponeses os quais depois abandonavam à própria sorte. Fui o responsável por dois destes casos. Um operário que "ampliei"⁵ e por orientação da AP promoveu uma greve na fábrica na qual trabalhava, foi despedido e não mais conseguiu emprego, sua mulher e filhos o abandonaram, começou a beber cada vez mais e foi abandonado por todos os "companheiros", eu inclusive. Uma outra "ampliação" minha foi um líder camponês que também abandonou a família para aderir à "luta armada" e do qual nunca mais ouvi falar.

Todos os militantes eram instigados a abandonar as "noções burguesas de moralidade religiosa" submetendo-as aos imperativos revolucionários. Assim eram atingidos os princípios do não roubar, não matar e ser sincero nas relações humanas. Uma das tarefas dos militantes era roubar para a causa qualquer coisa que estivesse ao seu alcance. Como eu estudava medicina fui instruído a roubar material de primeiros socorros e instrumental cirúrgico do Hospital Escola, com vistas às futuras necessidades de estabelecer hospitais clandestinos para as ações guerrilheiras — ideia delirante que jocosamente passei a chamar de *el sueño*

---

e riquíssimas! Todo sacrifício pela causa da revolução proletária é pouco!!!

⁵ *Ampliação*: este termo se aplicava originalmente ao programa permanente de ampliação de quadros (aumento do número de militantes). Passou a ser usado nos casos particulares e por neologismo se transformou até em substantivo: uma "ampliação" era um simpatizante em fase de teste de "pureza ideológica" com vistas a conquistá-lo para a militância. Alguns nunca chegavam neste ponto e permaneceriam para sempre "companheiros de viagem" e serão os primeiros a serem trucidados pelo regime revolucionário triunfante porque o choque da realidade os tornaria ferozes opositores pela percepção de terem sido traídos.

*de Sierra Maestra.* Como minha formação moral me impedia de dar este passo fui alvo de intensas críticas de desvio ideológico. Obrigado a uma auto-crítica tentei argumentar que o Hospital Escola era uma instituição para o povo que queríamos ajudar. E foi aí que eu aprendi algo: jamais tentem argumentar com um comunista em termos lógicos! A lógica é sempre distorcida para justificar, desonestamente, qualquer coisa. O debate é desigual, pois quem tem limites lógicos para argumentar já parte em tremenda desvantagem.

Outro fator a influenciar minha decisão foi quando, numa reunião do "Comando Zonal Sul — RS" discutia-se o caso de um militante recém "ampliado" que, por força de nosso apoio tornara-se Presidente de um importante Centro Acadêmico e dava mostras de "fraqueza ideológica" e independência de pensamento. Passou-se a discutir se num processo revolucionário aberto, que estava em preparação, alguém teria coragem de matar um "companheiro" ou ao menos dar a ordem para isto. Eu disse que teria coragem de dar a ordem. No momento, até a mim mesmo pareceu uma bravata, mas, mais tarde, pensando comigo mesmo fiquei horrorizado com a possibilidade de chegar a um ponto em que isto se tornaria inevitável: numa situação plenamente revolucionária pode chegar o momento do "ou ele ou eu". Isto aconteceu em final de 1967, logo em janeiro de 1968 fomos informados das preparações para a "luta armada contra a ditadura". Era a hora de dar o fora, o que fiz não sem sofrer ameaças por parte de meus antigos "companheiros"⁶.

Anos depois, ao reencontrar a esposa de um antigo "companheiro", ela me contou que o mesmo tinha caído na clandestinidade tornando-se um revolucionário profissional. Ela o acompanhara até o momento em que ele mostrou a ela a "necessidade revolucionária" de estar disponível para satisfazer sexualmente outros militantes clandestinos que não tinham como fazê-lo sem risco, fora da organização. Profundamente decepcionada ela o abandonara e voltara para sua cidade e sua família. Mas não pensem os leitores que isto é uma exceção, é a regra!

\* \* \*

---

⁶ A mudança do termo camarada (do russo *továrishch*) para companheiro foi de uma esperteza genial, não somente por razões de sigilo, mas para atrair pessoas que tinham algo contra ser capacho de Moscou. Da mesma forma, comunismo foi substituído por socialismo. Eu próprio jamais teria entrado para o PCB ou do B, mas a AP "não era comunista, apenas socialista", defendia um "socialismo cristão" (fora fundada pelo pessoal da Juventude Universitária Católica — JUC) e supostamente seguia a Doutrina Social da Igreja, bem mais palatável, mesmo para não cristãos. Mas o que não era dito para as "ampliações" e só descoberto depois de certo avanço na militância, é que o tal Documento Base de AP era apenas um estratagema sedutor; havia outro, secreto, claramente maoísta ao qual só os já confiáveis podiam ter acesso e neste já constava a adesão ao marxismo-leninismo). "Socialismo cristão" não passa de uma isca criada depois da invasão gramscista da Igreja Católica através da "opção preferencial pelos pobres" e a Teologia da Libertação e suas Comunidades Eclesiais de Base, verdadeiras células comunistas, o que será abordado em detalhes ao longo do livro. Não se enganem os leitores, todas estas organizações que não trazem explicitamente o nome comunista não passam de tentáculos da mesma hidra, organizações auxiliares do Partido Comunista.

Sustento que não há outra saída do inferno comunista do que a indignação moral, do confronto consigo mesmo, com a culpa pelo grau de degradação ao qual já se caiu e que pode aumentar mais porque, como dizem na minha terra, por "porteira em que passa boi, passa boiada"! Ou se cai fora ou o abismo é infinito e cada vez mais a autoindulgência é necessária em doses crescentes. Não há argumento racional, provas científicas da charlatanice marxista, comparação de resultados econômicos, nada — pois todos que estão dentro sabem muito bem disto! Só vale a indignação moral, e esta exige que se passe a combater o mal do qual se saiu com todas as forças, não admite neutralidade nem tolerância. Chamar esta posição de maniqueísta é outra armadilha do relativismo moral que preceitua que não existe o mal nem o bem e que não podemos julgar nossos semelhantes pelas suas opções ideológicas. Podemos sim, se a conhecermos por dentro sabendo do que se trata. Segundo outro que saiu do inferno, David Horowitz, "contra-revolucionário é um nome para a sanidade moral e a decência humana, um termo de resistência para a depredação épica causada por sonhadores" *(Politics of Bad Faith)*. Quando digo que não confio em comunistas sou criticado como intolerante, mas sei muito bem que comunista não tem palavra *de honra*, só palavra *de ordem!* O que é dito ou feito é o que convém à "causa" naquele momento, o que pode mudar qual *piuma al vento* ("qual pluma ao vento").

Desiludam-se os leitores que acreditam que o comunismo é uma utopia, muito menos uma utopia generosa, um idealismo quixotesco. Não é. Esta "utopia" só serve para atrair e seduzir simpatizantes — chamados por Lenin de *idiotas úteis*. Suspeito que a substituição no Brasil de idiotas por *inocentes úteis* serve a um propósito: iludir de que alguém pode simpatizar *inocentemente* com um regime comprovadamente assassino e genocida no mais alto grau. Nunca encontrei um revolucionário comunista autêntico — nem quando eu era um, nem depois — que acreditasse por um segundo sequer na tal "utopia" que eles usam — nós usávamos — para enganar os trouxas e imbecis e convertê-los em idiotas úteis. Lembro-me de como eram ridicularizados estes idealistas que serviam de excelente massa de manobra! Nunca houve esta tal de utopia, ou idealismo utópico — só como estratégia de doutrinação.

A razão principal pela qual a maioria das pessoas se deixa enganar pelos embustes comunistas é a ignorância a respeito da essência do comunismo: ser uma máquina de produção contínua, ininterrupta e eterna de mentiras. Mas pessoas inocentes fazem perguntas ingênuas e óbvias como: se é tão bom lá, porque você não vai para lá? Se o comunismo é para salvar a humanidade da brutalidade capitalista, porque precisam matar tanta gente? Por que as pessoas que vivem nestes paraísos são proibidas de sair para o exterior[7] — o que jamais aconteceu nas "terríveis ditaduras militares de direita"? Como não há uma resposta racional para tais perguntas simples todos os militantes têm, na ponta da língua, um "você não está entendendo

---

[7] Eu ainda estava escrevendo este livro quando, durante o PAN 2007, vários atletas cubanos já tinham desertado e estavam foragidos ou tinham pedido asilo, repetindo monotonamente o que ocorre em todas competições esportivas, congressos científicos, turnês artísticas, etc. Duvido que algum dos milhares de admiradores de Cuba que na abertura tinham aplaudido de pé a delegação tenha mudado de ideia.

nada" e passam a demonstrar como o interlocutor é burro, ignorante, tacanho ou está seduzido pela ideologia "burguesa". É uma das primeiras coisas que o simpatizante precisa aprender para ser considerado "ampliável". Não, inocentes não caem nesta, é preciso uma grande dose de malícia que aos poucos se desenvolverá em má-fé.

O primeiro grande falsificador foi Karl Marx cuja visão fraudulenta da História, o 'materialismo histórico', precisava ser provada de qualquer maneira sob pena de ruir toda a estrutura charlatanesca que começara a inventar. Já de início o comunismo foi baseado numa grotesca falsificação de estatísticas feita pelo próprio Marx para justificar sua ideia de que a Revolução Industrial e o desenvolvimento capitalista tinham piorado a situação econômica dos trabalhadores ingleses. Um grupo de historiadores reunido por Friedrich von Hayek demonstrou cabalmente esta deturpação. Suas conclusões foram publicadas no livro *Capitalism and the Historians:* uma defesa do sistema primitivo de fabricação e suas conseqüências econômicas e sociais. Re-interpretações históricas, como *O 18 Brumário de Luis Bonaparte* demonstram cabalmente suas intenções. Nesta obra Marx não somente faz uma interpretação dos acontecimentos de 1848 na França à luz de suas ideias como, retroativa e ironicamente, distorce o ocorrido nesta data em 1799 quando o tio de Luís, Napoleão, deu o golpe no Diretório e tornou-se Imperador. Data desta obra a re-interpretação da falácia hegeliana de que a história se repete: "(Hegel demonstrou que) todos os fatos e personagens de grande importância na história do mundo ocorrem, por assim dizer, duas vezes. E esqueceu-se de acrescentar: a primeira vez como tragédia, a segunda como farsa" (Marx, *18 Brumário*). Pois sim, Marx era a representação farsesca de Hegel.

O grande arquiteto da desinformação sistemática foi Felix Edmundovitch Dzerzhinsky, criador da primeira polícia secreta soviética, Tcheka. Quando Lenin perguntou, ainda em 1918 a Dzerzhinsky, sobre qual a estratégia que deveria ser adotada para influenciar o resto do mundo, recebeu como resposta: "diga sempre o que eles querem ouvir, minta, minta sempre e cada vez mais. De tanto repetir as mentiras elas acabam sendo tomadas como verdades".[8] A primeira fraude fotográfica importante de que tenho notícia foi a supressão da imagem de Trotsky ao lado da tribuna de onde Lenin discursava para as tropas na Praça Svierdlov em 1920, obra do sucessor de Dzerzhinsky, Lavrenty Pavlovich Bieria sob as ordens de Stalin.

---

[8] Esta expressão, levemente modificada, foi copiada por Paul Joseph Goebbels, Ministro da Propaganda e do Esclarecimento do Povo do III Reich a quem foi atribuída, erroneamente e provavelmente de má-fé, a autoria.

# Interlúdio

A hora de sair fora chegara e felizmente o fiz. Restou-me a imensa perplexidade de como eu poderia ter sido atraído por tal amontoado de mentiras e tolices propagadas como filosofia e boa ciência econômica. E como tantas pessoas se deixavam também iludir. Um ano após sair da AP formei-me em medicina e não tive mais tempo para pensar muito sobre isto, pois minha pós-graduação exigia enormes esforços de estudo e pesquisa especializados, além de estar recém-casado e precisando de uma penca de empregos. Era o tempo do então chamado "milagre brasileiro", que depois do revisionismo histórico e da fábrica de mitos de que tratarei ao longo do livro, veio a ser chamado de "anos de chumbo". Não parecia ser esta a opinião do ex-Presidente e presidiário Lula quando era um líder sindical ainda não pervertido pelas ideias comunistas, pois disse daquele período:

> Naquela época, se houvesse eleições, o Médici ganhava [...] A popularidade do Médici no meio da classe trabalhadora era muito grande. Ora por quê? Porque era uma época de pleno emprego (Depoimento a Ronaldo Costa Couto em *Memória viva do regime militar*, citado por Raymundo Negrão Torres no livro *1964: A Revolução Perdida*).

Talvez seja a única concordância que eu tenha com Lula: sobrava emprego, não só para metalúrgicos, mas também para médicos e outras profissões e o salário mínimo era respeitável. Os consultórios viviam cheios de pacientes particulares em todas as especialidades clínicas, cirúrgicas e psicológicas. Outro autor que não pode ser propriamente chamado de admirador do regime militar, Elio Gaspari, em *A Ditadura Derrotada* (pp. 26-27), concorda com Lula — e comigo:

> Médici cavalgava popularidade, progresso e desempenho. Uma pesquisa do IBOPE realizada em julho de 1971 atribuíra-lhe 82% de aprovação. Em 1972 a economia cresceria 11,9%, a maior taxa de todos os tempos. Era o quinto ano consecutivo de crescimento superior a 9%. A renda per capita dos brasileiros aumentara 50%. Pela primeira vez na história as exportações de produtos industrializados ultrapassaram um bilhão de dólares. Duplicara a produção de aço e o consumo de energia, triplicara a de veículos, quadruplicara a de navios. A (hoje falecida) Bolsa de Valores do Rio de Janeiro tivera em agosto uma rentabilidade de 9,4%. No eixo Rio — São Paulo executivos ganhavam mais que seus similares americanos ou europeus. Kombis das empresas de construção civil recrutavam mão de obra no ABC paulista com alto-falantes oferecendo bons salários e conforto nos alojamentos. Um metalúrgico parcimonioso ganhava o bastante para comprar um fusca novo. Em apenas dois anos os brasileiros com automóvel passaram de 9% para 12% da população e as casas com televisão de 24% para 34%".

Certamente estes resultados do "capitalismo abjeto" e da "cruel ditadura que nos oprimia", sentidos no próprio bolso, e a segurança que se gozava no País onde "polícia era polícia e bandido era bandido" — ninguém tinha medo de sair à noite em qualquer cidade do País; certa vez, para procurar um marceneiro que nos devia um móvel, subimos eu e minha mulher uma favela num morro em Olaria, a pé! — ajudaram em muito a minha "virada" ideológica, obviamente ainda em termos exclusivamente práticos [9]. Mas comecei a perceber algo estranho, que era o motivo do regozijo de Giocondo Dias, Secretário Geral do Partido Comunista Brasileiro quando dizia que "uma das maiores alegrias de um comunista é ver na boca dos burgueses, nossos adversários, as nossas palavras de ordem": aos poucos passei a ouvir "os burgueses" usando o linguajar, as doutrinas e palavras de ordem comunistas, minhas velhas conhecidas dos tempos de ativista. A princípio timidamente, mas logo com rapidez, certas expressões que antes eram usadas por comunistas e execradas pelos "burgueses", passaram a ser proferidas pelos últimos, como igualdade, injustiça social, ódio aos empresários e ao lucro. Quanto mais a "pequena burguesia" melhorava de vida graças ao "milagre brasileiro" mais execrava a si mesma, numa reação possivelmente culpada por poderem usufruir condições econômicas nunca dantes imaginadas, como a possibilidade de compra de casa própria facilitada pelo *boom* imobiliário dos anos Médici.

A culpa inconsciente pela rápida prosperidade tornava a classe média presa fácil para a doutrinação invejosa que transforma inicialmente o linguajar e depois as atitudes e atos das pessoas. Inicialmente foram acusados e depois passaram a se auto-acusar de "privilegiados" ou "elite privilegiada", sem poderem valorizar que o que estavam obtendo era fruto de seu

---

[9] Critica-se muito a frase cunhada naquele período *Brasil, Ame-o ou Deixe-o*, sem que ninguém se pergunte se em Cuba isto seria, ainda hoje, possível; ou se seria substituída por *Fidel, Ame-o ou Morra!*

trabalho e não de privilégios espúrios. Em parte porque a busca de satisfações e prazeres sem as correspondentes obrigações morais a tornava uma classe

> [...] postiça, desequilibrada, fútil e baseada na ingratidão radical para com as gerações anteriores, essa forma de vida produziu uma tremenda acumulação de culpas inconscientes, as quais, não podendo recair sobre os culpados autênticos — que toleram a ideia de culpas ainda menos que a da morte — são projetadas de volta sobre a fonte de seus benefícios imerecidos (*apud* Olavo de Carvalho).

Os que ainda não tinham acesso às boas novas passaram a ser chamados de "despossuídos", "oprimidos", "vítimas da injustiça social" e da "concentração de renda nas mãos dos privilegiados". Esta, contudo, não era a percepção dos operários também beneficiados, mas somente dos filhinhos-de-papai — estudantes e intelectuais, o *beautiful people* da mídia e da moda. Este ódio ao capitalismo é resultado da projeção psicótica que, "ao negar a realidade manifesta da prosperidade geral crescente, imputa ao capitalismo até mesmo a miséria dos países socialistas" (*ibid.*), como atribuir a culpa da miséria de Cuba não à exploração de Castro e sua quadrilha, mas ao embargo americano.

Observe-se a diferença entre alguém *não possuir algo* e *ser despossuído*: a segunda expressão pressupõe uma ação por parte de outro que o "desapossa", ou toma posse do que não lhe pertence, para seu próprio usufruto — portanto de apropriação indébita, de roubo. O uso do particípio do verbo oprimir pressupõe ação de alguém que oprime. O que este processo visa criar na mente do indivíduo tem nome: *dissonância cognitiva*. Trata-se de uma reação disruptiva causada por coerção psicológica que leva a reagir a uma tensão mental e/ou emocional causada por tentar reconciliar duas crenças opostas, conflitivas ou inconsistentes entre si. No caso em pauta, o indivíduo usufrui o que obtém com seu trabalho, mas é bombardeado com a noção de não passar de um ladrão responsável pela miséria que o circunda. São clássicas as fotos de crianças morrendo de inanição com a frase "E você, não tem nada a ver com isto?" para gerar e incrementar a culpa. É preciso estar muito seguro de seus valores para dizer: não, não tenho nada a ver com isto, mas se puder ajudar, ajudo, por caridade, não para construir "um mundo melhor possível". Mas a caridade não é um abominável sentimento pequeno burguês? À medida que mais e mais indivíduos vão se convencendo, começa a se formar um consenso que leva a uma pressão grupal insuportável para quem não tem princípios morais sólidos.

Simultaneamente, outro fator é extremamente sedutor: o comunismo se apresenta como a única força político-ideológica que leva em conta o chamado *determinismo histórico,* representando o estudo de um suposto fim da história e o processo necessário para lá chegar. Tudo o que a ela se opõe é contrário à inevitabilidade do devir histórico e, portanto reacionário — no sentido de "reação ao progresso inevitável da história rumo ao comunismo". Ao contrário, quem se dedica àquela nobre causa se sente o sujeito e agente da história, um *progressista,* parte de um todo cujo destino sublime é transformar o mundo num paraíso. Reacionarismo/Progressismo (como se disfarçavam os marxistas) funcionava como uma régua de medir a aceitação das pessoas nos grupos de "iniciados". Por isto, nunca é demais insistir neste ponto crucial: *sempre* que se ouve falar em alguém ou alguma coisa ou uma ideia — o que seja — *progressista* é certo de que se está falando de algo que serve aos desígnios comunistas, em oposição ao conservadorismo *retrógrado*. Note-se que apesar de que conservar não seja retroagir, pelo contrário, é como sinônimo que a esquerda usa as palavras *conservador* e/ou *reacionário*. "Quem domina o passado, domina o presente; quem domina o presente, domina o futuro". George Orwell reconheceu isto ao criar o Ministério da Verdade (*1984*).

O controle do futuro é absolutamente necessário para dar garantia às "profecias" de Marx em sua rivalidade com Deus e a Bíblia: sua obra deveria substituí-la e, portanto, deveria ter suas profecias confirmadas, mesmo que à custa de centenas de milhões de mortos. Mikhail Bakhunin dizia que "o Sr. Marx não acredita em Deus, mas acredita profundamente em si mesmo. Seu coração contém rancor, não amor. Ele é muito pouco benevolente com os homens e se torna furioso e maldoso quando alguém ousa questionar a onisciência da divindade adorada por ele, quer dizer, o próprio Sr. Marx". Pode-se dizer o mesmo dos marxistas de todos os tempos: não passam de adoradores de si mesmos e de seus delírios de poder.

Partindo de uma observação acurada da mente humana, Marx percebeu — consciente ou inconscientemente — a preferência da Humanidade por mentiras agradáveis a ter que conviver com verdades por vezes dolorosas. Ou pior, **a um estado de dúvida**, o mais temido e rechaçado de todos — embora o único que pode levar à introspecção e ao verdadeiro conhecimento. Substituiu então o velho lema socialista — *a* *cada um de acordo com seu trabalho* — por outro mais agradável — *a cada um segundo suas necessidades*. Enquanto o primeiro inclui necessariamente algum esforço, o segundo acena com um estado de coisas paradisíaco ou nirvânico no qual todos terão suas necessidades atendidas. A mudança é sutil, mas fundamental. A recusa a pensar, a enfrentar as inevitáveis dúvidas morais que assolam sem cessar o ser humano, impede a pessoa de investigar seu interior e o mundo, e quanto mais cega se torna em relação ao mundo, mais interessada em modificá-lo à sua imagem e semelhança. Ora, é exatamente isto que Marx sugere quando dizia que *os filósofos até hoje cuidaram de entender o mundo, trata-se agora de modificá-lo!* Modificar sem conhecer, apenas aderindo a algum tipo de opinião fácil. Que apelo seria melhor para preguiçosos mentais como nossos "intelectuais" acadêmicos? É o sonho de todos os bebês: um peito inesgotável a jorrar constantemente o néctar sem precisar nem sugar!

* * *

Como a ideologia opera através de um *splitting*, uma ruptura da personalidade, permite evitar sentimentos dolorosos como a empatia com os outros e o amor ao próximo, a misericórdia, a ternura. O amor ao próximo se torna um "amor a toda a Humanidade", desprezando os seres reais e concretos que, em geral, incomodam. Não há "amor ao próximo", considerado sentimento burguês, mas um suposto e idealizado amor *a toda a humanidade*, o que inclui a possibilidade de que o próximo poderá e deverá ser sacrificado em nome do todo, se assim for exigido para aprofundar o processo histórico. Há uma verdadeira e profunda inversão de valores. Além disto, a ideologia fornece elementos para alguns dos mais baixos sentimentos humanos: a necessidade de projetar a culpa por seus erros em bodes expiatórios, os burgueses, particularmente na adolescência, quando o jovem está em pleno conflito com os pais; a inveja, que leva a querer destruir tudo que é admirado, inclusive a riqueza dos pais, os burgueses; a ingratidão pelo recebido deles; a vingança contra tudo e todos que sejam considerados culpados pelos infortúnios do passado; fornece belas desculpas para a maldade e a mesquinharia, tornando-as virtudes; a arrogância: sei tudo, faço parte de uma elite iluminada, e os demais são uns burros que nada sabem; a oportunidade de compartilhar os mesmos sentimentos com um grupo unido que "pensa" igual permite o prolongamento das "patotas" da adolescência; é um potente substitutivo pseudocientífico para as crenças religiosas consideradas "o ópio do povo", por outra droga, materialista e supostamente demonstrável através de meios racionais, mas que, como bem o demonstrou Raymond Aron, é o pior e mais estupefaciente de todos os ópios (*O Ópio dos Intelectuais*).

## Uma advertência necessária

Antes de prosseguir é necessária uma advertência. Insisti na indignação moral e na introspecção com plena aceitação da culpa porque creio que outra tentação se apresenta ao neófito do liberalismo: negar as bases morais e religiosas judaico-cristãs do liberalismo e cair no extremo oposto, deixando-se seduzir por esquemas tão amorais quanto o marxismo, como a pseudofilosofia "Objetivista" de Ayn Rand a qual, apesar de algumas excelentes conclusões, é baseada numa visão do homem como

> [...] um ser heroico, com o único propósito moral de conseguir sua própria felicidade, tendo como sua mais nobre atividade ser produtivo e bem sucedido, e a Razão como seu único Absoluto[10].

E por neófitos quero dizer não somente aqueles que saíram do comunismo, mas também aqueles que, segundo dizem, "já na adolescência perceberam que Marx estava errado". A não ser que seja um gênio não entendo como um adolescente possa ter elementos intelectuais suficientes para tal. Estas pessoas tendem a acreditar que o liberalismo é fruto da Deusa Razão dos Iluministas e que esta, se bem utilizada, como acreditam tê-lo feito, mostrará que o único caminho é o liberalismo. Enganam-se redondamente, pois a Razão gerou o comunismo, o nazismo e todas as correntes totalitárias que assolaram os dois séculos passados. A Razão desprovida de princípios gera, paradoxalmente, a *irracionalidade* e a *insanidade*. Desconfio que Fukuyama seja um desses seres iluminados.

A desinformação não permite ver que, se o liberalismo é amoral em si mesmo, ele é fruto de uma moral que o antecede e lhe dá forma humana sensível e só pôde se desenvolver a partir dela. Sem o lento desenvolvimento da tradição ocidental judaico-greco-cristã o homem jamais teria atingido uma concepção de liberdade individual fundada no "conhece a ti mesmo

---

[10] www.aynrand.org

antes de tudo" e no "ame ao próximo como a ti mesmo", que é a verdadeira liberdade. Um sistema baseado exclusivamente num aspecto superficial e parcial da mente humana — o egoísmo — não pode menos do que sucumbir ao Terror. A negação violenta desta tradição foi o motivo pelo qual o liberalismo evoluiu para o Terror, na França, e foi por respeitá-la que os *Founding Fathers* estabeleceram as bases da República liberal Americana. Se Adam Smith descreveu desapaixonadamente como se fazem as *riquezas das nações,* também escreveu uma profunda obra moral, *Teoria dos Sentimentos Morais* que inicia com a belíssima afirmação:

> Por mais egoísta que se suponha o homem, evidentemente há alguns princípios em sua natureza que o fazem interessar-se pela sorte de outros, e considerar a felicidade deles necessária para si mesmo, embora nada extraia disso senão o prazer de assistir a ela. Dessa espécie é a piedade, ou compaixão, emoção que sentimos ante a desgraça dos outros, quer quando a vemos, quer quando somos levados a imaginá-la de modo muito vivo.

Esta é a base da Razão sadia, propriamente racional, e não insana. Acostumamo-nos a denominar as pessoas que assim pensam de *liberais conservadores.* E aos demais de *libertários.*

Ao longo do livro pretendo demonstrar ser exatamente esta falta de princípios morais e o desprezo pelos seres humanos que leva à improvável união entre os comunistas e os metacapitalistas, termo cunhado por Olavo de Carvalho para designar aqueles empresários e banqueiros que, tendo utilizado a concorrência proporcionada pelo liberalismo para atingirem uma posição na qual esta não mais lhes interessa, querem esmagá-la num controle mundial em que evitem ameaças às suas posições de fortuna e poder. Basta ver o exemplo chinês: depois de Fukuyama existem os entusiasmados com o que consideram a vitória do capitalismo e do liberalismo na China com o programa *um país, dois sistemas* da reforma de Deng Xiaoping. São na verdade, duas *classes:* os burocratas governamentais unidos aos novos multibilionários da franja litorânea a eles ligados umbilicalmente e um contingente de mais de um bilhão de escravos que não têm o que comer. Chamar este sistema de liberal só serve para desmoralizar o liberalismo. Desde a década de 50 do século passado a China é um continente de escravos miseráveis, mas esta informação vem sendo sonegada e a desinformação ativa vinha mostrando os "avanços" socialistas do povo. Só agora passam a aparecer, certamente já como preparação de um futuro fechamento, com ocorreu com a Nova Política Econômica na URSS, atribuindo ao liberalismo a "desigualdade" que tinha sido suprimida com o maoísmo.

## O recomeço

Contudo, todos estes entendimentos não foram suficientes para que eu compreendesse uma nova enxurrada vulcânica que se desenrolava à minha volta. Com o Governo Figueiredo, anistia e redemocratização à vista, o verdadeiro entulho autoritário marxista que tinha submergido na clandestinidade veio rapidamente à tona. Perplexo, percebi, inicialmente, como a penetração marxista tinha sorrateiramente infectado as sociedades psicanalíticas às quais eu pertencia. Congressos profissionais passaram a ter como norma o convite a "filósofos" marxistas; cursos de pseudofilosofia com Leandro Konder e Carlos Nelson Coutinho foram oferecidos; colegas fechavam seus consultórios para ir ao Galeão receber o "maior brasileiro de todos os tempos", Luís Carlos Prestes![11] Na educação de meus filhos já se infiltravam também temas da Teologia da Libertação e interpretações marxistas da história.

O que acabara **não era o comunismo, mas o *anticomunismo*.** Criticar o comunismo ou os comunistas ficara indelevelmente equacionado com defender a "ditadura" e fazia do sujeito um pária. Note-se este pequeno extrato de discussão: uma colega recém chegara de um Congresso de Psicologia Marxista (o que quer que seja isto!) em Havana, um daqueles convescotes convocados para atacar alguém ou alguma coisa através de manifestos políticos e onde a ciência passa ao longe. Pois dizia ela entusiasmada que haviam "tirado posições" radicais contra a ditadura Argentina (gostaria que me explicassem o que isto tem a ver com Psicologia). Perguntei como se podia falar mal de uma ditadura *em Cuba*, sede da pior ditadura da história da América Latina.

Resposta: então você é a favor do genocídio de 30.000 pessoas na Argentina? Concluí que deveria aprender mais e, já folgado de tempo, esforcei-me por

---

[11] Só muito mais tarde vim a saber o porquê de eu não ter percebido nada a tempo: além da necessária discrição destas atividades durante os Governos Militares, eu tinha sido dado como agente do SNI já que fora preso em 1965 — declarei isto nas entrevistas de admissão aos cursos — e saíra ileso e nunca mais tinha sido molestado.

entender que coisa era aquela! Alguns fatores ajudaram bastante.

Até a gestão do Professor José Carlos de Almeida Azevedo na Reitoria da Universidade de Brasília, o acesso às obras dos autores liberais eram muito mais difíceis do que é hoje — as editoras estavam todas nas mãos de comunistas como Caio Prado Júnior, Ênio Silveira e outros, além de que não havendo Internet era tudo por carta e muito demorado — e eu não sabia nem por onde começar. Foi quando aconteceu a chamada "crise do Departamento de Filosofia da PUC-RJ". Pipocavam nos jornais debates entre Professores não marxistas e a Diretoria do Departamento e a Reitoria sobre a perseguição que vinham sofrendo estes Professores. O estopim foi a recusa em publicar um trabalho de Miguel Reale. O episódio foi relatado em livro do Professor Antonio Ferreira Paim — *Liberdade Acadêmica e Opção Totalitária* — que ao que eu saiba teve poucas edições e teria merecido várias. A leitura deste debate memorável, como o denominou o autor, causou-me na época profunda impressão. No dia 14/03/1979 o Jornal do Brasil — note-se que a mídia ainda não estava dominada, hoje jamais sairia! — publicou uma carta da Professora Anna Maria Moog Rodrigues endereçada ao Chefe do Departamento de Filosofia, na qual protestava contra a censura de um texto do Prof. Miguel Reale — *A Filosofia como Autoconsciência de um Povo* — numa coletânea didática para a Disciplina História do Pensamento. No dia seguinte o JB publica uma carta-resposta do Diretor do Departamento informando que o texto "não fora incluído na apostila oficial, face ao caráter polêmico e controvertido das atividades políticas do autor". Dois dias depois, o JB publicava a carta do Reitor justificando a atitude do Departamento e qualificando de ridículas as alegações da Professora de haver uma crise na Universidade. Imediatamente a mesma pede exoneração e é acompanhada pelo autor do livro que dizia que, "sendo oficialmente reconhecida a censura, não mais poderia permanecer no Departamento".

O debate se estende por muito tempo, incluindo a tomada de posição de três prestigiosos jornais (JB, Globo, O Estado de São Paulo) a favor dos demissionários — bons tempos aqueles em que a imprensa cumpria suas funções! Só para ter ideia dos títulos: Filosofia Intolerante (JB), Discriminação Ideológica (O Globo), A Opção Totalitária dos Intelectuais (Estadão), etc. Na brilhante análise que faz da crise, entre outras preciosidades, o Prof. Paim põe o dedo na ferida: Reale não tinha sido censurado por sua opção integralista de outrora — já que eram aceitos os pensamentos de outros luminares integralistas como Hélder Câmara, Alceu Amoroso Lima, Roland Corbisier, etc. — mas sim pelo culturalismo de Reale que *"corresponde à mais cabal refutação de todo tipo de totalitarismo"*, e que *"impediu a penetração, no Brasil, da denominada filosofia da libertação [...] tendo que se conformar em se apresentar (aqui) com a forma mais restrita de teologia da libertação"*. O livro é uma verdadeira aula de como os marxistas tomam de assalto uma Universidade — ou qualquer instituição — e expulsam todos os demais.

A tomada de assalto dos meios de comunicação acabou com esta liberdade de publicação. A mídia prolífica, fértil e polêmica que tínhamos até então era combatida como "imprensa burguesa" à qual se opunham os jornais "populares", que ninguém lia, a não ser os "adeptos", dada a indigência intelectual dos mesmos. Era preciso mudar este estado de coisas e como de nada adiantava o combate limpo e aberto, era necessário tomar por dentro, minar a criatividade, substituindo-a paulatinamente pela massa amorfa em que a máxima divergência seja a do "sim" com a do "sim, senhor" em todos concordem quanto aos slogans fundamentais, palavras que perderam todo significado, como "justiça social", "cidadania", "progressista", "neoliberal" e tantas outras que conhecemos muito bem. Não tenho dúvidas que a obrigação de estudar jornalismo para ser profissional de imprensa foi um dos golpes mais duros na criatividade, pois os tais grupos tomaram de assalto as faculdades de jornalismo e passaram a criar uma choldra que nada mais faz do que repetir uns aos outros como temos hoje nos principais órgãos de imprensa, rádio e TV no País.

Passei a pesquisar outros livros de autor[12] e através desses entrei em contato com a Editora da UnB que estava finalmente publicando livros de pensadores liberais e conservadores, da qual me tornei um dos mais ávidos compradores. Minha introdução no mundo das diferenças entre sociedades totalitárias e livres se deu através de Hanna Arendt e, principalmente, Karl Popper. No entanto, me sentia bastante solitário, pois passei a falar uma linguagem que ninguém entendia, até meus mais caros amigos — sabidamente não comunistas — passaram a me ver como paranoico, principalmente depois de 89, pois o comu-

---

[12] Bibliografia que pode ser encontrada em http://www.ensayistas.org/filosofos/brasil/paim/biblio.htm

nismo acabara, todo mundo sabia! A extensão e profundidade da infiltração gramscista, como vim mais tarde a descobrir e tratarei adiante, tinha sido tão grande que a linguagem política e social estava totalmente unificada, para deleite de Giocondo Dias.

\* \* \*

Poucos anos depois espocaram em todas as associações profissionais e de ensino movimentos por maior "democracia", fim da hierarquia com base no desenvolvimento científico e no mérito, igualdade para todos. As sociedades de psicanálise foram igualmente afetadas, particularmente aquela à qual eu pertencia, a Sociedade Brasileira de Psicanálise do Rio de Janeiro. A geração mais velha passou a utilizar os mais jovens para conduzir uma luta que vinha de anos entre eles. O ataque à hierarquia deveria ser feito contra os Estatutos, considerados autoritários por estabelecerem diferentes níveis nos quadros sociais. Alunos, Membros Associados, Membros Titulares e Analistas Didatas (que são os professores, supervisores e analistas dos alunos), progressão baseada estritamente em critérios científicos, mas explorada pela ala marxista, predominante na geração mais velha, como puramente política, autoritária e fruto da "ditadura". Todos eram ligados direta ou indiretamente ao Partido Comunista Brasileiro. Conseguido seu intento, como seria de esperar, os alunos passaram a mandar e desmandar, sendo os verdadeiros donos do poder. Nada mais insano do que a insanidade se instalar no seio das instituições apropriadas para combatê-las. Foi a época de ouro da esquerda marxista que alimentava o ódio entre colegas, chegando a afirmar que era inadmissível um psicanalista não marxista! E que se houvesse algum, estava a serviço da ditadura militar!

Chegou-se ao cúmulo de levar a Havana um trabalho em que, deturpando totalmente o conceito de consideração pelo outro (*concern*), defendia a quadrilha de narcotraficantes assassinos que tomou conta de Cuba, qualificando o regime como uma "experiência enriquecedora, um Estado sério e bem orientado" com dirigentes verdadeiramente preocupados com a vida e saúde física e mental de seus reprimidos súditos, permitindo que "crianças atendidas fisiológica e psicologicamente se desenvolvam em adultos sadios". Ficava implícito neste trabalho que o povo, ao não reconhecer a bondade extrema de seus governantes, demonstrava falta de gratidão, justificando, portanto, indiretamente, a repressão. Chega a dizer que *todas as crianças nascidas após a tomada do poder por Castro são mentalmente sadias, justificando a necessidade de assistência psicanalítica apenas para os que nasceram antes disto!* A ciência se transformava em política rasteira.

Na área da Psiquiatria a doutrinação anti-psiquiátrica se deu preponderantemente pelo movimento anti-manicomial que foi — e é — "maciça nas escolas de medicina, enfermagem, psicologia e serviço social, e em alguns meios "intelectuais". Segundo as palavras da Dra. Iraci Schneider "hoje em dia, no imaginário da maior parte das pessoas, a internação psiquiátrica é sinônimo de tratamento desumano e cruel, e, sobretudo ineficaz". "A doença mental, diziam, era *uma ficção capitalista e burguesa*". "Na verdade, não existia a loucura, que poderia ser vista como uma reação sadia a um sistema que não tolerava manifestações individuais de liberdade". A loucura era criativa, transgressora, desafiadora do status quo. (Michel Foucault era o livro de cabeceira). A loucura, 'subversiva', criadora, 'de esquerda', desafiava o Poder constituído, representado pelo hospital psiquiátrico e pela medicação anti-psicótica, estes 'de direita'. Freud já estaria superado; entronizavase Lacan". "A luta anti-manicomial foi apenas o pretexto, nada mais do que a mesma política de tomada do poder institucional na área médica que ocorria em outras especialidades e em todos os estados". "No imaginário das pessoas, psiquiatria, internação, hospital psiquiátrico (fala-se manicômio), tornou-se o local da violência e do horror".

A verdadeira razão da "superação" de Freud e da entronização de Lacan está no fato de que Freud demonstrou que em termos psicológicos o marxismo é incompatível com a natureza humana. Na *XXXV Nova Conferência Introdutória* Freud fala extensamente das diferenças inconciliáveis. Destaco especificamente estes trechos: "(O marxismo) prevê que no curso de algumas gerações (com as modificações das condições econômicas) a natureza humana será alterada e a humanidade conviverá harmonicamente na nova ordem social" e "transfere para outro lugar as restrições instintivas essenciais à sociedade; desvia para fora as tendências agressivas que ameaçam a humanidade e encontram suporte na hostilidade dos pobres contra os ricos e dos fracos contra os fortes. Mas uma transformação da natureza humana como esta é altamente improvável" (p. 180). A observação de 15 anos de aplicação prática destas ideias levou Freud a complementar: "(o regime) criou tal proibição de pensamento que é mais cruel do que as das religiões no passado. Qualquer exame crítico da teoria marxista é proibido, dúvidas sobre sua correção são tratadas como heresias [...] Os escritos de Marx tomaram o lugar da Bíblia e do Corão como fontes de revelação [...]".

Não bastava, entretanto, "superar" Freud, também era necessário substituí-lo for um farsante, cujos truques linguísticos foram amplamente denunciados como imposturas por Alan Sokal & Jean Bricmont (*Impostures Intellectuelles*), que demonstram claramente que seus fundamentos matemáticos não passam de pura fantasia:

> [...] suas analogias entre psicanálise e as matemáticas são as mais arbitrárias que se podem imaginar [...] sem que apresente nenhuma justificação empírica ou conceitual. Finalmente, para aqueles que preferem ostentar erudição e de manipular frases sem sentido, pensamos que seus textos são suficientemente eloqüentes. Ao mesmo tempo cria uma nova religião esotérica: um 'misticismo laico', onde o discurso não apela nem à razão, nem à estética [...] torna-se cada vez mais críptico — característica comum a muitos textos sagrados — onde o jogo de palavras se combina com uma sintaxe fraturada; servem de base para uma exegese reverencial dos discípulos ('iniciados'). Podemos perguntar, portanto, legitimamente, se eles não significam a estruturação de uma nova religião.

Pois toda a obra de Freud é hoje apresentada, principalmente no Brasil — e parcialmente na França

— por uma tradução lacaniana hermética que horroriza e afasta as pessoas que querem pensar e que mais parece um balbuciar de bebês, permitindo que se afirme qualquer coisa. Como este livro não é sobre psicanálise espero que estas palavras sirvam de demonstração suficiente. Uma outra influência nefasta sobre os meios intelectuais é a da Escola de Frankfurt, que será tratada no Capítulo VIII.

Andava eu em busca de explicações que satisfizessem minha perplexidade quando me caiu em mãos um livro, "O Imbecil Coletivo", de Olavo de Carvalho. Em seu prólogo o autor diz: "O imbecil coletivo não é, de fato, a mera soma de certo número de imbecis individuais. É, ao contrário, uma coletividade de pessoas de inteligência normal ou mesmo superior que se reúnem movidas pelo desejo comum de imbecilizar-se umas às outras. Se é desejo consciente ou inconsciente não vem ao caso: o que importa é que o objetivo geralmente é alcançado. Como? O processo tem três fases. *Primeiro*, cada membro da coletividade compromete-se a nada perceber que não esteja também sendo percebido simultaneamente por todos os outros. *Segundo*, todos juram crer que o recorte minimizado assim obtido é o único verdadeiro mundo. *Terceiro*, todos professam que o mínimo divisor comum mental que opera esse recorte é infinitamente mais inteligente do que qualquer indivíduo humano de dentro ou de fora do grupo, já que, segundo uma autorizada porta-voz dessa entidade coletiva, "a psicanálise, com o conceito de inconsciente, e o marxismo, com o de ideologia, estabeleceram limites intransponíveis para a crença no poderio total da consciência autônoma, enfatizando seus limites. Assim, se um dos membros da coletividade é mordido por um cachorro, deve imediatamente telefonar para os demais e perguntar-lhes se foi de fato mordido por um cachorro. Se lhe responderem que se trata de mera impressão subjetiva (o que se dará na maioria dos casos, já que é altamente improvável que os cachorros entrem num acordo de só morder as pessoas na presença de uma parcela significativa da comunidade letrada), ele deve incontinenti renunciar a considerar esse episódio um fato objetivo, podendo, porém continuar a falar dele em público, se o quiser, a título de expressão pessoal criativa ou de crença religiosa. Para o imbecil coletivo, tudo o que não possa ser confirmado pelo testemunho unânime da *inteligentzia* simplesmente não existe. Compreende-se assim por que o mundo descrito pelos intelectuais é tão diferente daquele onde vivem as demais pessoas, sobretudo aquelas que, imersas na ilusão do poderio total da consciência autônoma, acreditam no que vêem em vez de acreditar no que leem nos livros dos professores da USP".

Logo percebi que não estava só e mais: que o autor que escrevera aquelas palavras tinha experiências parecidas com as minhas, possivelmente estivera também no mesmo inferno. Eu não me enganara, Olavo fizera parte de um número restrito de militantes a serviço da mesma causa e por isto era capaz de entender o que ocorria.

> A *inteligentzia*, palavra russa, convém lembrar, não abrange em seu significado todas as pessoas empenhadas em tarefas científicas, filosóficas ou artísticas, mas somente aquelas que falam com frequência umas com as outras e se persuadem mutuamente de estar colaborando para algo que juram ser o progresso social e político da humanidade.

[...] É característico da nossa baixeza intelectual que, quanto menos alguém compreende o simples enunciado de uma ideia, mais se julga capacitado a diagnosticar os motivos psicológicos profundos e até mesmo inconscientes que teriam levado o autor a produzi-la. Isso tem a indiscutível vantagem de desviar a discussão dos terrenos áridos da filosofia, da ciência, etc., para as férteis planícies da psicanálise de botequim, onde todo brasileiro se sente um *expert* tanto quanto em técnica de futebol, economia política e mecânica de automóveis.

Também ajudou enormemente meu entendimento a seguinte observação:

O mais curioso, aí, é que as pessoas deixam de ser marxistas, mas não sabem ser outra coisa, porque tudo o que leram na vida foi com os olhos de Marx. O resultado é que esses ex marxistas continuam raciocinando dentro de um quadro de referência demarcado pelo materialismo dialético, pela luta de classes e por todos os demais conceitos clássicos de um marxismo que já não ousa dizer seu nome.

**"Dirijo-me ao que há de melhor no íntimo do meu leitor, não àquela sua casca temerosa e servil que diz amém à opinião grupal por medo da solidão.** Fazer o contrário seria um desrespeito". Em mim atingiu certamente o que há de melhor. Depois de esmiuçar a obra de Olavo e seguir seus passos, passei a investigar por mim mesmo, embora mantendo a colaboração e a amizade que se desenvolveu entre nós. Meus conhecimentos sobre Antonio Gramsci eram nulos e sobre a Escola de Frankfurt, escassos. As conclusões provisórias destas investigações que deverão se aprofundar é o que ponho à disposição dos leitores a seguir. Pretendo também que este livro permita aos leitores um contato com bibliografia e publicações que não estão traduzidas para nosso idioma e nem divulgadas aqui — e, provavelmente, nunca serão, em função da hegemonia editorial e midiática esquerdista.

\* \* \*

Aos leitores que quiserem ler um livro politicamente *neutro* recomendo não passarem daqui. Como já mostrei acima, não é possível neutralidade frente ao totalitarismo e ao genocídio. Este é um livro **contra** todas as formas de totalitarismo, particularmente a que mais nos ameaça no momento, o comunismo. Qualquer crítica neste sentido será, portanto, ignorada.

# PRIMEIRA PARTE

UMA QUESTÃO
DE METODOLOGIA

CAPÍTULO I
# Erros de metodologia de avaliação das estratégias comunistas cometidos pelos serviços de inteligência ocidentais

> *(...) pessoas bondosas acreditam que pessoas más podem ser transformadas em boas se as bondosas derem alguma coisa às más, principalmente ajuda econômica e uma 'colherada' de 'compreensão' para adoçar sua maldade. Um hall da infâmia (hall of infamy) poderia ser erguido para acomodar os líderes políticos, diplomáticos, religiosos, acadêmicos e intelectuais que têm fé em medidas de apaziguamento para evitar a guerra, freqüentemente se deparando com uma guerra mais violenta ainda como resultado de sua ingenuidade.*
>
> — Cal Thomas

Hermann Rauschning (1887-1982), alto prócer nazista, íntimo colaborador, conselheiro e confidente do Führer, tendo atingido o posto de Presidente do Senado da Cidade Livre de Dantzig (1933 1934), ao perceber o rumo de terrorismo e chantagem internacional que o regime adotara, foge para o Ocidente e escreve The Revolution of Nihilism — A Warning to the West. O livro foi publicado na Europa em 1938 logo após a anexação da Sudetenland, região da então Tchecoslováquia com população de origem predominantemente germânica, e em 1939 nos Estados Unidos. Imediatamente considerado pela imprensa o livro mais importante sobre o Nacional Socialismo depois de Mein Kampf, mostrou ser também profético. Predisse o Pacto Germano-Soviético (ver Capítulo VI) num momento em que a campanha antissoviética pela imprensa oficial alemã estava no seu auge. O Ministro da Propaganda e do Esclarecimento do Povo, Paul Joseph Goebbels, vociferava pelo rádio e em artigos no *Völkischer Beobachter* (órgão oficial do Partido Nazista), contra os comunistas como os maiores inimigos do *Vaterland* e da construção do nacional-socialismo. Predisse a invasão da Polônia e a anexação da Dinamarca como um Estado títere de Berlim. Embora valorizado pela imprensa, os políticos, com exceção de Churchill, não lhe deram a devida importância, tão hipnotizados estavam pela Paz a qualquer preço, que os levava a aceitar as promessas do Führer. Movimentos pacifistas louvavam Hitler como dirigente pacífico e Churchill como um maldito belicista. Os eternos pacifistas achavam como ainda hoje, que podem apaziguar os tiranos com promessas e concessões, transformar pessoas essencialmente más e dispostas a matar, em "boa gente". Lenin foi claro ao dizer que os liberais do Ocidente, são "idiotas úteis" dos quais é facílimo esconder os verdadeiros objetivos do comunismo.

A galeria do *hall da infâmia* sugerido por Cal Thomas já deve preencher um edifício de vários andares e cresce dia a dia com os que acreditam que entre os comunistas existem pessoas bem intencionadas e que no dito socialismo "até que tem coisas boas". O papel cumprido por Rauschning desta vez coube a alguns dissidentes soviéticos ou de outros países da Cortina de Ferro. Com o mesmo resultado, como veremos.

# 1. A nova estratégia soviética de dominação mundial: retorno ao leninismo

> Na verdade, eu deixei há muito tempo de dar conselhos a governos de qualquer tipo porque aprendi, ao longo dos anos, de que isto é uma tarefa extremamente frustrante e ingrata. Governos são notoriamente incapazes de operar na base de políticas ou estratégias de longo prazo. Seu processo de tomada de decisões é, o mais das vezes, reativo, quer dizer, eles sempre reagem a ocorrências do dia anterior.
>
> — Vladimir Bukovsky

Durante muitos anos Bukovsky tentou alertar os governos americanos de que sua percepção da Rússia sempre foi enganosa. Mas desistiu, pois *"os governos não querem resolver problemas, querem se livrar deles de qualquer maneira, e isto não é minha especialidade!"* Vladimir Konstantinovich Bukovsky é um dos mais importantes dissidentes da URSS, autor de vários livros e estudos e ativista anticomunista. Foi dos primeiros a denunciar o uso da prisão em hospitais psiquiátricos — *psikhushkas* — de prisioneiros políticos. Ficou 12 anos nas prisões soviéticas, campos de trabalho e sob tratamento forçado em diversas *psikhushkas*. Escreveu, juntamente com o psiquiatra e também prisioneiro Semyon Gluzman, um *Manual de Psiquiatria para Dissidentes* para ajuda-los nos interrogatórios. Em 1971 conseguiu contrabandear para o Ocidente 150 páginas de documentos comprovando abusos em instituições psiquiátricas por razões políticas. Em 1976 foi trocado pelo líder comunista chileno Luís Corvalán e deportado.

Em 1992 foi convidado por Yeltsin para depor no julgamento da Corte Constitucional Russa para determinar se o PCUS tinha sido uma instituição criminosa e teve acesso a inúmeros documentos secretos e escanceou secretamente muitos deles, mandando-os para o Ocidente. Desencantou-se quando percebeu que, o que ele imaginara como um Julgamento de Nuremberg só adotou meias medidas e declarou:

> Não conseguindo liquidar de forma cabal o sistema comunista estamos frente ao perigo de integrar o monstro resultante (destes julgamentos) ao nosso mundo. Não se chamará mais comunismo, mas terá a maioria de suas perigosas características. Até que se faça um Julgamento de Nüremberg de todos os crimes cometidos pelo comunismo, ele não morrerá e a luta não acabará.

## 2. As previsões de Anatoliy Golitsyn

*O mundo Ocidental como um todo, e os Estado Unidos em particular, se equivocaram seriamente sobre a natureza das mudanças no mundo comunista. Não estamos testemunhando a morte do comunismo, mas uma nova ofensiva estratégica de desinformação.*

— Anatoliy Golitsyn

Certamente o mais importante de todos os desertores foi Anatoliy Golitsyn, agente graduado do KGB, nascido na Ucrânia em 1926. Foi membro do *Komsomol*[13] desde os 15 anos e tornou-se membro do Partido Comunista em 1945, imediatamente absorvido pelo KGB onde permaneceu até emigrar para o Ocidente em 1961, após percorrer todos os passos dentro dos serviços de contrainformação. Fez parte do chamado *KGB Interno*, um departamento super secreto de planejamento estratégico de cuja existência nem mesmo os agentes ordinários do KGB tinham conhecimento. Formou-se pela Escola Militar de Contra Espionagem, pela Universidade de Marxismo-Leninismo e por correspondência na Escola de Altos Estudos Diplomáticos. Exilado nos EUA, passou a estudar atentamente as interpretações ocidentais das ocorrências no mundo comunista e verificou que os serviços de informação, como a CIA e o MI6 britânico, estavam completamente equivocados, vindo a publicar em 1984, seu primeiro livro *New Lies for Old*. A história de Golitsyn entre 1961 e o lançamento do livro, que não tem tanto interesse para o presente livro, pode ser encontrada no artigo de Edward Jay Epstein, *Through the Looking Glass*[14]. Precisando de ajuda para publicar seu primeiro livro, Golitsyn procurou William F. Buckley, editor da revista conservadora *National Review* e seu pedido foi recusado. Esta recusa por um dos maiores conservadores americanos quase jogou por terra a possibilidade de vir a ser publicado.

---

[13] O nome é uma contração de Kommunisticheskiy Soyuz Molodiozhi (Коммунистический союз молодёжи) ou União da Juventude Comunista.

[14] http://www.edwardjayepstein.com/archived/looking.htm

A seguir, escreveu inúmeros memorandos para a CIA, denunciando a estratégia comunista que não estava sendo percebida porque o Ocidente usava métodos superados de avaliação. Golitsyn previu inclusive a queda do Muro de Berlin, a "abertura" soviética e outros eventos. Pelas razões expostas por Epstein e porque os serviços de inteligência não podiam admitir seus erros, suas informações foram no geral ignoradas.

Como os acontecimentos confirmaram suas predições em 94%, segundo Mark Riebling no livro *Wedge: The Secret War between the FBI and CIA* (Alfred A. Knopf, 1994), publicou em 1990 *The Perestroika Deception*, onde explica o intento secreto por trás da estratégia leninista das falsas reformas e progresso em direção à democracia dos países comunistas. Na opinião de William F. Jasper, Editor Senior do *The New American* e co-Editor do *The Soviet Analyst*, Golitsyn é provavelmente o mais importante desertor soviético que já chegou ao Ocidente porque ele revelou os detalhes de uma estratégia de dissimulação[15] de longo prazo da qual o Ocidente não tinha nenhum conhecimento até então.

Neste livro baseio-me essencialmente nas análises de Golitsyn acrescentado outras fontes e minha experiência pessoal, ao aplicá-las ao caso do Brasil e da América Latina.

---

[15] Existem em Português várias traduções para *deception*: engodo, fraude, simulação, ardil, fingimento. Em termos militares significa "provocação proposit0al de ecos falsos em radar inimigo".

## 3. A crise no mundo soviético após a morte de Stalin

Entre 1958 e 1960, o *Politburo*[16], reconhecendo as deficiências industriais e agrícolas e a crise geral do sistema, inclusive da ideologia em todo o mundo, causada pelo vazamento dos crimes de Stalin, decidiu fazer um estudo aprofundado para elaborar uma nova estratégia mundial de longo prazo. Os estudos foram levados a efeito sob a liderança de Alieksandr Shieliepin, então à testa do KGB. Shieliepin apresentou um extenso relatório e mostrou que não mais havia lugar no mundo para levantes populares violentos e revoluções sangrentas — a tomada de poder em Cuba foi, durante a fase de estudos, um presente dos céus inesperado, pois o Partido Comunista Cubano ainda apoiava Fulgencio Batista. Também se tornava cada vez mais difícil estabelecer regimes comunistas rígidos com estatização total da economia, comprovadamente ineficientes. Foi decidido que a nova estratégia de longo prazo visaria objetivos intermediários que foram amplamente anunciados, escondendo-se, no entanto, o essencial: o objetivo final continuava a ser o mesmo, o domínio mundial. No entanto, os serviços

---

[16] O *Politburo* era o órgão ideológico e administrativo máximo da URSS, presidido pelo Primeiro Secretário (às vezes Secretário Geral) do PCUS. A estrutura do Estado e a do Partido, assim como a das Forças Armadas, se confundiam nos diversos níveis hierárquicos. O órgão legislativo máximo era o *Soviet Supremo da URSS* (com duas câmaras: o *Soviet da União* e o *Soviet das Nacionalidades*), que elegia o *Presidium*, o qual nomeava o Conselho de Ministros e o Primeiro Ministro. Os três cargos mais poderosos eram, portanto: o Secretário do Partido, o Primeiro Ministro e o Presidente do Presidium. Freqüentemente eram ocupados pela mesma pessoa.

de inteligência do Ocidente continuaram utilizando a mesma metodologia de avaliação que não mais servia. Por esta razão acreditaram que a *Perestroika* significava realmente o fim do comunismo.

## 4. O KGB e a desinformatsiya

*A liderança do KGB manteve suas posições (após a Perestroika). Os agentes mais capazes e confiáveis foram enviados para trabalho clandestino, criando as gangs que chantageiam os homens de negócios e controlam o crime organizado. Os demais foram estrategicamente colocados nas estruturas civis como funcionários públicos (embora ainda pertencendo ao KGB). Milhares de agentes operativos foram chamados de volta do Ocidente para aplicar sua experiência em casa.*

— Vladimir Bukovsky

O KGB[17] é o sucessor de uma linhagem de serviços secretos (GPU, NVD, NKVD) que se iniciou pela Tcheka [18] fundada por Féliks Edmundovitch Dzerzhinsky nos albores do regime bolchevista.

A desinformação, *Desinformatsiya,* difere da propaganda convencional porque suas verdadeiras intenções são secretas e as operações sempre envolvem alguma ação clandestina. O conceito soviético de desinformação, desenvolvido dos princípios leninistas, é o

---

[17] Komitiet Gosudarstviennoy Biezopasnosti (Comitê de Segurança do Estado)

[18] Das duas letras cirílicas, Ч [tche] e К [ka] do nome em Russo da Comissão Extraordinária Pan-Russa para a Repressão da Contra-Revolução e a Sabotagem.

de que a "desinformação significa a disseminação de informação falsa ou provocativa". Mas como praticada pelo KGB, desinformação é mais complexo e amplo do que isto. Inclui a distribuição de documentos, cartas, manuscritos e fotografias forjadas; a propagação de rumores enganosos e maliciosos e inteligência errada; ludibriar os visitantes quando visitando os países comunistas; e ações físicas para fabricar efeitos psicológicos. Estas técnicas são usadas de forma variada para influenciar a política dos países estrangeiros, romper as relações entre as nações, minar a confiança das populações em seus líderes e instituições, desacreditar indivíduos e grupos que se opõem às políticas comunistas, enganar a respeito de suas reais intenções e, aos visitantes estrangeiros, esconder as reais condições de vida nos países comunistas. Muitas vezes serve para esconder atos destrutivos do próprio KGB.

As organizações secretas de inteligência, desde a Tcheka até 1959, possuíam um Escritório de Desinformação. Naquela data, ano da reorganização do KGB (ver Capítulo II), foi criado um departamento completo, conhecido como Departamento D do Primeiro Diretório. O primeiro diretor foi o General Ivan Ivanovich Agayants. Ascético, solene e puritano, possuía um caráter cruel. Depois da sua morte passou a ser o Departamento A do Diretório de Assuntos Exteriores e, aumentado sensivelmente de tamanho e poder, passou a atuar com mais frequência no exterior.

Em 1984 o ex-agente do KGB exilado, Yury Biezmenov explicou, em entrevista concedida a G.

Edward Griffin[19] que o KGB só empregava 15% dos seus esforços em "espionagem" tradicional. O restante era destinado a "medidas ativas" e de "influência": um processo de desmoralização e lavagem cerebral dos ocidentais feito de forma tão gradual e ininterrupta que, ao fim do processo, as pessoas submetidas a elas agiam como se fossem agentes anticapitalistas ou ao menos antiamericanos. O processo levava no mínimo três gerações para dar resultado. O "dar resultado" significava cooptar um número tão grande de simpatizantes (conscientes ou não do processo) que, quando esta geração galgasse posições de poder e controle dentro da sociedade, o processo se autoalimentava, criando mais e mais "simpatizantes"[20]. A profundidade da "estampagem mental" obtida era tal que, usando as palavras de Biezmenov, "argumentos, nem mesmo a verdade, serviriam para abrir os olhos destes indivíduos. Mesmo que se mostrasse um campo de concentração em pleno funcionamento a toda esta gente, eles nem assim iriam finalmente acreditar". Conheço muitos indivíduos que visitando a URSS, mesmo sabendo que todos seus passos eram controlados pela divisão turística do KBG, a *Intourist,* voltaram maravilhados e acreditando piamente que tiveram total liberdade de locomoção e que os lugares proibidos o eram para "sua segurança pessoal"! Lembro-me de um conhecido, comunista, com quem eu

---

[19] Disponível em http://la3.blogspot.com/2007/05/criando-inimigos-dentro-de-casa-ex.html

[20] Exemplo claríssimo disto foi a vaia recebida pela Delegação Americana ao PAN 2007 e os aplausos à Cubana. Totalmente irracional porque, se fossem perguntados em qual dos dois países prefeririam morar, certamente escolheram o vaiado; ou permanecer aqui.

comentara entusiasmado ter estado no Centro Espacial Lyndon Johnson, em Houston, Texas, onde se podia entrar na Sala de Controle das Missões Espaciais e assistir aos trabalhos. Tempos depois, voltando de Moscou, ele desdenhosamente me disse que tinha feito o mesmo. Eu perguntei, sabendo que era proibido ir até lá, se ele tinha ido a Baikonour, onde ficava o centro espacial soviético, e ele respondeu que não, fora em Moscou mesmo, isto é, ele tinha visitado um *museu* do espaço, onde nada acontece. Mesmo assim ele não se convenceu!

## 5. A *desinformatsiya* em ação

Os principais padrões de desinformação levados a efeito logo após a reestruturação em 1958 foram:

*Fraqueza e Evolução*: consistiu em subestimar publicamente o poder comunista e aplacar os temores dos seus adversários por meio da criação de falsas crises e divulgação de fraquezas e dissidências no mundo comunista.

*Fingimento e Força*: se um regime comunista é fraco, a desinformação esconde a crise e suas dimensões, enfatizando outras áreas ou problemas (foi exatamente na fase de transição, quando estava enfraquecida, que a URSS lançou, com enormes sacrifícios, o seu Programa Espacial); em outros momentos, quando está fraco, finge grande força que não tem (Ver Crise dos Mísseis em Cuba, Capítulo VII).

*Criação de falsas divergências entre países comunistas e ocultação das verdadeiras*: adiante me referirei ao falso conflito sino-soviético da década de 60, enquanto as verdadeiras tensões entre os dois países, ocorrida na fase de transição entre a morte de Stalin e a "normalização" com a posse de Khrushchov e as "denúncias dos crimes de Stalin" no XX Congresso do PCUS, foi completamente ocultada. A aplicação deste padrão no interior de cada partido comunista constitui as falsas dissensões e "rachas"; no Brasil, os exemplos mais recentes foram a dissidência do P-SOL e os ataques do MST e da CUT ao PT.

*Uso de falsos desertores, de agentes duplos e de agentes infiltrados*: uma vez que um falso desertor seja aceito como genuíno, a posição dominante do KGB no interior da organização alvo fica demonstrada. A segurança de seus agentes infiltrados está garantida.

*Guerra assimétrica*: embora não denominada assim por Golitsyn tem sido fartamente utilizada. Entende-se este conceito, inspirado na "Arte da Guerra" de Sun-Tzu, em dar tacitamente a um dos lados beligerantes o direito absoluto de usar de todos os meios de ação, por mais vis e criminosos, explorando ao mesmo tempo os compromissos morais e legais que amarram as mãos do adversário. O exemplo mais gritante da atualidade pode ser estudado na guerra entre Israel e os terroristas Palestinos: enquanto aos últimos tudo é permitido e aceito — mesmo os brutais assassinatos de crianças e civis inocentes em bares ou discotecas — dos primeiros espera-se que conduzam uma espécie de "guerra de cavalheiros" e, quando reagem com métodos adequados, infinitamente menos violentos, são execrados como assassinos cruéis. Mais recentemente, até mesmo as desavenças entre os palestinos são noticiadas com a velada intenção de culpar Israel. E a Comissão de Diretos Humanos da

ONU — onde estão Líbia, Cuba e outros exemplares defensores dos direitos humanos — decidiu (2007) que somente Israel continuará a ser investigado. A Carta dos Direitos do Homem, da ONU, é outra preparação para a guerra assimétrica: a URSS e os demais países comunistas jamais pretenderam segui-la, enquanto a usavam para acusar o Ocidente, principalmente os Estados Unidos, de atentados aos "direitos humanos". No Brasil atual a situação é clara quanto à ação da polícia sobre a bandidagem: os últimos tudo podem, a polícia tem que tratá-los com carinho e todos os cuidados; a defesa do Estatuto da Criança e da Adolescência também é usada no mesmo sentido, assim como a ridícula maioridade penal somente aos 18 anos.

## 6. As principais operações de desinformação

Serão apenas citadas as principais operações de grande envergadura, sem entrar em detalhes.

1. Disputa URSS X Iugoslávia: a "condenação" de Stalin por Josip Broz "Tito"
2. A falsa evolução dentro da URSS em direção à democracia: abandono da "ditadura do proletariado" e sua substituição pelo "Estado de todas as pessoas". Pretensas lutas internas pelo poder e a criação de movimentos falsamente dissidentes
3. A "disputa e cisão" Soviético-Albanesa
4. A falsa cisão Sino-Soviética

5. A "independência" Romena: o rompimento de Nicolae Ceausescu

6. A "democratização" da Tchecoslováquia em 1968: a "Primavera de Praga" como forma de captar simpatias ocidentais pelo "socialismo com face humana", cuidadosamente preparada pelos Partidos Comunistas Tcheco e Soviético para evitar e abortar na raiz, um levante popular legítimo como o da Hungria em 1956

7. O Eurocomunismo, proposta de Enrico Berlinguer endossada por Georges Marchais, La Passionária (Dolores Ibarruri) e Santiago Carillo: policentrismo comunista apoiado pelas "dissidentes" Iugoslávia e Romênia.

O impacto no Ocidente foi devastador: *"sem que o Ocidente perceba, a ideologia comunista perdeu sua camisa de força stalinista e retomou a antiga linha leninista"* (Golitsyn). Muito se deveu ao declínio da CIA.

## 7. O declínio da cia

Enquanto isto ocorria no Leste, a CIA entrava em franco declínio, chegando ao cúmulo de suas "informações" se basearem em panfletos de propaganda soviética. Lev Navrozov, colunista da NewsMax Magazine refere que "as bases de informação da CIA eram panfletos dos quais nós ríamos na escola secundária e que estão disponíveis em livrarias soviéticas em Washington, D.C., por 50 cents. Um deles era sobre o incremento na produção de ovos pelas fazendas estatais (*kolkhozes* e *sovkhozes*) totalmente mentiroso!"

O declínio da CIA começou nos anos 60, quando a investigação sobre um desertor do KGB chamado Yuri Nosienko tomou um caminho errado e se embrulhou toda. Para satisfazer burocratas nervosos que queriam encerrar a investigação, pessoal não especializado recebeu a tarefa de 'reabilitar' Nosienko (i.e., qualifica-lo oficialmente um desertor genuíno e confiável) e isto mesmo depois que ele já tinha desacreditado a si mesmo completamente. Para acreditar na autenticidade de Nosienko, a CIA teria de aceitar a ideia de que o "KGB verdadeiramente operava segundo procedimentos diferentes daqueles descritos por todos os outros desertores" (anteriores e posteriores). Em termos da grande estratégia russa, a lenda de Nosienko foi usada para afirmar que Golitsyn estava mentalmente doente, que suas previsões e análises eram paranoicas e sem valor[21].

O resultado é dramaticamente descrito por Nyquist:

> O povo americano olha em volta e se pergunta por que os ambientalistas estão tão fortes, por que o capitalismo está sob assalto e os direitos de propriedade rural não são mais seguros. Tentam descobrir por que tantos professores estão ensinando marxismo nas escolas e universidades. Alguns não podem entender por que nossos líderes políticos insistem em mais cortes no orçamento militar e continuam a negociar com os gangsteres de Beijing e Moscou. [...] A resposta mais simples é: nós fomos subvertidos, infiltrados, ludibriados e manipulados pelos comunistas e esquerdistas. Estávamos tão

---

[21] Jeffrey Nyquist CIA: Mito e História

ocupados com nossas carreiras e satisfações pessoais que nem nos demos conta. E agora nosso país tem suas próprias estruturas comunistas ocultas (ou nem tão ocultas).

## 8. O movimento pela paz mundial

*A guerra de morte entre comunismo e capitalismo é inevitável. Hoje, certamente, não estamos suficientemente fortes. Nosso tempo chegará em vinte ou trinta anos. Para vencer precisamos do elemento surpresa, a burguesia deverá ser amortecida, anestesiada, por um falso senso de segurança.* **Um dia começaremos a espalhar o mais teatral movimento pacifista que o mundo já viu.** *Faremos inacreditáveis concessões. Os países capitalistas, estúpidos e decadentes cairão na armadilha oferecida pela possibilidade de fazer novos amigos e mercados, e cooperarão na sua própria destruição.*

— Dmitri Manuilsky, Tutor de Nikita Khrushchov na Escola Lenin de Guerra Política, em 1931

*Um pacifista é um sujeito que alimenta um crocodilo, na esperança de ser comido por último.*

— Sir Winston Churchill

A campanha soviética pela paz foi outro lance genial. Note-se que Manuilsky falara em 1931 em "vinte ou trinta anos". Exatamente quando começou o movimento dos "povos amantes da paz", na década de 60. É mais uma amostra de como a estratégia comunista sempre foi de longo prazo.

Quem não quer paz? A Humanidade, cansada de duas guerras mundiais que ceifaram vários milhões de vidas estava preparada para uma campanha ativa desta natureza. Lentamente foi-se construindo a imagem da URSS como o farol para os "países amantes da paz", pois desejava apenas que lhes deixassem construir em paz a nova sociedade socialista. O alvo principal era a intelectualidade ocidental, particularmente a norte-americana, com a finalidade de provocar naquele País uma divisão que ameaçasse sua própria sobrevivência. No resto do mundo serviu para convencer as populações de que o capitalismo era o motor das guerras, enquanto o comunismo era essencialmente pacífico. A guerra passou a ser vista só pelos seus aspectos econômicos — e até hoje alguns acreditam nesta balela! — como os confrontos imperialistas inevitáveis entre *países capitalistas* e que continuarão enquanto o capitalismo não for aniquilado. Já as guerras dos "países amantes da paz" contra os capitalistas e as dos "movimentos de libertação nacional" ou a insurreição dos "movimentos sociais", são guerras justas — em oposição às anteriores, injustas — pois se destinam a salvar a humanidade das próprias guerras, libertando-a das amarras do capitalismo.

Lenin em 1922 já dizia que: *"O objetivo final da paz é simplesmente chegar ao controle mundial comunista"*. Em 1952 Stalin complementou: *"A paz será preservada e reforçada se o povo tomar a causa da paz em suas mãos e defende-la até o fim"*. Aí está o germe dos movimentos internacionais pela paz que, segundo Bukovsky reúne milhões de comunistas, companheiros de viagem, intelectuais confusos e atrapalhados, hipócritas buscando popularidade, clérigos buscando publicidade. Tornou-se moda aderir aos mesmos e é muito arriscado não fazê-lo. Ainda hoje todo movimento pacifista, seguindo as normas da guerra assimétrica, é destinado a combater as guerras consideradas injustas e apoiar as justas: p.ex., enquanto qualquer ato terrorista contra Israel é justo, toda ação armada israelense, por mais que respeite os civis, é injusta.

CAPÍTULO II
# A necessidade de uma nova metodologia de análise

> *O método leninista é estar preparado para recorrer a todos os estratagemas, manobras, evasivas e subterfúgios para atingir os objetivos finais: reforçar o sistema soviético. O lançamento da NEP[22] foi baseado nisto: não assustar os capitalistas, relegando a um segundo plano a luta de classes, a violência e o terrorismo. A Perestroika não passa de uma nova aplicação do mesmo pensamento leninista num novo contexto, levando ao Segundo Round da Revolução de Outubro. Tanto é verdade que a reação ocidental é a mesma. Pode-se prever que o resultado também será o mesmo: soerguimento da economia soviética, estabilização do poder e ampliação do assalto ideológico sobre o mundo capitalista. Gorbachov é um convicto leninista.*
>
> — **Anatoliy Golitsyn**, The Perestroika Deception

---

[22] *Novaya Ekonomiceskaya Politika*, Nova Política Econômica, seguida na União Soviética após o abandono do comunismo de guerra (praticado durante a guerra civil), em 1921. Em linhas gerais, foi a devolução das pequenas explorações agrícolas, industriais e comerciais à iniciativa privada, tentando assim desesperadamente fazer a nascente União Soviética sair da grave crise em que se achava mergulhada. Stalin liquidou com ela em 1928 com a coletivização forçada dos meios de produção. (Mais informações são obtidas acessando no meu *Rumo ao Governo Mundial Totalitário*)

O grande mérito de Golitsyn, que extrapola o estudo específico da URSS, é o de fornecer aos analistas políticos de qualquer situação ligada a partidos comunistas, inclusive no presente, uma nova metodologia de avaliação. Neste segundo capítulo, portanto, já começo a utilizar as sugestões de Golitsyn para a América Latina e o Brasil. É preciso levar em consideração estes fatores:

1. O verdadeiro significado da Perestroika, principalmente da reestruturação do KGB
2. As novas características da guerra
3. As diferenças entre um Partido Comunista e os Partidos democráticos
4. Algumas normas básicas de avaliação já aplicadas ao Brasil atual
5. A verdadeira meta do comunismo

## 1. Significado da re-organização do KGB após a Perestroika

*Toda sociedade reflete seu passado. Acredito que um dia o Marxismo será derrubado e até o Partido Comunista poderá se tornar história, pois ambos são organismos estranhos que foram introduzidos no corpo russo e, mais cedo ou mais tarde, serão rejeitados, de qualquer modo. Uma coisa, no entanto, certamente permanecerá inalterada: nossa "gosbiezopasnost", o serviço de segurança do Estado. Nossa gosbiezopasnost manteve a Rússia viva pelos últimos quinhentos anos e continuará guiando seu leme pelos próximos quinhentos.*

— Alieksandr Sakharovsky, General do KGB, Comandante do Departamento de Espionagem

Sakharovsky, um russo até a medula, tinha razão. A renúncia ao marxismo e até a proibição do Partido Comunista por Yeltsin apenas reforçou o papel do KGB no aparelho de Estado soviético. Lenin, ao assumir o poder e também sendo um russo apesar de comunista, sabia muito bem que teria que seguir esta tendência dos russos dependerem da *'gosudarstviennaya biezopasnost'*[23] — segurança do Estado — e criou a Tcheka nos moldes da *Okhrana* tzarista, como o destacamento armado do Partido, sua Espada e seu Escudo. Como o Partido e o Estado se confundem no regime comunista, o povo aceitou facilmente a "mudança".

Com a fraude chamada *Perestroika* o Ocidente acreditou piamente que o KGB morreu, sendo substituído por um serviço de inteligência semelhante aos das democracias, o FSB (*Federalnaya Sluzhba Biezopasnosti* — Serviço Federal de Segurança do Estado). Mas o KGB está vivo e passa bem. Seus métodos continuam incluindo terror, assassinato e subversão (vide o assassinato do ex-agente do FSB Aliexandr Litvinienko, por meio de substância radioativa, após ter denunciado o FSB como mandante da morte de Boris Bierezovsky. Estava exilado em Londres depois de ter cumprido pena de prisão). Seu objetivo é o velho objetivo; ademais, qualquer relato completo poderia revelar à CIA o que o KGB fez e fará: uma futura sequência destrutiva para a qual os EUA não estão preparados. Na verdade, a própria União Soviética continua a existir de forma disfarçada. Os países satélites

---

[23] Em cirílico russo: государственная безопасность

também, disfarçados sob esfarrapadas fantasias democráticas. Assim, toda a estratégia dos EUA repousa ainda sobre uma base falsa.

A extinção do Partido Comunista da URSS, sob o comando do KGB, já tinha sido tramada desde 1958 e serviu aos seguintes propósitos:

I — Criar a impressão de que a burocracia soviética está se tornando mais democrática e ocidentalizada

II — Através desta **falsa** mudança, influenciar o Congresso americano a introduzir mudanças **reais** na burocracia, inclusive na CIA, e diminuir os orçamentos militar e de segurança

III — Criar condições para real cooperação do KGB com os serviços ocidentais correspondentes, infiltrando mais facilmente seus agentes de desinformação.

Apesar da "extinção", os velhos membros do PC e do Komsomol se incorporaram nas novas estruturas "democráticas", portanto não houve **real** extinção do PC, somente uma *redistribuição* dos seus quadros. Quanto ao KGB sofreu apenas reformas cosméticas para criar a impressão de equivalência com os serviços ocidentais, mas só aparentemente se submetem às críticas e controle pelo Parlamento — como ocorre nos Estados Unidos e na Europa livre. Na verdade, seu poder aumentou muito, além de se tornar mais secreto.

Para se ter uma ideia deste poder secreto, só revelado após a abertura parcial dos Arquivos de Moscou, de acordo com Yevgenia Albats, expert em inteligência russa, a União Soviética, com uma população de

300 milhões, tinha aproximadamente 700.000 agentes policiais; a nova Rússia "democrática", com uma população de 150 milhões, tem 500.000. Se antes havia um agente para cada 428 soviéticos, existe agora um para cada 300. Além disto, poucos experts sabem que o KGB guarda os códigos de lançamento de 6.000 mísseis nucleares e que se apossou do processo de desenvolvimento, produção, armazenagem e guarda das armas de destruição em massa (*Weapons of Mass Destruction* — WMD) do país. A ultra-secreta divisão nuclear do KGB possui cerca de 87 "cidades secretas", algumas ocupando ilhas inteiras, como os laboratórios secretos em *Vozrozhdeniye* e *Komsomolsk*, no Mar de Aral. Estas cidades não constam nem dos mais avançados mapas militares, como *Chelyabinsk-40*, nos Urais, de onde sumiram 27 toneladas de plutônio[24].

As reformas realizadas sob o comando do KGB tinham como principais objetivos:

1. Renunciar à repressão aberta, como nos tempos de Stalin

2. Neutralizar e dissolver movimentos de oposição genuínos

3. Em seu lugar, criar uma "oposição política" totalmente controlada. Para isto recrutou escritores liberais e conservadores; cientistas "dissidentes" com a função de linha auxiliar para a estratégia de "convergência" com o Ocidente; diretores a atores

---

[24] Citado por Ion Mihai Pacepa, ex-chefe da espionagem Romena no Seminário sobre Ressureição do KGB, coordenado por Jamie Glazov na *Front Page Magazine*.

de teatro e cinema — sempre disponíveis como idiotas úteis — e jornalistas, estimulando-os a seguir linhas antes consideradas proibidas para dar a impressão de abertura real; religiosos, para levar à convergência com as religiões ocidentais e ampliar a infiltração de agentes, principalmente na Igreja Católica;

4. Usar psiquiatras e instituições psiquiátricas para demonstrar que somente os "doentes mentais" não apoiavam o regime (vide minha Introdução, sobre a infiltração marxista na psicanálise, na psicologia e na psiquiatria no Brasil — já eram preparações para agir depois da tomada do poder aqui)

5. Usar a détente para demonstrar ao povo soviético que até no Ocidente o regime estava sendo aceito

6. Cooperar com os partidos e serviços de segurança dos demais países comunistas

Várias funções repressivas foram passadas para um "exército" não regular de cinco milhões de *druzhinii* (vigilantes), ativistas do *Komsomol* liderados por antigos tchekistas criteriosamente selecionados para tal. Como conseqüência desta preparação, na década de 80 não havia mais nenhum movimento democrático ou nacionalista genuíno e o campo estava livre para o lançamento oficial da *Perestroika*.

Sob o controle do "extinto" KGB foram introduzidas as seguintes reformas políticas, estendidas à Polônia e à Alemanha Oriental:

- descentralização política e principalmente econômica, com introdução de incentivos ao lucro; imediatamente agentes do KGB começaram suas atividades "comerciais" através de firmas legalizadas

ou da Máfia russa; obviamente, os mesmos tinham preferência na obtenção de licenças e patentes
- abertura religiosa, com ativa oposição controlada pelo KGB da Igreja Ortodoxa Russa que finalmente conseguiu se impor como "única religião do povo russo". Para ter o direito de existir esta Igreja desde 1917 sofre o controle rígido do Estado
- permissão da emigração de judeus para Israel
- relaxamento de restrições às viagens ao exterior
- permissão da dissidência intelectual controlada
- pequena redução do orçamento militar

Todas estas reformas, com a falsa "humanização" do regime (socialismo com face humana) tinham a função de exercer um impacto anestesiante no Ocidente e demonstrar que a URSS não é mais uma ameaça.

## 2. *A nova face da guerra*

Como os partidos comunistas encaram a política como o prosseguimento da guerra por outros meios, invertendo os termos clássicos, e fazem uso de todos os avanços bélicos, é preciso ainda citar a evolução dos padrões bélicos em direção à quarta geração da guerra[25] e à chamada *netwar*.

---

[25] Ver, de William S. Lind, *A Face Mutável da Guerra: rumo à quarta geração*, traduzido por Frederico De Paola em https://www.heitordepaola.com/publicacoes_materia.asp?id_artigo=1997

*A quarta geração da guerra*: a gênese da quarta geração da guerra são as ideias e não a tecnologia, como nas gerações anteriores, o que pode ser constatado no terrorismo. Isto não quer dizer que o terrorismo seja a guerra da quarta geração, mas que seus elementos podem ser sinais indicando a direção da quarta geração. Não existe ataque frontal, o foco muda da frente para a retaguarda do inimigo. O terrorismo visa acabar com o inimigo de dentro para fora uma vez que ele conta com pouca possibilidade (pelo menos no presente) de infligir uma grande destruição em ataque frontal. Portanto, não se preocupa com o exército adversário, visando diretamente alvos civis. A potência do exército inimigo passa a ser irrelevante.

Na quarta geração da guerra, como no judô, usa-se a força do inimigo contra ele mesmo: os terroristas usam a liberdade e a abertura de uma sociedade livre como suas maiores forças contra elas. Eles podem se mover livremente em nossa sociedade e ao mesmo tempo trabalhar para subvertê-la. Usam os direitos democráticos não somente para penetrar, mas também para se proteger. Se nós os tratarmos de acordo com nossas leis, eles ganham muitos adeptos; se simplesmente atirarmos para matá-los, a mídia pode facilmente fazer com que eles pareçam vítimas. Os terroristas podem efetivamente travar sua forma de guerra enquanto se encontram protegidos pela sociedade que procuram destruir. Se formos forçados a abandonar nosso sistema de proteção legal para lidar com os terroristas, eles estarão conquistando outro tipo de vitória. A base de operações deixa de ser nacional, mas transnacional, mobilizando muitas nações, e como ideologia ou religião ou cultura, num ataque direto à cultura e à organização social do inimigo. Um dos métodos mais utilizados é a Guerra Psicológica, especialmente através da manipulação da mídia, em particular as notícias de televisão.

*Netwar:* de acordo com o memorando *Global Trends 2015,* do *National Inteligence Council,* o crime organizado forma cada vez mais redes de organizações, tanto entre eles como com os movimentos revolucionários. Estima-se que poderão corromper os líderes de países instáveis, economicamente frágeis ou em bancarrota, e se insinuar entre banqueiros e homens de negócio em situação econômica difícil, para cooperarem no sentido de controlar consideráveis áreas geográficas. Assim já agem as redes de narcotraficantes, como as FARC que controlam grande área geográfica na Colômbia e nos territórios fronteiriços com a o Venezuela e Brasil. O crescimento de grupos terroristas que atuam em rede (*networks*) é parte de uma mudança mais ampla que foi chamada ***netwar*** (*US Dept. of Defense: Networks and Netwars*).

O termo *netwar* se refere a uma nova forma de conflito e crime que envolve medidas de guerra não-tradicional na qual os protagonistas usam organizações em rede, de acordo com as doutrinas, estratégias e tecnologias derivadas da era da informação. Estes protagonistas estão dispersos em pequenos grupos e conduzem coordenadamente suas campanhas pela internet, sem um centro de comando preciso. Difere de outras formas de conflito e crime nas quais os protagonistas preferem organizações, doutrinas e estratégias baseadas em hierarquias, como os antigos esforços de construir, por exemplo, movimentos leninistas centralizados ou a Máfia americana e siciliana. O narcotráfico e as organizações terroristas do Oriente Médio possuem amplas redes de comunicação entre si e com as máfias italiana e russa. Coordenam ações terroristas de caráter comunista em todo o mundo[26].

## 3. Diferenças entre um partido comunista e os partidos democráticos

> *Os comunistas devem estar preparados para todos os sacrifícios e, se necessário, recorrer a toda sorte de astúcias e estratagemas, empregar métodos ilegais, evitar e esconder a verdade...A parte prática da política comunista é incitar cada (inimigo) contra o outro...Nós comunistas devemos usar um país contra o outro. Minhas palavras (sempre) foram calculadas para despertar ódio, aversão e desprezo, não para convencer, mas para quebrar a elite do oponente, não para corrigir seus erros, mas para destruí-lo, para exterminar sua organização e eliminá-la da face da Terra. Esta formulação é de natureza e invocar os piores pensamentos, as piores dúvidas, as maiores suspeitas (dos ainda neutros) em relação ao oponente.*
>
> — Vladimir Ilitch Lenin

Quem tentar entender a lógica interna e a atuação política de um partido comunista ou de linha auxiliar do comunismo com os métodos tradicionais de análise política, certamente seguirá um caminho errado e ficará exposto a surpresas e desilusões sem fim. Pois um partido comunista — tenha o nome que tiver, como

---

[26] John Arquilla and David Ronfeldt, *Networks and Netwars: The Future of Terror, Crime, and Militancy* www.rand.org/publications/MR/MR1382; David Ronfeldt & John Arquila, *Networks, Netwars and the Fight for the Future*, https://firstmonday.org/ojs/index.php/fm/article/view/889/798

Partido dos Trabalhadores (PT) — ou da linha auxiliar ("companheiro de viagem") como o PSDB, PSB, PPS — não age como um partido político comum.

Os partidos democráticos atuam segundo políticas geralmente elaboradas com vistas a aplicação num tempo limitado, pois os mandatos são curtos e estes partidos admitem e aceitam implicitamente a alternância no poder com outros partidos democráticos adversários. Já os partidos comunistas não: *encaram a política como guerra de extermínio* e para isto se utilizam de métodos estranhos aos demais partidos, como guerrilha, terrorismo, subversão nas forças armadas com doutrinação de recrutas e oficiais, etc. Consideram os demais partidos "burgueses" não como adversários dos quais podem ganhar ou perder, ou com os quais se alternarem no poder, mas inimigos a serem aniquilados. E atuam com base em estratégias de longo prazo, pois no cerne da própria estratégia está a abolição, em algum momento no futuro, dos mecanismos "burgueses" de escolha dos dirigentes pelos eleitores. Sua luta *não é política,* embora deem esta impressão: *é contra a própria existência da política e para exterminá-la da vida na nação.*

Assim, ao invés de elaborarem políticas que eventualmente podem ser revertidas se os eleitores optarem por outras, funcionam com base em estratégias guerreiras e de engenharia social que pretendem mudar radicalmente e *para sempre* a Sociedade. Mas a Sociedade terá que ser enganada até o momento em que se torne incapaz de mudar seus próprios destinos pela via eleitoral, ou que esteja de tal modo encharcada de lixo marxista, que já não reconheça nada diferente. Para ludibriar a sociedade os partidos comunistas lançam mão de duas táticas simultâneas: uma *política* democrática exigindo e se comprometendo com o maior grau de democracia possível, e uma *estratégia de longo prazo* que faz uso das franquias democráticas para acabar com elas.

É preciso diferenciar claramente uma *estratégia* de uma *política*. A primeira contém dentro de si mesma *um segredo* e uma *manobra de despistamento* destinado a pegar o adversário de surpresa e assegurar a vitória final. Os regimes comunistas são de natureza secreta por imposição de suas próprias características internas que necessitam de constante dissimulação, pois, se aberto o horror de suas entranhas, perderia adeptos e companheiros de viagem fiéis. A dissimulação não é atingida somente pelo mascaramento e segredo, mas pelo complemento essencial, a desinformação (*desinformatsiya*), a disseminação constante de informações falsas para criar no inimigo as reações esperadas, como já foi examinado. Ora, já antes da tomada do poder os comunistas agem exatamente assim: seus fins são apresentados como políticas programáticas claras e abertas ao escrutínio de toda a população. Mas os verdadeiros objetivos são mascarados e submetidos ao máximo de desinformação. Os programas não têm a menor importância, mas sim a estratégia dissimulada. Sobretudo, é preciso convencer os adversários de que não há estratégia alguma por trás da política programática, isto é, *dissimular a própria estratégia de dissimulação*, atacando a existência do anticomunismo como prática de paranoicos, pois não existem as ameaças denunciadas por estes. É muito difícil para pessoas de boa fé alcançar a existência de tal grau de hipocrisia e canalhice.

Na URSS, as principais decisões para apaziguar o ocidente foram concernentes à adoção de um *padrão de não-violência* através da substituição do conceito de "ditadura do proletariado" por "Governo de todo o povo" (note-se o slogan petista: "Brasil, um país de todos"); o desenvolvimento de novas forças políticas eliminando a figura do partido único (no Brasil investimento pesado no PT e em partidos companheiros de viagem como PSDB, PSBm PSOL e PPS); a preparação de reformas políticas e econômicas em direção a uma "economia socialista de mercado" — que não mais prevê a desapropriação violenta dos meios de produção, mas o aumento progressivo da taxação — como sempre foi sugerido por Marx — e da dependência de empréstimos governamentais para sobreviver. "Pluripartidarismo" controlado pelo partido hegemônico, e a propaganda de uma Revolução mundial não-violenta, eliminando a figura do inimigo para o Ocidente e consequente desmoralização do anticomunismo como paranoia. Os resultados foram amplamente satisfatórios: o enfraquecimento moral, político, militar e principalmente ideológico americano e de todo o Ocidente.

Na estratégia secreta existem, no entanto vários níveis de segredo. Os estratos mais profundos só são acessíveis aos mais altos próceres partidários, alguns apenas a um reduzidíssimo número de intelectuais orgânicos (conceito de Gramsci a ser estudado no próximo capítulo). Atingido o governo não se pretende larga-lo nunca mais até conseguir o poder totalitário. A grande vantagem de chegar ao governo é que permite utilizar uma nova tática, antes impossível: combinar as pressões "de baixo" com as pressões "de cima". Enquanto no nível político o governo administra o país e controla a rotina de governar — sua eficiência ou ineficiência também são reguladas pelas necessidades de planejamento de longo prazo[27] — no nível estratégico, secreto, estimula e financia os que pressionam de baixo. A relação dos "de cima" com os "de baixo" pode variar segundo as circunstâncias de uma franca solidariedade a uma falsa hostilidade.

## 4. *Algumas normas de avaliação*

Somente entendendo a inserção global dos governos de FHC e de Lula pode-se fazer uma avaliação mais acurada da crise atual e ainda assim, levando em consideração os tópicos que levantei sobre como se comportam os comunistas e seus partidos. Além do já dito, vale mencionar algumas normas de alto valor para quem precisar discutir com comunistas ou entender como o partido funciona no poder ou fora dele.

1. Não acreditar que polêmicas entre comunistas ou entre eles e partidos afins impliquem em divisão real. Avaliar se há de fato razão suficiente para as propaladas disputas (no caso atual é só aparência. Lembrar que FHC declarou há pouco tempo que **não há diferença ideológica entre PT e PSDB**, apenas divergências políticas que se resumem no fato de que, enquanto o primeiro é marxista, o segundo é Fabiano, mas a finalidade é exatamente a mesma). O que é preciso é impedir que surja algum

---

[27] Por exemplo: a atual (julho/2007) "incompetência" do governo petista para atrair sobre ela todas as críticas da oposição sem que a sociedade perceba a extrema competência em expandir o processo de tomada do poder via Ong's, MST, demais "movimentos sociais", etc.

partido ou candidato *realmente* liberal e conservador[28] que revele e acabe com a estratégia. Pode-se dizer o mesmo das aparentes divergências entre Lula e Chávez ou entre Lula e Morales. Por mais que os mesmos, pessoalmente, declarem que nada os dividirá, a oposição e a sociedade em geral continuam a acreditar na divisão inexistente.

2. Procurar, por detrás da aparência de desunião, sinais de unidade de ação (como a operação "abafa" promovida pelo PSDB nas CPI's e a recusa de FHC apoiar o impeachment de Lula quando do Mensalão).

3. Procurar correlações temporais entre a eclosão de polêmicas e as grandes iniciativas comunistas (p.ex., o surto de ações espetaculares da Polícia Federal durante a crise do Mensalão; o aumento da repressão da Venezuela após a "crise" com o Brasil ou o aprofundamento das iniciativas ditatoriais de Morales após a "crise" das refinarias da Petrobrás, etc.).

4. Considerar sempre a polêmica como parte da operação de desinformação para confundir a oposição.

5. A causa está acima de tudo, até mesmo dos militantes que podem ser sacrificados em prol da continuidade do processo. O próprio Lula é descartável se as circunstâncias exigirem para levar avante a causa.

---

[28] Como veio a ocorrer em 2018 com a eleição de Jair Bolsonaro.

6. Nunca acreditar em programas, alianças ou tratados com comunistas, pois para eles tratados são para serem rompidos — assina-se e depois se joga no lixo. Note-se a facilidade com que, em 2002, o PT mudou o discurso radical que vinha mantendo até o início do mesmo ano por um programa que ficou conhecido como "Lulinha, paz e amor". Como poderia mudar outras tantas vezes quantas fossem necessárias, pois programa nada significa senão o engodo, a falsidade, por trás da qual está a estratégia de tomada do poder. O PT se mostra tão democrático, aceitando as regras do jogo como os demais partidos, que muitos duvidam que seja um partido comunista. Dirão estes que o PT não defende nenhuma revolução e nem prega a ditadura do proletariado ou a abolição da propriedade privada. Pois quem não conhece a verdadeira história secreta dos partidos comunistas, desconhece que a decisão de abandonar estes termos já é velha de 47 anos (ver análise da Perestroika, acima), adequando-a às sugestões do comunista italiano Antonio Gramsci (a serem detalhadas no próximo capítulo).

7. Nunca acreditar que partidos que não tenham o nome comunista como o PT, não o sejam. Geralmente o nome diferente é pura desinformação. Lembrem que o PCB — com este nome — não teria ganhado nem mesmo uma prefeitura. Nomes nada valem — observar os atos, os métodos e as práticas e não os nomes. Note-se o brutal aumento da carga tributária desde 1994, pelas mãos dos companheiros de viagem, o PSDB, o crescente — e proposital! — endividamento das empresas privadas a bancos

estatais aumentando de tal modo a dependência dos mesmos que já hoje os gestores da maioria delas são o BNDES, o Banco do Brasil e a CEF. Em pouco tempo, a grande maioria das empresas privadas ficará sob o controle total do governo restando aos empresários razoáveis lucros, garantidos não via concorrência, mas fixados pelos órgãos estatais, com a finalidade de torná-los cúmplices da destruição de suas próprias empresas enquanto organismos decisórios independentes. Decorre também daí a proposta das Parcerias Público Privadas. Na política, a farsa eleitoral de 2002 em que três candidatos companheiros de viagem serviram como "ponto" para o candidato do partido hegemônico (PT). É exatamente isto que se chama *democratismo*, um arremedo de democracia. Tudo, portanto dentro da já velha estratégia, dissimulada por belíssimos discursos democráticos.

8. Nunca acreditar em história, biografias, etc. publicamente apresentadas, pelo seu valor de face. São todas forjadas e fomentadas pela massificação doutrinária através da mídia. P. ex., toda a cúpula do PT, e alguns do PSDB, do PSB e do PPS, é constituída de guerrilheiros, assaltantes de bancos e terroristas, portanto nada a surpreender na crise atual: a corrupção lhes é intrínseca. No entanto, nas suas biografias são apresentados como heróis que arriscaram a própria vida para redemocratizar o Brasil.

9. Ter sempre em mente que os arroubos de democracia e Estado de Direito, são engodos dos quais se livram assim que puderem. E para chegarem a este estado é preciso atingir as condições revolucionárias objetivas, combinando as pressões de baixo: (MST, ONG's, "sociedade civil organizada", movimentos "sociais", etc.), com as de cima, até que primeiros tenham força suficiente para o assalto final ao poder. Por exemplo, o governo petista financia e dá todo amparo possível ao MST — como já o fizera o PSDB, mas freqüentemente o MST "rompe" com o governo, denunciando o mesmo como traidor das causas populares, aburguesado, neo-capitalista e outras coisas mais. Isto serve para manter a ilusão dos fazendeiros e empresários de que há realmente, uma ruptura, porém não passa de engodo. Continuam umbilicalmente ligados, um não vive sem o outro. O PT sem o MST fica sendo um partido comum; o MST sem o PT ou o PSDB, que começou a financiá-lo, não sobrevive. Mas até que sejam atingidas as "condições objetivas" revolucionárias para a tomada do poder total, continuarão as falsas rupturas e reaproximações num movimento dialético constante.

10. Idem quanto à alegada defesa da "soberania nacional" que tanto encanta nossos nacionalistas, os quais se surpreendem quando percebem que jamais houve em toda a história do Brasil governos mais entreguistas do que nos últimos 15 anos. Às vergonhosas e escandalosas privatizações com dinheiro

público de FHC seguiram-se as entregas de grande parte do território nacional do governo Lula às ONG's. Com o discurso de um Chico Mendes, atuam como um Henry Ford.

11. Não acreditar, como o fazem alguns críticos liberais, que a mentalidade comunista é produto de alguma "doença mental" que os faz acreditar sinceramente no que fazem com o dinheiro público em prol da causa. Pelo contrário, sabem muito bem que o que fazem é puro roubo e errado segundo a moral "burguesa", mas distorcem esta moral criando outra, que cinicamente denominam "proletária" — à qual nenhum proletário honesto seguiria — que não passa de justificativa de caso pensado. Não são pobres doentes que precisam de hospital psiquiátrico; são gatunos e assassinos que merecem cadeia!

12. Avaliar o que é ou não comunista, esquecer os surrados slogans de ditadura do proletariado, sociedade mais justa, etc. Os objetivos são outros, todos destinados a liquidar com a civilização ocidental e seus valores: defesa do aborto, liberação das drogas pesadas, da oficialização das relações homossexuais — diferente de respeitar os indivíduos homossexuais — movimento feminista rancoroso, estímulo ao racismo sob o rótulo oposto através p.ex. das cotas raciais, etc. Para entender o significado de ser um bom comunista deve-se ler o Obituário de um comunista de primeira hora que se

suicidara por discordar da NEP, publicado pelo *Pravda* em 20 de maio de 1922:

> [...] ele frequentemente dizia que a pessoa deve ser em primeiro lugar um comunista e somente depois um ser humano. O jovem aparentemente não foi capaz de aguentar o conflito. O Comunista na sua alma não conseguiu derrotar o ser humano e ele o matou. Mas, para a maioria a vitória sobre os sentimentos humanos vinha facilmente.

13. A campanha pelo desarmamento está em perfeita harmonia com o sucateamento e desmoralização das Forças Armadas para impedir qualquer resistência ao domínio da nova classe (ver adiante).

14. Finalmente, nunca o que parece ser, é!

## 5. *A verdadeira meta comunista: a nova classe*

Finalmente, não se pode entender o comunismo sem saber qual é sua verdadeira meta. Sem isto corre-se o risco de ficar andando em círculos. Ao definir a passagem do Estado Socialista para o futuro Estado Comunista, Marx ressaltou que a diferença fundamental seria passar de um Estado em que imperasse *a cada um de acordo com seu trabalho*, para outro mais desejável no qual imperaria *a cada um segundo suas necessidades*. Enquanto o primeiro inclui necessariamente algum esforço, o segundo acena com um estado de coisas paradisíaco ou nirvânico no qual todos terão suas necessidades atendidas.

O que parece uma loucura não é. Este estado já foi atingido pelos próprios líderes comunistas: nenhum exerceu qualquer trabalho sistemático por muito tempo. Marx viveu à custa de sua mulher aristocrática e de Engels. Este nunca precisou trabalhar. Lenin formou-se em Direito, mas teve uma única causa que abandonou para viver à custa da irmã, depois dos exilados, da mesada do Império Alemão e finalmente do Estado. Mao exerceu por pouco tempo o magistério, Zhou Enlai era descendente de riquíssimos mandarins. Fidel só defendeu a si mesmo e desde então vive sustentado pelo Partido e pelo Estado. Prestes nunca mais trabalhou desde que desertou de forma desonrosa. Lula trabalhou muito pouco, passando a viver em casa emprestada, com salário do Sindicato, do Partido e do Estado.

A lista é infinita e serve para mostrar que, para os *mais iguais entre os 'iguais'* (*apud* Orwell) a teoria deu certo! Conseguiram recriar o estado aristocrático de parasitas tão indolentes quanto inúteis! Constituem o verdadeiro fim a que se propõe a ideologia e a práxis comunista: a constituição de uma **Nova Classe**. Como bem o disse Milovan Djilas (*The New Class*): "*Em contraste com as antigas revoluções, a comunista, feita em nome da extinção das classes, resultou na mais completa autoridade de uma nova e única classe*". Alegando construir, "um mundo melhor possível", uma sociedade nova, ideal, mais justa, "*construíram-na para si mesmos do melhor modo que puderam*". A Nova Classe

> [...] se interessa pelo proletariado e pelos pobres apenas na medida em que eles lhes são necessários para o aumento da produção [...] o monopólio que, em nome da classe trabalhadora, se estabelece

sobre toda a sociedade, é exercido principalmente sobre esta mesma classe trabalhadora.

Djilas, que percorreu todo o caminho da carreira comunista, chegando ao Comitê Central iugoslavo, denunciou já em 1957 que a Nova Classe se apropria de todos os bens pela nacionalização e estatização, tornando-se uma classe exploradora.

Mikhail Sergeyevitch Voslensky (*A Nomenklatura*), que também percorreu toda a carreira dentro da URSS, usa o termo Nomenklatura para esta nova classe e complementa mostrando que a propriedade socialista é a propriedade coletiva da Nomenklatura, pois *"sua adesão fingida ao coletivismo obrigou-a a adotar a forma coletiva de propriedade"*. Já Bruno Rizzi (*The Bureaucratization of the World*) citado por Voslensky, mostrava em 1939, que

> [...] na sociedade soviética os exploradores não se apropriam da mais-valia diretamente, como o faz o capitalista quando embolsa os dividendos de sua empresa. Fazem-no indiretamente através do Estado, que embolsa a mais-valia nacional e a distribui, então, aos seus funcionários".

Estes funcionários constituem a Nomenklatura, em russo, a lista dos postos mais importantes cujas candidaturas são sempre por recomendação de algum órgão do Partido. (Será que isto lembra alguma coisa ao leitor, do que já está ocorrendo no Brasil?).

Conclui Voslensky:

> A Nomenklatura é uma classe de exploradores e de privilegiados. Foi o poder que lhe permitiu ascen-

der à riqueza e não a riqueza que lhes proporcionou o poder. A Política da Nomenklatura consiste em assentar seu poder ditatorial no plano interno e ampliá-lo ao mundo inteiro.

Esta nova classe, que poderia ser chamada de nova casta, é a herdeira direta das antigas aristocracias e das monarquias absolutistas, às quais tentam substituir desde 1789, passando a ter maior sucesso a partir de 1917.

CAPÍTULO III
## A Revolução Cultural: Antonio Gramsci e a Escola de Frankfurt

## 1. *Antonio Gramsci e a organização da Cultura*[29]

Gramsci nasceu em 1891 e morreu em 1937. Participou da fundação do Partido Comunista Italiano em 1921. Um ano depois Benito Mussolini assume o poder com um programa anticomunista e em 1926 endurece o regime fascista. Gramsci é preso e condenado a mais de 20 anos de prisão pelo Tribunal Especial de Defesa do Estado. Acometido de tuberculose foi transferido para um Sanatório especializado. Através de cartas cifradas para escapar à censura da polícia política fascista OVRA (*Organizzazione per la Vigilanza e la Repressione*

---

[29] Não tenho a intenção de esmiuçar a obra de Gramsci aqui. Para um entendimento mais profundo de sua aplicação política é recomendável os livros de Sergio Augusto de Avellar Coutinho *A Revolução Gramscista no Ocidente* e *Cadernos da Liberdade*; para uma interpretação filosófica de Gramsci, os de Olavo de Carvalho, *O Imbecil Coletivo: Atualidades Inculturais Brasileiras*, *O Jardim das Aflições: De Epicuro à Ressurreição de César — Ensaio sobre o Materialismo e a Religião Civil*, *A Nova Era e a Revolução Cultural : Fritjof Capra & Antonio Gramsci*.

*dell'Antifascismo*), a maioria destinada à sua cunhada Tatiana Schucht, desenvolve uma nova teoria sobre a conquista do poder pelos comunistas. Logo após sua morte em 1937, Tatiana encaminhou seus escritos para Palmiro Togliatti, então exilado em Moscou. Somente depois do fim da II Guerra Togliatti organizou e publicou a obra com o título de *Cadernos do Cárcere*.

\* \* \*

Até então, a conquista da *hegemonia* — entendida como aceitação e concordância das massas com o comunismo — era resultado da conquista do *poder* do aparelho político do Estado pelo "partido de vanguarda" e, depois disto, a imposição pela força da ideologia totalitária. Gramsci, percebendo a inutilidade deste esforço na URSS, onde a repressão era constante e tendia a se eternizar, inverteu a fórmula: é necessário conquistar a hegemonia *antes* da tomada do poder que, neste caso, viria a ser "indolor", pois as massas já estariam pensando e agindo dentro das amarras comunistas do pensamento e a conquista do poder seria quase rotineira. Só então o poder político eliminaria todas as resistências "burguesas" com o pleno apoio das massas, previamente convencidas de que o governo é o seu legítimo representante. A importância dos intelectuais nesta tarefa de doutrinação das massas é fundamental.

O foco de "classe" muda completamente dos proletários para os "intelectuais", a nova "vanguarda revolucionária". Não se trata de uma "revolução proletária", mas sim de uma revolução dos intelectuais com os proletários a reboque. Gramsci simplesmente assume o que a revolução comunista sempre foi: uma revolução de elite travestida de popular. Segundo Suzanne Labin (*Em cima da hora*):

> Os comunistas se apresentam como agentes da evolução inevitável da história, mas a verdade é exatamente o oposto: é uma tentativa desesperada de prolongar o absolutismo ancestral, a despeito dos progressos da cultura. Não marcha 'no rumo da história', mas para tentar pará-la. É contra o capitalismo pelo que tem de avançado — a liberdade — e não pelo que, (segundo seu ponto de vista) tem de retrógrado, a chamada 'injustiça social'.

A meta comunista não é bem parar a história, mas revertê-la do estado liberal para o aristocrático, só que agora não mais uma aristocracia de sangue, mas auto-nomeada e ungida não por Deus, mas pelos seus pares.

Marx conceituava o *sujeito conhecedor* não como um indivíduo em contato consigo mesmo e com sua consciência e elaborando ideias pessoais, mas como um *sujeito coletivo*. Define o proletariado como um todo uniforme, com sua ideologia própria e os burgueses também. Em ambas as classes os indivíduos isolados que não comungam a ideologia de sua classe são considerados *alienados*.

Gramsci mantém a ideia do sujeito conhecedor e pensante coletivo e faz uma distinção entre o intelectual "orgânico", aqueles conscientes de sua posição de classe — criado pela classe dos intelectuais, pelo partidoclasse — e o intelectual "tradicional" — aquele que mantém sua autonomia e continuidade histórica. A organização da cultura é conseguida exatamente através da hegemonia dos intelectuais orgânicos — organizados, como órgãos de um único organismo, o Partido-classe, o "intelectual coletivo". Não me refiro aqui ao conceito tradicional de partido político (ver Capítulo II). Um intelectual orgânico não necessariamente integra os quadros de um partido, mas sabe quais são seus interesses de classe e, por assim dizer, "toca de ouvido": não é preciso uma partitura para que conheça a "música" que lhe interessa; na dúvida, basta ouvir a música que seus pares estão tocando. Cabe a estes homogeneizar a classe que representam e leva-la à consciência de sua própria função histórica: transformar uma classe em-si numa classe para-si.

O conceito de intelectual, no entanto, sofre uma ampliação semântica: passa a ser a totalidade dos indivíduos, com qualquer nível de instrução que possam atuar na propaganda ideológica. Publicitários, jogadores de qualquer esporte, professores de qualquer grau, contadores, funcionários públicos graduados ou de estatais, profissionais da imprensa, do show-business, sambistas, roqueiros. É impressionante a empáfia com que estes falam, ou melhor, pontificam sobre qualquer assunto; e é incrível como a população dá tanta importância a eles permitindo que possam agir como agentes transformadores da consciência e do senso comum, popularmente conhecidos como "formadores de opinião".

A palavra cultura perde toda a acepção qualitativa e pedagógica reduzindo-se ao uso exclusivamente antropológico como denominação neutra e geral das formas de expressão popular. Até o advento do relativismo cultural, cultura reteve significados de *Paideia* e *Areté* gregas, isto é, continha um conceito implícito de valor: existiam pessoas ou povos cultos ou incultos. Algo a ser adquirido com esforço. O relativismo cultural modificou o conceito de cultura o qual, de uma alta expectativa de valor, passou a ser um simples conceito antropológico descritivo: a totalidade das manifestações e formas de vida de um povo, mesmo os mais primitivos. Com isto, se obtém um nivelamento por baixo alarmante. Por exemplo, cultura negra deixa de ser a produção de negros cultos, dos quais a raça negra deveria se orgulhar e tentar emular; não, é o funk, música pornográfica de analfabetos: equipara-se Machado de Assis ao Furacão 2000; Lima Barreto à Tati Quebra Barraco. Mais do que isto, embora a maioria diga isto à boca pequena porque ainda lhes resta uma certa vergonha na cara, consideram que Machado e Barreto foram negros "submetidos à cultura branca e não conseguiam se expressar dentro da cultura negra", alienados, portanto.

Esta atividade dos intelectuais, na prática necessita criar uma espécie de escola de dirigentes, um grupo de intelectuais "especialistas", que servem para orientar os demais quanto a seus interesses específicos de classe. Note-se que sempre que ocorre algum fato relevante a imprensa recorre logo a "especialistas", pessoas designadas pelo intelectual coletivo para dizer como os outros devem pensar a respeito do assunto. Quem ouse pensar diferente é severamente admoestado pelos "especialistas", obrigado a uma autocrítica e se reincidir, é posto no ostracismo e perde o apoio dos companheiros de viagem. Entre estes estão os intelectuais *tradicionais*, os alienados da consciência de sua classe. Deve-se frisar que as palavras desses "especialistas" expressam sempre a opinião que deverá ser adotada em comum *para os interesses exclusivos do Partido-Classe, do Intelectual Coletivo*, mesmo que se apresente como "científica" (o que nunca é!). A proposta de revolução educacional — *pedagogia crítica* — de Gramsci sugere a criação de escolas profissionais especializadas, nas quais o destino do aluno e sua futura atividade serão predeterminados.

Uma das maiores lições de Gramsci aos comunistas foi: não tomem quartéis, tomem escolas e universidades; não ataquem blindados, ataquem ideias gerando dúvidas, e propondo o diálogo permanente, nunca apresentando certezas, mas devem estar preparados para preencher as dúvidas antes que a consciência individual o faça; não assaltem bancos, assaltem redações de jornais; não se mostrem violentos, mas pacifistas e vítimas das violências da "direita".

O controle das consciências, através da modificação do *senso comum*, deve ser o objetivo político maior. Entende-se por *senso* comum um conjunto de ideias inconscientes ou semi-conscientes com os quais os indivíduos organizam suas vidas. Representa o conjunto de valores, tradições, filosofias, religiões, etc., aceitos consciente ou inconscientemente pela maioria de uma sociedade, herdadas das gerações mais antigas e dadas como certas em si mesmas. Não somente as normas morais e éticas, mas também certas crenças e regrinhas triviais das quais nem nos damos conta.

A modificação do senso comum e o controle das consciências são assegurados pelo domínio sobre os órgãos educacionais e de informação. O objetivo é o controle do pensamento na própria fonte, na mente que absorve e processa as informações e a melhor forma de controlá-lo é modelar palavras e frases da maneira que sirvam aos propósitos hegemônicos. O controle da mente Ocidental, além do uso desonesto da linguagem e das informações, é feito também através da desmoralização proposital do Ocidente por ataques corrosivos contra as instituições, promovendo ativamente o uso de drogas, o agnosticismo, o relativismo moral e cognitivo, a permissividade e o estímulo às transgressões (palavra mágica altamente sedutora, principalmente para os jovens) e ataques concentrados à família tradicional, promovendo o aborto, as famílias "não-tradicionais" e as "novas sexualidades".

Desconstruindo o mundo ocidental este ficará presa fácil para a Nova Ordem Mundial comunista. O "desconstrucionismo" — que fez tanto sucesso no Brasil através de Jacques Derrida, e espero que tenha morrido junto com ele — é parte fundamental da estratégia. Vem daí a expressão "pós-moderno", o resultado da desconstrução até mesmo do próprio "modernismo" burguês. Outro método eficiente é a educação "construtivista" que não passa de um desconstrutivismo radical do senso comum e a introdução na criança daquilo que o intelectual coletivo quer — via magistério — , mas de tal modo que a criança pensa estar construindo seu mundo por si mesmo — e os professores não engajados também.

Gramsci era um mestre da prestidigitação cultural, agindo mais por influência psicológica sobre a imaginação e os sentimentos, base do senso comum, do que sobre a racionalidade. Escondendo-se o verdadeiro sentido de determinadas palavras, elas ficam soltas para o imaginário popular ligá-las com qualquer coisa que tem mais a ver com os seus próprios desejos do que com o sentido real com que é usada pelos agentes.

Como o prestidigitador que, ao chamar a atenção do público para uma das suas mãos, coloca com a outra o coelho na cartola para depois retirá-lo como se nunca tivesse sido posto lá.

Por exemplo, o termo *ética* tem em Gramsci um sentido totalmente diferente do que significa para as pessoas em geral acostumadas pelo *senso comum* com o "discurso moralístico burguês". Ético é tudo que serve para fazer avançar a tomada do poder pelo pensamento hegemônico quando atinge o estado de *consenso:* em que todos concordam em aceitar sua ideologia de classe. Portanto,

> Estado Ético é o estado de perfeita coincidência entre ideias e interesses de classe, quando realizado numa dada sociedade e cristalizado em leis que distribuem a cada classe seus direitos e deveres segundo uma clara delimitação dos respectivos campos ideológicos (apud O. de C.). O Estado Ético, na verdade, não apenas é compatível com a total imoralidade, como na verdade a requer, pois consolida e legitima duas morais antagônicas e inconciliáveis, onde a luta de classes é colocada acima do bem e do mal e se torna ela mesma o critério moral supremo (ibid).

Da mesma forma, *verdade* não mais significa a correspondência entre o fato e a interpretação, mas adquire um conteúdo meramente utilitário: tal como ética, verdade é tudo o que impulsiona o processo histórico na direção do comunismo. A verdade, tal como é conhecida há milênios, nada significa para um comunista, que a modifica de acordo com as necessidades do momento do processo revolucionário. Vem daí a infiltração nas universidades, sociedades científicas e culturais e desde a escola primária, da ideia de *pluralismo de ideias* como máxima expressão "democrática". Mao lançou a Revolução Cultural com o moto *"que floresçam mil flores"*, só para descobrir quais as que não interessavam e podar suas vidas, física ou mentalmente através de grandes humilhações públicas.

Uma das maiores fraudes inspiradas pelo gramcismo foi negar a existência do comunismo para liquidar com o anticomunismo. Como o comunismo não existe, nem todas as atrocidades cometidas nos países dominados por ele, o anticomunismo não passa de uma "criação na realidade daquilo que mais amedronta os conservadores", isto é, um delírio alucinatório. Suprime-se da imprensa, da literatura, do *show business* qualquer menção à própria palavra comunismo e quando ela é pronunciada por alguém este é imediatamente taxado de maluco paranóico.

Cria-se a falsa noção de "sociedade doente" e passa-se a tratá-la de duas maneiras: os adultos, através de elaboradas técnicas psicoterápicas pervertidas para inocular a noção de delírio e alucinação quando estas não existem. As pessoas que enxergam a realidade são convencidas de que deliram e alucinam. Por outro lado, estimula-se a inveja — a base psicológica de qualquer pensamento esquerdista — e a "culpa social" pela "exclusão" e "exploração" capitalista, principalmente com pessoas enriquecidas honestamente, mas que se sentem culpadas por sua riqueza, como me referi na Introdução.

Com as crianças, mediante uma combinação cruel de técnicas psicopedagógicas que enfatizam a "sensibilidade" sobre o aprendizado e a doutrinação explícita através de modificações curriculares para formarem robôs andróginos incapazes de pensar por si mesmos. É importante dizer que em 1985 o Departamento de Estado dos EUA deu à *Carnegie Corporation* autoridade para negociar com a Academia Soviética de Ciências — leia-se KGB — o desenvolvimento de novos currículos e a re-estruturação da educação americana visando a convergência com a soviética. O livro de Berit Kjos, *Brave New Schools*, é essencial para entender a perversão das noções educativas que vêem ocorrendo desde a década de 70.

As escolas e as empresas tornam-se centros de "tratamento" psicológico com dinâmicas de grupos e sobrevalorização do *sentir* sobre o *saber*, a *eficiência capitalista* e a busca do lucro, enfatizando-se as "funções sociais", também totalmente deturpadas. É o que Sommers & Satel chamam de *terapismo*, a ideia revolucionária de substituir a ética e a religião pela psicologia (*One Nation Under Therapy*).

A linguagem precisa ser desconstruída e no seu lugar colocar uma outra, a linguagem do "politicamente correto". As ciências — fruto exclusivo da civilização judaico-cristã — também são desmoralizadas pela introdução de formas "alternativas" (medicinas ou terapias alternativas, superstições orientais apresentadas como "outras ciências", etc.). São "novas formas de luta pela hegemonia", alguns são assuntos jamais sonhados por Gramsci, mas que são desenvolvidas sob sua égide pelo intelectual coletivo. Isto é muito importante: diferentemente de seus antecessores, Marx, Engels e até certo ponto Lenin, Gramsci não dá uma receita fechada, mas aberta às modificações necessárias no futuro. Mas a destruição de toda a tradição filosófica fazia parte integrante do projeto de Gramsci.

É fundamental a destruição das bases da civilização ocidental judaicocristã. As primeiras a serem destruídas devem ser as tradições morais, culturais e religiosas. Mikhail Gorbachov em 1987, *já em pleno processo de Perestroika*, um produto gramcista por excelência, afirmou:

> Não pode existir trégua na luta contra a religião porque enquanto ela existir, o comunismo não prevalecerá. Devemos intensificar a destruição de todas as religiões aonde for que elas sejam praticadas ou ensinadas.

O principal meio de destruição das religiões deixa de ser o ataque frontal, que poucos resultados deu, mas a infiltração nos seminários das ideias marxistas, que resultou mais tarde na "teologia" da libertação (ver adiante), conforme sugerido por Gramsci que percebera que a Igreja Católica é indestrutível num confronto direto. Gramsci dissera que "bater com a cabeça na parede machuca a cabeça, e não causa nada à parede; é preciso penetrar por trás da mesma e destruí-la por dentro", isto é, invadindo os seminários e outros centros de formação religiosa. Outro meio é o estímulo a crenças e práticas primitivas como o culto a Gaia, as seitas indígenas primitivas, a teosofia, os cultos orientais.

Note-se que Gramsci enfatizava não a pregação revolucionária aberta, mas a penetração camuflada e sutil.

> Para a revolução gramscista vale menos um orador, um agitador notório do que um jornalista discreto que, sem tomar posição explícita, vá delicadamente mudando o teor do noticiário, ou do que um cineasta cujos filmes, sem qualquer mensagem política ostensiva, afeiçoem o público a um novo imaginário, gerador de um novo senso comum. "Jornalistas, cineastas, músicos, psicólogos, pedagogos infantis e conselheiros familiares representam a tropa de elite do exército gramscista" [...] cuja atuação cria novas reações, novas atitudes morais que, no momento propício, se integrarão harmoniosamente na hegemonia comunista (ibid),

palavra que é riscada do dicionário gramscista.

A estratégia política de "transição pacífica para o socialismo" é montada sobre esta infiltração cultural; por esta razão, é necessária a defesa intransigente do ambiente mais democrático possível. A diferença com os partidos verdadeiramente democráticos é que, para estes últimos a democracia é um fim político em si para florescimento das liberdades de pensamento, religiosa, econômica. Para o partido-classe, não passa de um meio para acabar com ela assim que passem ao estágio seguinte: o da hegemonia e do consenso. Por isto, como já enfatizei no capítulo anterior, esses partidos são os mais intransigentes defensores da ampliação e aprofundamento das franquias democráticas e de conceitos tais como cidadania — tão sedutor que é papagaiado até por quem não concorda com os fins do partido-classe — com a vantagem adicional de convencer a população de que são realmente os maiores democratas. Quando cidadania toma o lugar de cidadãos e cidadãs, troca-se o individual pelo coletivo e cria-se uma categoria de fenômenos *sociais* para substituir os *individuais*.

Por democracia entenda-se a ampliação do Estado por via dos *organismos privados de hegemonia,* os sindicatos e entidades privadas como as Ong's. O ativismo destas últimas as tornam, freqüentemente, competidoras do Estado ao assumir algumas funções estatais, como as relativas a direitos humanos, ambientalismo, paz, desarmamento, racismo, proteção à infância, às mulheres, às minorias, defesa do consumidor, etc. No seu conjunto, constituem o que se chama *sociedade civil organizada* levando a uma ampliação do Estado, *ao Estado Ampliado,* não mais dirigido pela política mas pela ideologia do partido-classe. Avellar Coutinho (*A Revolução Gramscista no Ocidente*) sugere que melhor seria *"sociedade ampliada"*. Sob este conceito o Estado não se limita aos órgãos do governo, mas abrange diversos organismos sociais. A "sociedade civil" passa a indicar a direção política e cultural e a exercer algumas das funções que tradicionalmente cabem ao governo (*op. cit.*). Passa-se, portanto, ao largo da esfera legislativa principalmente, passando por cima das decisões do Congresso Nacional. E também se avilta a ação da justiça levando Juízes e Desembargadores a relativizar a aplicação da lei. Por exemplo, os Juízes são instados a ditar suas sentenças não mais de acordo com a lei tal como votada pelos legisladores, mas seguindo os ditames das Ong's dos direitos humanos ou ambientais ou qualquer outra coisa. O conceito de *legalidade* é substituído paulatinamente pelo de *legitimidade,* sendo esta última determinada não pelo aparelho do Estado, mas pela sociedade civil. Por exemplo, a invasão de terras embora ilegal é socialmente justa e os juízes são inicialmente forçados a negar as ações de re-integração de posse. Posteriormente esta ideia se torna consensual. Elevado às últimas conseqüências, o Estado Ampliado significa *o fim da política e da justiça,* o fim do Estado "burguês".

O consenso torna-se hegemônico quando o senso comum é superado e a sociedade passa a pensar de forma que acredita ser espontânea e autônoma aquilo que lhe foi incutido de forma subliminar, lenta e gradual, pelo intelectual coletivo representados pela "sociedade civil". Estas transformações lentas e graduais são fundamentais para a tomada pacífica do poder, pois constituem o cerne da *transição pacífica para socialismo,* como veremos na terceira parte deste capítulo.

No momento em que a sociedade política perde o consenso, a hegemonia e a integração com a sociedade civil, o estado "burguês" fica vulnerável à conquista e à destruição pelo partido revolucionário. É a chamada *crise orgânica* ou *crise institucional,* com o conseqüente enfraquecimento do Estado (Avellar Coutinho, *op. cit.*).

## 2. *A influência da Escola de Frankfurt*

Não só o gramscismo foi o responsável pela mudança do senso comum e da criação da fábrica de mitos;

também a Escola de Frankfurt teve seu importante papel, mormente entre as categorias mais intelectualizadas[30].

Este termo se aplica indiferentemente a um grupo de intelectuais reunidos no *Institut für Sozialforschung* (Instituto de Pesquisas Sociais) de Frankfurt, como a uma teoria social e cultural específica: a Teoria Crítica da sociedade capitalista e das instituições *soi-disant* burguesas. O estabelecimento do Instituto se deu pelo encantamento de Félix Weil, filhinho-de-papai de uma família arquimilionária, pela vitória do bolchevismo na Rússia em 1917. Durante a fracassada Revolução comunista Alemã de 1919, Félix, estudante de economia e ciências sociais idealizou o Instituto "na esperança de um dia entregá-lo a um Estado Alemão Soviético triunfante", finalmente fundando-o em 1923, após o esmagamento da Revolução. Já de início o próprio nome era uma camuflagem, pois o original era *Instituto para o Marxismo* e foi iniciado em 1922 num seminário de uma semana de duração, o *Erste Marxistische Arbeitswoche*, com a finalidade de juntar diferentes correntes marxistas.

---

[30] É impossível fazer jus, neste livro, à importância da contribuição da Escola de Frankfurt para os estudos culturais, artísticos e sociais do século XX. Recomendo para quem quiser uma visão mais profunda: *A Escola de Frankfurt: História, Desenvolvimento Teórico e Significação Política*, de Rolf Wiggershaus, DIFEL, Rio, 2002 (1986); *The Dialectical Imagination: A History of the Frankfurt School and the Institute of Social Research, 1923-1950*, de Martin Jay, Little Brown, Boston, 1973. Para uma visão mais sucinta e superficial *Origem e Significado da Escola de Frankfurt: Uma Perspectiva Marxista*, Phil Slater, Zahar, Rio, 1978 (1976), e *As origens do politicamente correto* de William Lind (ver no Dossiê do Politicamente Correto em https://www.heitordepaola.online/dossiefreeebook).

Compareceram, entre outros, Georg Lukács, Karl Korsch, Karl August Wittfogel, Friedrich Pollock. O evento foi tão bem sucedido que Weil sentiu-se estimulado a fundar o Instituto e construir um edifício para sede.

Seu pai, o industrial alemão Herrmann Weil, explorador do trigo e da mão-de-obra barata da Argentina retornara à Alemanha depois de se tornar o maior comerciante de cereais daquele país. Por seus maus conselhos ao Kaiser ficou conhecido como o "pai da guerra submarina", pois suas estatísticas otimistas sobre a produção agrícola alemã recomendaram o torpedeamento dos comboios de carga americanos destinados à Inglaterra, o que provocou a entrada dos Estados Unidos na guerra, prolongando desnecessariamente o conflito.

Hermann pai, o verdadeiro financiador da Escola e da *"Revista de Pesquisa Social"* jamais poderia imaginar que seu dinheiro fértil se tornaria, em meados do século XX, propulsor do movimento da contracultura, cujo objetivo final continua sendo o questionamento e a rejeição dos valores erguidos pela civilização ocidental e cristã. Os Weil pretendiam ajudar a promover o "pluralismo de concepções e interpretações da modernidade" sem nenhum *parti pris* ideológico ou a predominância de qualquer tipo de doutrina. Em vez disso, o idiota útil fomentou o fenômeno da contestação cultural e suas distintas formas de sub-cultura, tais como, por exemplo, o movimento hippie com o seu permanente apelo ao consumo da maconha, ácido lisérgico, rock, vagabundagem, promiscuidade sexual e, mais tarde, no campo do pensamento e da criação artística, a "desconstrução" dos textos filosóficos e literários caros ao mundo ocidental. Com efeito, desde o início, a Escola de Frankfurt tinha em vista a "desestruturação" de ideias e valores até então estabelecidas.

Apesar da imensa fortuna herdada, Félix não se tornou nem um verdadeiro empresário, nem um verdadeiro sábio, nem um verdadeiro artista, mas um mecenas da esquerda, o que se chamava na época um "bolchevista de salão", tornando-se o protótipo do que já foi chamado de "esquerda festiva", e que abrange a quase totalidade das esquerdas: um tipo especial de esquerdismo que veio a se tornar muito popular entre os intelectuais. Pessoas cujas vidas estão, pelos parâmetros tradicionais, em completa contradição com as ideias que pregam.

Com a ascensão de Hitler na Alemanha, em 1933, a Escola se transfere para Genebra, depois para Paris e, finalmente, encontra pouso em Nova York, afiliado da *Columbia University*. *Auferindo contribuições financeiras das universidades burguesas* os seus integrantes, bem remunerados e protegidos — em bom português: faz o que eu digo, mas não faz o que eu faço! — puderam dar continuidade às formulações da Teoria Crítica, de natureza anticapitalista, originárias das "descobertas" de Marx.

Somente com a nomeação de Max Horkheimer para a direção do Instituto em 1930 é que se estruturou a base mais sólida da Escola de Frankfurt, reunindo uma equipe que incluía Herbert Marcuse, Theodor Adorno, Erich Fromm, Max Horkheimer, Walter Benjamin, Jürgen Habermas — alguns filhos de banqueiros, outros de prósperos comerciantes burgueses — como o núcleo dos estudos teóricos. Com o desenvolvimento destes estudos a Escola de Frankfurt despreza os achados *econômicos* de Marx e investe tempo e dinheiro no exame da teoria da *alienação*, agora expressa na avaliação do fenômeno da "reificação" dos bens de produção da sociedade capitalista, na qual o ser humano se transforma em mercadoria e a sua subjetividade fica reduzida à condição de "mero objeto"[31]. Em cima desse trololó materialista, que despreza a vinculação do homem com a transcendência, Theodor Adorno, o mais ativo dos intelectuais frankfurtianos, ensina que no mundo "reificado" pela supremacia do capitalismo, o *"homem perde a consciência de si mesmo e se coisifica"* (*apud* Ipojuca Pontes, *op cit.*)

Uma observação de Horkheimer dá o sentido do que realmente significa a tal "análise crítica da sociedade". Em *Dämmerung* de 1934 diz literalmente[32]:

> Um milionário ou até sua mulher podem dar-se ao luxo de ter um caráter muito reto e nobre, podem adquirir todas as amáveis qualidades que se possa imaginar....O pequeno industrial também está em desvantagem nisso. Em sua própria pessoa, há necessariamente traços de explorador, senão ele não poderia sobreviver. Este handicap 'moral' cresce à medida que a função ocupada no processo diminui de importância" (231). "A inteligência e todas as outras capacidades se desenvolvem tanto mais facilmente quanto mais elevado for o padrão de vida...Isso não vale apenas para as competências sociais, mas também para o resto das qualidades

---

[31] Se utilizando, aqui, das ideias de Georg Lukács.

[32] In Wiggerhaus, *op cit.*, os números entre parênteses são referências às páginas do original de Horkheimer.

do indivíduo. Encontrar seu prazer nas satisfações medíocres, agarrar-se estupidamente a posses mesquinhas, mostrar uma vaidade e uma suscetibilidade cômicas, enfim toda a pobreza própria da existência oprimida não se encontra lá onde o poder dá uma substância ao homem e o desenvolve" (265). "A organização socialista da sociedade...é historicamente possível; mas ela não será realizada por uma lógica imanente à história (como pregado por Marx) e sim **por homens formados na teoria, decididos a agir...**" (255). (Enfatizado por mim).

A última frase define claramente o que Antonio Gramsci conceituou como um "intelectual orgânico": um grupo homogêneo de intelectuais especialistas de nível mais elevado, preparados para a produção das tarefas de crítica e transformação social em suas respectivas atividades, isto é, para a práxis marxista. Urgia invadir todas as áreas intelectuais especializadas.

Mais uma vêz vou me restringir àquela a que pertenço: a psicanálise, que serve de padrão para todas as áreas intelectuais. Muito do que se diz hoje deste ofício não é, em absoluto, obra de Freud. Sucede que Horkheimer era muito interessado em Freud, e a chave para que ele pudesse traduzir o marxismo de termos econômicos para termos culturais era essencialmente a sua combinação com a psicanálise. Como foi julgado que a única psicologia que poderia ser útil à "teoria crítica da sociedade" era a de Freud, foi designado Eric Fromm para realizar a "apropriação" e mais tarde, Marcuse. Fromm tivera seu primeiro contato com a psicanálise em 1924, quando Frieda Reichmann abriu um sanatório particular em Heidelberg. Inicialmente um grupo exclusivamente de judeus, os estudos eram entremeados de orações, razão pela qual o grupo deu a si mesmo o apelido humorístico de "Torah-pêutico". O Instituto Psicanalítico de Frankfurt, daí derivado, foi o segundo na Alemanha depois do de Berlin e foi fundado no quadro do Instituto de Pesquisas Sociais e desde então procurou o "casamento" da psicanálise com a pesquisa social ligada ao materialismo histórico. Como não poderia deixar de ser havia pouquíssimo interesse nos aspectos clínicos da psicanálise, ficando o Instituto centrado no *uso da psicanálise como instrumento de análise e crítica da sociedade burguesa e capitalista e da sua transformação*. Nascia aqui a falácia da psicanálise "revolucionária", crítica da sociedade burguesa, desdenhando-se completamente o método terapêutico, considerado "alienante" e "burguês"[33].

Um dos livros de Marcuse foi essencial para o processo. Este livro transformou-se na bíblia do *Students for a Democratic Society* (ver Capítulos VII e VIII) e dos estudantes rebeldes dos anos 1960. Em *Eros and Civilization*, Marcuse argumenta que sob a ordem capitalista (ele disfarça o marxismo: o subtítulo é *Uma Investigação Filosófica de Freud*, mas o esqueleto da obra é totalmente marxista) a repressão é a sua essência, e disso resulta na descrição freudiana: o indivíduo com todos os complexos e neuroses em função do desejo sexual reprimido. É possível enxergar um futuro uma vez que se possa destruir a ordem repressiva vigente na qual, sendo Eros liberado, libera a libido, o que conduz ao mundo da "perversidade polimórfica" onde "cada um pode fazer o que quiser". Diga-se de

---

[33] Uma interessante análise de como esta pseudo-psicanálise influenciou a intelectualidade americana pode ser encontrada em *The Twilight of the Intelectuals*, de Hilton Kramer.

passagem, nesse mundo não haverá mais trabalho, somente diversão. Marcuse foi o homem que inventou a frase "Faça amor, não faça a guerra". Este é o germe da defesa da satisfação de quaisquer desejos, mesmo os considerados pelo homem comum, como perversos, por exemplo, a pedofilia.

Não obstante Fromm e Marcuse tiveram que enfrentar alguns obstáculos teóricos bastante importantes começando aí o desmonte e a deturpação da teoria freudiana para caber no modelito marxista frankfurtiano, prática esta muito comum: se a realidade dos fatos não cabe na teoria, danem-se os fatos! Criaram uma falsa crise na psicanálise — crise criada por eles mesmos, mas apresentada com sendo real — entre o determinismo inconsciente e o determinismo histórico, que nada tem a ver com a psicanálise. Na opinião de Meixner, um marxista, a psicanálise é incompatível com a análise marxista da sociedade, com o que concorda o próprio Freud (ver minha Introdução).

Para Freud, a estrutura instintiva do homem — principalmente o instinto de morte é totalmente a-histórica e socialmente a-crítica. Portanto nada revolucionário, mas pelo contrário *conservador*. Não importa o que o homem faça para refrear a agressão, esta característica indestrutível da natureza humana persistirá, o que contraria a doutrina marxista de que com a abolição da propriedade privada as hostilidades sociais cessariam. A teoria freudiana é, com algumas exceções, descritiva, não crítica nem revolucionária. Para uma apropriação materialista histórica da teoria freudiana era *sine qua non* refutar o instinto de morte. Isto foi tentado por outro filhote de Frankfurt, Wilhelm Reich da forma confusa que lhe era peculiar, se esforçando para refutar a interpretação dos casos em que a compulsão parece operar *além do princípio do prazer,* inclusive a manifestação mais radical, o suicídio. Reich afirmava que não há nenhuma disposição biológica envolvida, mas o indivíduo se mata simplesmente porque a "realidade social" produziu tensões que se tornaram difíceis de suportar.

Mais difícil ainda seria conciliar a defesa marcusiana da "mais repressão" para atingir o mundo ideal, com o fato de Freud considerar a repressão dos impulsos sexuais e agressivos como *a base mesma da civilização*. A saída, astuciosamente marxista, foi sonegar esta informação em seus escritos.

Aqui se encontram mais uma vez gramscistas e frankfurtianos: aceitando-se que a base da civilização é *universalmente, em qualquer lugar,* a repressão dos instintos deve-se admitir que para a psicanálise existem valores universais. Era preciso perverter esta noção criando o consenso de que *todos os valores universais são autoritariamente impostos e transmitidos pela família tradicional*. Enfatizou-se, assim, o *multiculturalismo* que pontifica que cada cultura, cada povo, cada raça possui diferentes características psicológicas, porque as famílias transmitem diferentemente as ideias de autoridade, valores, moralidade e ética. Se os valores universais são falsos e impostos autoritariamente pela família tradicional, impõem-se modificar o senso comum alterando a estrutura familiar tradicional, até mesmo destruindo o próprio conceito de família. Hoje em dia a quase totalidade da população tida como "bem-pensante" e o *beautiful people* que adora imita-la por falta de ideias próprias, pensa assim, com exceção de alguns extremistas malucos ou fanáticos religiosos que devem ser evitados como a peste, incluídos aí os psicanalistas que se dedicam à atividade terapêutica, e não aceitam que a psicanálise seja socialmente crítica.

Através do multiculturalismo insinua-se também uma nova "identidade cultural" para os diversos grupos e que se extravasa para as chamadas minorias. A Escola de Frankfurt, após a II Guerra Mundial, trabalhou com organizações judaicas para criar uma nova identidade judia, não mais ligada às tradições religiosas ou à riquíssima história de quase 6.000 anos do povo judeu ou às inumeráveis contribuições judias para a civilização, mas única e exclusivamente em relação ao Holocausto, como vítimas do genocídio. Através da Teologia da Libertação e das mudanças litúrgicas do Concílio Vaticano II, a identidade dos cristãos não mais se definiria como a crença nos Evangelhos e a fé em Jesus Cristo, na Virgem Maria e na palavra dos Apóstolos, mas pela "opção preferencial pelos pobres".

Com as "minorias" ocorreu o mesmo. Na década de 60 nos Estados Unidos — e há duas décadas no Brasil — várias organizações negras foram re-programadas para instilar nos negros a crença de que o que define sua identidade é o passado escravo, imposto pelos brancos. O movimento feminista foi usado pelos frankfurtianos para disseminar a crença de que a identidade feminina não tem a ver com a biologia, mas com a perseguição pelo machismo chauvinista. Não se pode dizer que exista uma "cultura latino-americana" de tal forma nosso Continente é uma mistura de europeus, índios, negros e asiáticos — o Brasil particularmente é talvez o maior país multirracial — mas também foi inventada uma "identidade latino-americana" que se define pelo ódio ao passado colonialista. Agora é a vez dos *gays* como uma minoria vítima da homofobia.

*Note-se que em todos estes casos o que é estimulado é o ódio, a paranóia, a inveja, o desejo de vingança sem os quais a ideologia comunista jamais poderá predominar.*

## 3. O triunfo da Revolução Cultural gramscista e da Escola de Frankfurt no Brasil

*Educar no marxismo é como amamentar com álcool.*

— Armando Ribas

Armando Ribas está certíssimo: se o marxismo é como álcool para embebedar, a sua forma gramscista é um anestésico e estupefaciente que serve para quem está buscando estupidificar-se, deixar de pensar e adotar respostas prontas. Não é de admirar-se que o Brasil seja o País em que a infiltração gramscista obteve maior êxito, conseguindo chegar ao ponto extremo da previsão de Olavo de Carvalho:

> O gramcismo levado às suas últimas consequências resultará em varrer a inteligência da face da Terra, o retorno à barbárie mais primitiva, o fim da ciência e da filosofia — enquanto busca da verdade — e a paralisação de todo progresso.

São estes os principais agentes de influência dos quais emanam as mais estapafúrdias palavras de ordem para os idiotas úteis, são os "especialistas" em direitos humanos e coisas que tais[34].

Se a guerrilha e o terrorismo foram vencidos no campo militar, os governos que os enfrentaram descuraram completamente a educação e a cultura, sem perceberem que aí residia a nova ofensiva que acabou levando os derrotados de ontem a serem os vencedores de hoje. É bem verdade que os governos militares tentaram fazer alguma coisa neste sentido, instituindo os cursos de Moral e Cívica com a intenção de despertar a consciência cívica da juventude e cultuar os valores cristãos e democráticos. Cedo, entretanto, os agentes gramscistas perceberam o filão que estes cursos representavam para a doutrinação e neles começaram a colocar como professores seus agentes de influência e idiotas úteis para fabricarem mais idiotas úteis desde a infância. Os espaços foram sendo ocupados também nos cursos das áreas humanas como direito, psicologia, história, geografia e ciências sociais. Até mesmo centros de excelência em pesquisas científicas, como o Instituto Osvaldo Cruz, foram dominados. As faculdades passaram a ser verdadeiras escolas de reformadores sociais, abandonando por completo a primazia do conhecimento, preconceito burguês que deveria ser destruído. Não se trata mais de conhecer o mundo — tarefa primordial da humanidade — mas de modificá-lo, emburrecendo com isto várias gerações meramente repetidoras de slogans, incapazes de pensar por si mesmas.

---

[34] *Especialistas em quê mesmo?* https://www.heitordepaola.com/imprimir_materia.asp?id_materia=112

No front externo Miguel Arraes, Marcio Moreira Alves e outros criaram, em outubro de 1969, em Paris, a Frente Brasileira de Informações (FBI), ligada a organizações de esquerda, de oposição ao governo militar do Brasil, um verdadeiro sucessor do Kominform, que tinha por objetivo fundar a filial brasileira da Fábrica de Mitos, enaltecendo terroristas e satanizando as Forças Armadas. Os recursos vieram da Argélia, via Miguel Arraes ou eram produtos de assaltos terroristas no Brasil, como o do grupo terrorista VAR-Palmares, que em 18 de julho de 1969 roubou um cofre em Santa Teresa, Rio de Janeiro, com a quantia aproximada de 2,5 milhões de dólares e da ALN de Carlos Marighela que, contando com o ex-ministro da Justiça do governo FHC, Aloysio Nunes Ferreira, assaltou o trem-pagador Santos-Jundiaí, levando 108 milhões de Cruzeiros Novos. Além da função de propaganda, estes "intelectuais" exilados tinham profunda e extensa ascendência sobre os agentes de influência no Brasil.

\* \* \*

Além de oferecer uma falsa moral "alternativa" é preciso ir mais fundo, e como os países alvos são predominantemente cristãos e, dentre as religiões cristãs, a católica é a mais unificada e, portanto mais forte isoladamente, foi aí que se deu o ataque. Mais uma vez, seguindo Gramsci e as orientações do KGB, o ataque não poderia ser frontal. Com outras palavras Gramsci disse isto: não ataquem a religião como o "ópio do povo", isto não deu e não dará certo, só reforçará a fé e a solidariedade interna, penetrem nas Igrejas e substituam os Evangelhos por nosso próprio ópio, o marxismo, como se Evangelhos fossem!

Certamente uma das influências mais nefastas foi a da "Teologia da Libertação", que consistiu num movimento que ultrapassa as letras teológicas e repercute sobre o conjunto da vida da Igreja católica. A Conferência de Medellín, em 1968, que reuniu os bispos da América Latina (CELAM), afirmou a "opção preferencial pelos pobres". A igreja seria mais profundamente identificada com os "últimos" deste mundo, que devem ser os "primeiros" no Reino de Deus. Esta afirmação implicou revisões profundas na imagem da Igreja latino-americana. A identificação com as "elites coloniais" foi contestada em nome de uma aproximação com os pobres.

> Ancorados nesta resolução episcopal, teólogos e agentes pastorais deslancharam um grande movimento de reforma. A Igreja deveria ser reconstruída a partir de suas bases locais, enraizadas na experiência popular e numa nova leitura da Palavra de Deus. Insatisfeitos com a estrutura paroquial, estes agentes preconizaram a multiplicação de pequenas comunidades de fé, denominadas 'Comunidades Eclesiais de Base' (CEB's). Compensando a carência de padres, as CEB's seriam animadas por ministros leigos, (muitos treinados em Cuba e outros países comunistas), apoiados por agentes do clero. Ao invés da ênfase nos ritos tradicionais, a religiosidade das CEB's deveria concentrar-se no entendimento da Bíblia e seu significado para o drama histórico atual. Implicava, portanto, uma estreita associação entre as linguagens da teologia e da sociologia, sobretudo de orientação marxista. Envolvia, também, uma aproximação entre as pastorais especializadas e os movimentos sociais. Missionários foram estimulados a contribuir para as

lutas indígenas e pela posse da terra (através da reforma agrária de cunho nitidamente leninista). Os instrumentos de ação concreta foram o Conselho Indigenista Missionário (CIMI) e as Pastorais, da Terra, da Favela, do Menor. Principalmente, os meios sindicais ganharam uma nova corrente de agentes católicos que participaram da formação do Partido dos Trabalhadores. (Ênfase minha)

Grande parte do que foi dito no parágrafo acima, com acréscimos meus, foi retirado de um texto publicado oficialmente pelo Ministério das Relações Exteriores[35] de autoria de Rubem César Fernandes, não por coincidência Diretor-Executivo do *Movimento Viva Rio*, que quer "despossuir" os cidadãos de bem de suas parcas defesas pessoais. E menos por coincidência ainda, Mestre em Filosofia pela Universidade de Varsóvia onde esteve exilado em pleno regime comunista quando esta Faculdade ensinava exclusivamente marxismo, tanto que a primeira atitude do Sindicato Solidariedade Estudantil quando da queda do comunista Jaruszelski, foi mandar os professores de marxismo para casa — e outros lugares mais adequados! — e jogar fora os livros de marxismo.

Parece que o Sr. Fernandes não concordou com esta atitude libertadora. Não é lícito supor que ele seja um dos principais intelectuais orgânicos e agentes de influência? E que organização *não-governamental* é esta cujo Diretor tem um artigo oficialmente publicado por um órgão *governamental*? Não é lícito supor também que o próprio Governo atual não passa de um agente de influência de causas nada nacionais, o

---

[35] Link retirado do site do MRE.

Komintern Latino Americano — o Foro de São Paulo?

Em termos gramscistas o que a Teologia da Libertação faz é "aprofundar a consciência do povo na ideologia proletária", conscientizar os pobres de sua condição e da única forma de romper estas amarras: a revolução comunista. O pobre que ainda insiste em progredir dentro do regime capitalista — comprando alguma terra, um trator, plantando e vendendo o excedente — é um alienado, um traidor de sua classe que merece o desprezo, senão castigos piores, até a morte. Ao mesmo tempo, com ações armadas e invasões, como as do MST, filho dileto das Comissões Pastorais da Terra (CPT) acirram as contradições entre as classes, aumentando o fosso entre camponeses e fazendeiros e aprofundando nestes últimos também, a consciência de sua própria classe até que não reste mais, de parte a parte, nenhum sentimento de solidariedade humana — que sejam transformados em máquinas de matar, *pero sin perder la ternura jamás!*

Já o fato de um órgão governamental, como o Itamaraty, servir de propaganda revolucionária de uma ONG revolucionária, é o exemplo mais claro do *estado ampliado* e do que no capítulo anterior expus como coordenar as pressões "de baixo" com as pressões "de cima".

Embora a "Teologia" da Libertação germinasse em toda a América Latina, com Gustavo Gutierrez, na Colômbia, ou Juan Luis Segundo, no Uruguai, foi no Brasil que este movimento alcançou maiores dimensões. Leonardo e Clodovis Boff, Carlos Meister e "Frei" Beto são alguns nomes de destaque. Mas o principal agente foi sem dúvida Dom Hélder Câmara.

Prossegue o texto de Fernandes: "Graças aos seus esforços o caráter anti-social do regime militar foi tornado mais lúcido nos diferenciados centros episcopais brasileiros", favorecendo o surgimento de uma nova geração de bispos engajada nos ideais marxistas. O resultado de todo esse trabalho veio à tona, em 1971, com a vitória, na CNBB, de uma diretoria mais comprometida com os problemas sociais brasileiros, "evangelicamente em comunhão estreita com os despossuídos"[36].

Em Puebla, 1979, Dom Hélder Câmara novamente desempenhou papel predominante, desmontando as estruturas preparatórias estabelecidas pelos conservadores, que tentavam estabelecer uma hegemonia decisória sobre o temário a ser discutido. Destaque-se a sua atuação articuladora nas sessões que tratavam da reformulação da Teologia da Libertação[37].

Datam de 1979 também, dois eventos que denotam a perfeita coordenação entre os agentes de influência no exterior com os do interior do País e destes para os idiotas úteis. Estávamos no último governo do ciclo militar, o de João Baptista Figueiredo, que já assumira com as firmes garantias de re-democratização, com entrega do poder a um civil e pleno funcionamento dos mecanismos democráticos. Pois se

---

[36] A eleição de um Papa nitidamente esquerdista e globalista, Francisco, trouxe outra dimensão às mudanças nefastas na Igreja Católica. Não cabe aqui o estudo mais aprofundado, mas atitudes denunciadas por Bispos e Cardeais como francamente heréticas (p. ex., sua ligação com Pachamamas e a celebração de rituais pagãos em áreas Sagradas etc.) ameaçam a Igreja de um cisma.

[37] Recentemente (2020) o Foro de São Paulo trocou de nome para Grupo de Puebla. Sugiro que seja em homenagem àquela reunião dos Bispos.

muitos entraram entusiasmados num novo período de plena democracia que estava por vir, os mesmos pseudo-democratas guerrilheiros e terroristas, alguns voltando do exílio, viram nestas franquias a oportunidade para aprofundar seu ominoso trabalho de minar a tenra democracia com vistas a liquidá-la e instalar a tão sonhada ditadura do proletariado.

\* \* \*

Talvez em nenhoutro setor a população brasileira tenha sido mais ludibriada pelo gramscismo do que no movimento *ética na política*. Como já foi visto, o conceito de ética em Gramsci não corresponde ao do nosso senso comum e portanto, diferentemente do que a população depreendeu sobre o "Movimento pela Ética na Política", carro-chefe da propaganda supostamente anti-corrupção do PT, não se pretendia tornar a política mais ética mas ao contrário *politizar a ética!* De modo a canalizar as aspirações morais mais ou menos confusas da população para que sirvam a objetivos que nada têm a ver com o que um cidadão comum entende por ética. Lembrando o verdadeiro significado gramscista de ética e Estado Ético, fica mais claro entender o que se passa hoje em dia no Brasil: o quadro imoral de corrupção generalizada é o próprio Estado Ético. Claro está, que ele não corresponde aos padrões éticos burgueses e *nem proletários*, mas nunca se pretendeu isto, pois estes serviam apenas de camuflagem para a verdadeira estratégia: a adoção de uma ética pseudo-proletária inventada pelos próprios intelectuais e o acirramento das "contradições de classe".

Como corolário posso citar a influência deste movimento nas sociedades médicas: da ética hipocrática milenar, em que o paciente está em primeiro lugar, passou-se a uma nova "ética médica" em que predominam as relações entre colegas e destes com as instituições para calar a boca dos dissidentes. Nas sociedades da área psi, o uso malévolo dos conhecimentos psicológicos de que as esquerdas adoram se utilizar contam com a cumplicidade de psicólogos, psiquiatras, psicoterapeutas e psicanalistas que fazem de seus consultórios e das instituições onde trabalham, verdadeiros centros de doutrinação ideológica. Pervertem-se, assim, as noções éticas tradicionais, que impõem ao profissional a não interferência na vida mental do paciente.

\* \* \*

São inúmeros os exemplos de ação direta dos intelectuais orgânicos.

Para ilustrar cito este: as famosas "Reuniões de Intelectuais" do Teatro Casa Grande, no Rio de Janeiro, na época do regime militar. Comandadas geralmente por Chico Buarque, sob o nome de "intelectuais" escondia-se a nata dos comunistas. Na época das eleições os candidatos apontados pelo PCB em outros partidos, pois estava na clandestinidade, eram apresentados como "candidatos dos intelectuais", e todos obedeciam. Para mostrar como as mudanças podem ser rápidas e como estes indivíduos são incapazes de pensar por si mesmos, somente obedecer a palavras de ordem: nas eleições legislativas de 1974 o Deputado Lisâneas Maciel, "autêntico" (quer dizer, esquerdista) do então MDB era o escolhido, mas em função do radicalismo (que lhe valeria a cassação em 1976) foi execrado pelos "intelectuais", pois contrariava a estratégia do PCB. Rapidamente foi convocada nova reunião, e foi "tirada" uma nova resolução: Lysâneas deveria ser substituído por Edson Khair. Impressionou-me como as "opiniões" mudaram do dia para a noite!

# SEGUNDA PARTE

## AS RAÍZES HISTÓRICAS DO EIXO DO MAL LATINO-AMERICANO

### AS GRANDES ESTRATÉGIAS COMUNISTAS DE DOMÍNIO MUNDIAL E SUAS REPERCUSSÕES NA AMÉRICA LATINA

CAPÍTULO IV
# Primeira e segunda estratégias

> *Uma nova ameaça terrorista [...] pode bem vir de um eixo incluindo Cuba de Fidel Castro, o regime de Chávez na Venezuela e um recém-eleito presidente radical no Brasil, todos com ligações com Iraque, Irã e China. (...) Isto pode levar a que 300 milhões de pessoas em seis países caiam sob o controle de regimes radicais anti-EUA [...]. Um eixo Castro-Chávez-da Silva significaria ligar 43 anos de luta antiamericana de Castro com a riqueza petrolífera da Venezuela e com o potencial econômico e a incipiente capacidade nuclear, incluindo mísseis, do Brasil.*
>
> — Constantine Menges

Quem primeiro usou a expressão "eixo do mal" foi o Professor ConstantIne Menges, do Hudson Institute, num artigo para o *Washington Times* intitulado *"Blocking a new axis of evil"*, publicado em 07/08/2002, em plena campanha presidencial brasileira quando todas as pesquisas indicavam a vitória de Lula. Posteriormente, escreveu vários artigos sobre o tema. Tiveram quase nenhuma repercussão no governo americano e no Brasil onde somente alguns articulistas da Internet, principalmente do *Mídia Sem Máscara*, deram a devida atenção. Nos EUA a preocupação predominante era com o Oriente Médio. As análises errôneas sobre a América Latina dos assessores do Secretário de Estado Colin Powell, notadamente Otto Reich, e a então Embaixadora dos USA em Brasília, Donna Hrinak — que declarou em junho de 2002 que Lula "encarnava o sonho americano" — não levaram em conta o apoio de Lula ao terrorismo internacional, incluindo o islâmico. O que viria a ser confirmado pela seleção de países árabes a que visitou como Presidente. Denunciava Menges: *"este candidato radical é o promotor do terrorismo internacional por coordenar planos terroristas de organizações antiamericanas radicais que se reúnem anualmente no Foro de São Paulo"*.

Suas observações continuam pertinentes ainda hoje, mas necessitando de algumas atualizações. A principal delas, a de rastrear a evolução deste Eixo com as estratégias comunistas de dominação mundial anteriores e inseri-lo em seu *lócus* apropriado dentro das mesmas. Para isto, as políticas do Eixo serão estudadas à luz das contribuições de Anatoliy Golitsyn, reunidos nos livros *New Lies for Old* e *The Perestroika Deception*.

\* \* \*

Perguntado em 1994 pelo Deputado americano Clark Bowles se o objetivo de longo prazo do movimento comunista continuava a ser o mesmo, de dominação mundial, Mo Xiusong, Vice Presidente do Partido Comunista Chinês, disse: *Sim, certamente. Esta é a única razão pela qual existimos*. Note-se que em 1994 já haviam transcorrido nove anos do início da Perestroika, cinco da Queda do Muro de Berlim e a China já "se abria" economicamente para o capital internacional. E o pior é que muitos, alguns ingênuos, outros mal intencionados, ainda acreditam que esta "abertura" é para valer e não apenas parte de uma estratégia para usar o capital ocidental — único lugar onde ele existe! — para tornar-se cada vez mais forte militarmente e mais facilmente destruir o Ocidente. Os mal intencionados incluem *empresários que investem na China viando lucros espetaculares.* Os chineses mostram que aprenderam a lição leninista: "os capitalistas fornecerão a corda com que serão enforcados". Já os capitalistas não aprenderam nada, com sua crença mística no "mercado" onipotente capaz de gerar milagres somente por seu apelo à liberdade, e estão não apenas fornecendo a corda como financiando a fábrica de cordas e investindo em suas ações na bolsa para serem destruídos com o bolso cheio de dinheiro!

## 1. *A primeira estratégia (1917-1919)*

*Find the beginning of things — And you will understand muc.*

— Abbie Farwell Brown

O objetivo desta primeira estratégia era apenas derrubar o Regime Tzarista na Rússia e conquistar o poder para os Bolcheviques. Em 1917, quando da revolução que acabou com a Monarquia russa, enquanto todos os partidos agiam às tontas, improvisando, apenas um, o Partido Bolchevique, sabia exatamente o que queria e já fora definido por Lenin em seu *"O que fazer?"* publicado em 1902. Na realidade esta primeira estratégia foi preparada durante 20 anos, desde o final do século XIX, implementada e testada durante a Revolução de 1905 e acalentada durante todo o tempo de exílio de Lenin.

As repercussões na América Latina foram indiretas. Foram escassos os interesses na região, Lenin voltou-se para os países ricos na ânsia de conseguir sobreviver às contradições do regime e à violenta guerra civil que se seguiu à tomada do poder. Foram fundados partidos comunistas em vários países latino-americanos — como o Partido Comunista do Brasil — mais por difusão ideológica do que propriamente por uma ação direta da incipiente URSS. Uma iniciativa mais séria do Komintern só veio a se desenvolver durante a Segunda Estratégia.

## 2. Segunda estratégia (1919-1953)

Seus objetivos principais foram promover o comunismo na Rússia e fomentar a Revolução Comunista Mundial. Inicialmente, Lenin desenvolveu um ataque frontal ao mundo capitalista através da fundação do Komintern em 1919 simultaneamente (ver Apêndice V) com o lançamento da NEP. Como já visto, a promoção de reformas políticas para tornar o comunismo mais atraente, um limitado capitalismo controlado pelo Estado visando conseguir créditos e tecnologia do Ocidente, o aumento do comércio internacional, e atrair capitais de que necessitava desesperadamente.

Com a morte de Lenin, Stalin iniciou a industrialização e coletivização forçadas, repressão maciça e poder pessoal absoluto, liquidando a NEP em 1928. Na década de trinta passou a explorar as contradições entre as Grandes Potências — principalmente através do Pacto Nazi-Soviético (Molotov-Ribbentrop).

Com a ruptura do Pacto por parte de Hitler, Stalin aliou-se com os Estados Unidos e a Inglaterra para conseguir ajuda militar americana e enfrentar o Exército alemão. Para enganar aos novos aliados, Churchill e Roosevelt, mostrou-se apenas um líder nacionalista, sem pretensões expansionistas, a expensas da ideologia, escondendo a grande estratégia expansionista já em preparo (ver a citação de Zinoviev no Apêndice V) e posta em prática no pós-Guerra: expansionismo para o Leste Europeu e a Ásia.

CAPÍTULO V

# Ofensivas na América durante a segunda estratégia

Para abordar este assunto utilizarei o termo "ofensivas" que facilitará apresentação didática do assunto. Durante a Segunda Estratégia, distingo duas *ofensivas,* separadas pelo período da Segunda Guerra Mundial.

## 1. *Primeira ofensiva (1919-1943)*

Com a criação do Komintern Lenin deu o passo principal no sentido de completar a tarefa legada por Marx e Engels no *Manifesto Comunista:* o internacionalismo proletário. Georgij Mikhailov Dimitrov, o búlgaro que viria a desempenhar importantes funções no Komintern, sendo Secretário Geral de 1934 até 1943, num artigo publicado em Sófia em maio de 1919 para o Partido Comunista Búlgaro,[38] já se referia a duas cartas enviadas por Lenin: uma para os trabalhadores da América (do Norte) e outra para estes

---

[38] Two open letters by Lenin to the American and European workers, http://www.marxists.org/reference/archive/dimitrov/works/1919/lenin.htm

e os trabalhadores europeus. Na primeira carta Lenin distribuía as principais tarefas do proletariado mundial, ressaltava o caráter eminentemente pacífico da URSS, a importância da Ditadura do Proletariado e da Revolução Russa para um novo mundo. Na segunda, notando o sucesso do proletariado revolucionário em vários países em sua luta pelo poder político, ele reforçava a importância da Internacional Comunista como meio para atingir os fins da revolução mundial proletária. A política central do Komintern era estabelecer Partidos Comunistas em todos os países com esta finalidade Sob a direção de Grigoryi Yevseievich Zinoviev, a área principal de atuação do Komintern foi a Alemanha onde logo após o final da guerra e a queda da Monarquia Hohenzollern estourou uma revolta popular. A Revolução Alemã de 1918 foi incitada pela *Spartakus Bund* (Liga Spartacus), fundada por Rosa Luxembourg ("Rosa Vermelha") e Karl Liebknecht, e em dezembro deste mesmo ano mudou o nome para Partido Comunista Alemão aceitando as condições de filiação do Komintern. Além da Alemanha ser o principal país onde uma revolução era possível, a *Spartakus Bund* tinha grande influência nos sindicatos de marinheiros mercantes, dos mais atuantes em 1918, e o Komintern anteviu o potencial de disseminação mundial desses marujos. Foi logo fundada em Hamburgo uma "Casa Liebknecht", na aparência totalmente apartidária, para "descanso e lazer" dos marujos alemães e de outros países. Estas casas foram logo espalhadas pelos principais portos europeus, como Rotterdam, Antuérpia,

Le Havre, Marselha, etc., e daí para o mundo. Organizava-se também a estiva nestes portos[39].

Na área *sindical* foi estimulada a filiação das centrais nacionais de trabalhadores à Internacional Vermelha de Centrais de Trabalhadores, *Profintern*, simultaneamente combatendo todos os outros movimentos sindicais, chamados de anarco-sindicais, por não terem uma direção internacional unificada. Na área *política*, principalmente após o Sétimo Congresso do Komintern em 1935, foi recomendada a política de Frentes Populares com outros partidos "progressistas", mantendo, no entanto o PC sua plena autonomia como Partido de Vanguarda. Esta política foi muito bem sucedida na França e na Espanha. Num memorável artigo[40] Dimitrov resume toda a importância desta política.

Nos Estados Unidos a grande vitória foi a penetração **cultural**, levada a efeito sob a direção de Willi Münzenberg. Münzenberg, um radical alemão com grande talento para trabalhos secretos, foi apresentado por Trotsky a Lenin ainda no exílio na Suíça e desde 1915 foi seu companheiro fiel. Foi apresentado por Lenin a Karl Radek, um intelectual radical polonês já do círculo íntimo de Lenin e protegido de Féliks Dzerzhinsky. Este trio comandou a infiltração na Europa, nos Estados Unidos e na América Latina.

---

[39] O livro *Do Fundo da Noite (Out of the Night),* uma mistura de realidade biográfica e ficção, escrito por Richard Julius Hermann Krebs sob o pseudônimo Jan Valtin em 1941, conta esta história numa narrativa eletrizante.

[40] http://www.marxists.org/reference/archive/dimitrov/works/1936/12.htm

Münzenberg foi o primeiro grande mestre numa nova forma de serviço secreto: o front secreto de propaganda e a manipulação de "companheiros de viagem". Seu objetivo, plenamente alcançado, era criar o principal preconceito político de seu tempo: a crença de que qualquer opinião que servisse à política externa da URSS era derivada dos mais essenciais elementos da decência. Conseguiu instilar o sentimento, que passou a ser tido como a mais pura verdade, de que criticar a política soviética era típico da maldade, estupidez e da inveja, enquanto apoiar a URSS era prova de uma mente esclarecida e avançada, comprometida com o que há de melhor na humanidade e sensibilidade refinada (Stephen Koch, *Double Lives*). Todos os "formadores de opinião" foram envolvidos: escritores, artistas, comentaristas, padres, professores, cientistas, capitães da indústria, psicólogos, etc. Todos faziam parte do que Münzenberg chamava com desprezo "Clube dos Inocentes" (daí deriva a expressão inocentes úteis, como adaptação do leninista *idiotas úteis*). Estes não faziam parte dos que "sabem das coisas", que conhecem a agenda secreta, e assim tinha que ser para que defendessem a "causa" com ardor moralístico e religioso. A lista dos "inocentes" é qualitativamente impressionante: Ernest Hemingway, John dos Passos, Lillian Hellman, George Groz, Erwin Piscator, Mary McCarthy, Adré Malraux, André Gide, Bertold Brecht, Dorothy Parker, Kim Philby, Guy Borgess, Sir Anthony Blunt, Romain Rolland, Albert Einstein, Upton Sinclair, George Bernard Shaw, H. G. Wells e muitos mais.

Em junho de 1933 Münzenberg organizou um encontro de intelectuais europeus no Congresso Anti-

Fascista Europeu, em Paris que veio a se juntar a outros sob o nome Comitê de Luta Contra a Guerra e o Fascismo (Gid Powers, *Not Without Honor*). A década de 30 foi chamada de "A Década Vermelha" (Lyons, *The Red Decade*).

Na América Latina as principais realizações comunistas nesta infiltração foram em Cuba e no Brasil. Em 1933 em Cuba, seguindo a recomendação de fronts populares, apoiaram a "Revolta dos Sargentos" liderada por Fulgencio Batista, o qual se candidatou e foi eleito Presidente em 1940, com pleno apoio do PC Cubano. Exilado em 1944 retornou em 1952 e foi ditador até a vitória de Fidel Castro em 1959. Durante todo o tempo, até quase a chegada de Castro a Havana, o Partido Comunista Cubano apoiou Batista e Castro teve que se entender diretamente com Moscou.

No Brasil, a primeira grande ofensiva comunista se deu em 1935, na chamada Intentona, devidamente barrada pela pronta reação militar. Por ser sobejamente conhecida a sua história, deixo de apresentar detalhes.

# CAPÍTULO VI
# Interregno

## 1. *A segunda guerra mundial e o fim da aliança teuto-soviética*[41]

Em agosto de 1939, uma semana antes da invasão da Polônia, após anos de propaganda maciça e falsa contra o nazi-fascismo, a URSS assina o Pacto Molotov-Ribbentrop[42] com o até então propagandeado arqui-inimigo dos "povos amantes da paz". No entanto, o Pacto que desamarrou as mãos de Hitler para começar a guerra, apenas culminou uma conspiração secreta muito mais antiga, iniciada logo após a I Guerra Mundial, que precisava mais do

---

[41] Esta seção está melhor explorada no *Rumo ao Governo Mundial Totalitário*

[42] Ver na íntegra em http://www.fordham.edu/halsall/mod/1939pact.html. Hermann Rauschning previra este Pacto anos antes. Dizia ele: "É *da natureza das coisas que o planejamento e os métodos de trabalho do Estado Soviético e do Estado Fascista Nacional-Socialista se tornem cada vez mais semelhantes. Tornar-seão idênticos, completando, por assim dizer, um desenvolvimento necessário e irresistível contra o qual qualquer forma de esforço político consciente será em vão.* [...] (ambos tendem) *a constituir a 'Nova Ordem Mundial' resultante do domínio do Mundo.* [...] *O Nacional-Socialismo é, na verdade,* **NacionalBolchevismo!**" *(op. cit, p. 69).*

que nunca ser negada de todas as formas possíveis após a invasão da URSS por Hitler em 1941, já que agora o antigo aliado tornara-se o inimigo temido e odiado.

A história desta aliança de 11 anos (considerando-se oficialmente os anos de 1922 a 1933, mas que na verdade começou em 1919 e só terminou de fato em 1941) jamais foi contada no Brasil, pois a negação e a desinformação com que foi dissimulada desde o início, ainda continua vigorando entre nós, apesar da abertura dos arquivos secretos de Moscou. Já se pode perceber aqui uma das mais importantes conseqüências da terceira onda de infiltração que será descrita adiante: a má fé que faz com que a grande maioria da pseudo-intelectualidade brasileira omita, de caso pensado, todos os fatos do mundo comunista e o total apatetamento e anomia dos demais. Os cursos de história continuam falando de um antagonismo mortal entre a "esquerda socialista" e a "direita fascista". Como esta foi uma das mais bem sucedidas operações de desinformação soviéticas, levantarei uma ponta do véu que a tem encoberto, baseado em relatos de documentos (Dyakov & Bushueyva *The Red Army and the Wermacht*) que hoje estão à disposição de quem quiser ler — se puder se livrar de suas préconcepções ideológicas.

\* \* \*

O já citado Karl Radek foi preso em Berlim em fevereiro de 1919 pela participação e organização da Revolução de 1918, através da *Spartakus Bund*. Depois da assinatura do Tratado de Versailles, no verão do mesmo ano, Radek foi transferido de uma cela de segurança máxima para outra extremamente confortável. Nesta foram realizadas as primeiras reuniões secretas que levaram à cooperação entre o Exército Vermelho dos Operários e Camponeses e o Reichswehr (Exército Alemão). Em dezembro do mesmo ano Radek é libertado sem julgamento e vai a Moscou levando o esboço de um tratado de cooperação que reativaria o acordo feito por Lenin com o governo do Kaiser que lhe permitiu passar pelo território alemão para assumir o poder na Rússia em 1917 e que teve como consequência o cessar fogo e a paz de Brest-Litovsk de 3 de março de 1918. Durante este intervalo houve realmente antagonismo entre as forças "de direita", (representada por diversos grupos para-militares, principalmente os *Stahlhelm* — Capacetes de Aço) e a *Spartakus Bund*. Os *Stahlhelm* podem ser considerados o núcleo de onde se originaram as *Sturm Abteilungen* (SA), Tropas de Assalto do Partido Nazista.

Esta cooperação era de interesse fundamental para as duas partes. Na URSS, com a eliminação de quase toda a oficialidade do exército tzarista, o recém-fundado Exército Vermelho não passava de um amontoado de amadores dirigidos por outro amador: Trotsky. Além de tudo, a Rússia estava diplomaticamente isolada. Já a Alemanha, encontrava-se limitada e humilhada pelo Tratado de Versailles que impusera pesadíssimas indenizações, mas, sobretudo uma suprema humilhação para os guerreiros prussianos: o Tratado proibia a Alemanha de possuir uma Força Aérea, submarinos, navios de guerra de grande tonelagem (cruzadores e encouraçados); proibia ainda a fabricação de aviões militares, dirigíveis, tanques e blindados em geral, e armas químicas e limitava os efetivos em 100.000 homens. Portanto, os dois países poderiam ser chamados apropriadamente de "Párias de Versailles".

Ficou acertado, portanto, que a Rússia incrementaria suas defesas ao receber capital e assessoria técnica, enquanto a Alemanha poderia fazer uso de bases altamente secretas no território russo para fabricar armamento ilegal, principalmente tanques e aviões de guerra, além do fornecimento de metais como molibdênio, níquel, tungstênio e especialmente manganês, sem o qual a produção alemã de aço ficaria paralisada. Formou-se uma empresa de fachada chamada GEFU (*Gesellschaft zur Förderung gewerblicher Untermehmungen* — Companhia para o Desenvolvimento de Empresas Industriais). Finalmente em 1922 foi assinado o Tratado de Rapallo, confirmado pelo Tratado de Berlin de 1926. O Reichswehr foi autorizado a organizar bases militares na URSS para realizar testes de material, ganhando experiência em táticas e treinamento de pessoal nos setores proibidos pelo Tratado de Versailles. A Alemanha retribuía com compensações materiais e com o direito do Exército Vermelho de participar dos testes e manobras. Uma fábrica de produção de gás mostarda e outra de munição de grosso calibre foram estabelecidas.

O segredo era total de ambas as partes. Os soldados alemães usavam trajes civis e não podiam dizer onde estavam nem para seus familiares. Mesmo após a nazificação da Alemanha e a mudança de nome de Reichswehr para Wermacht a colaboração continuava. Em 13 de maio de 1933 numa recepção na Embaixada do Reich em Moscou, Klimient Efriemovitch Voroshilov, Comissário do Povo para Assuntos Militares e Navais (Ministro da Guerra), falou da aspiração de manter boas relações entre os "exércitos amigos" no futuro. E o General Mikhail Nikolayevich Tukhachevsky, Vice Comissário e Chefe do Estado-Maior afirmou:

> Não se esqueçam que é nossa política que nos separa, não nossos sentimentos de amizade entre o Exército Vermelho e a Wermacht [...] vocês e nós, Alemanha e URSS, **podemos ditar nossos termos ao mundo todo se permanecermos juntos.**

Uma das razões para os grandes expurgos de 1936-38, os chamados "Julgamentos de Moscou", foi para manter o segredo destas operações altamente secretas. Stalin executou todos os principais artífices soviéticos desta conspiração, incluindo Tukhachevsky, Radek e Zinoviev. Voroshilov foi um dos acusadores.

Os dois países encontravam-se unidos contra o mundo ocidental, independentemente das agitações maquinadas pelo Partido Comunista Alemão e pelas divergências internas, o que levou Lloyd George a declarar, no final da Primeira Guerra:

> O maior perigo do momento consiste no fato da Alemanha unir seu destino com os Bolcheviques e colocar todos os seus recursos materiais e intelectuais, todo seu talento organizacional ao serviço de fanáticos revolucionários, cujo sonho é a conquista do mundo pela força das armas. Esta ameaça não é apenas uma fantasia.

A história posterior só fez comprovar a ideia profética do ex Primeiro Ministro Britânico.

\* \* \*

Esta conspiração precisava ser mais dissimulada ainda após as hostilidades e, em parte, para isto foi fundado em 1943 o Kominform (Bureau Comunista de Informação) que durou até 1956, quando foi dissolvido na "desestalinização". O Kominform era coordenado pelo PCUS e pelos partidos comunistas da Bulgária, Tchecoslováquia, França, Hungria, Itália, Polônia, Romênia e Iugoslávia (esta última até sua expulsão em junho de 1948). O Kominform foi o responsável pela intensa desinformação durante a guerra e o pós-guerra imediato e através dele Stalin plantou no Ocidente a falsidade da oposição entre o socialismo — de esquerda — o bem maior para o qual se curvava o "processo histórico", e o nazi-fascismo — de direita — na contramão do "processo histórico". Quando na realidade ambos são vinho da mesma pipa.

## CAPÍTULO VII
# Períodos pós-guerra e guerra fria

> *"Perpetual peace is a futile dream".*
>
> *"... give me 10 days and I'll start a war with those God damn Reds and make it look like their fault. Then we can push the motherfuckers back into Moscow where they belong! (...) If we have to fight them, now is the time. From now on we will get weaker and they stronger".*
>
> — General George S Patton

À medida que ia conhecendo melhor os soviéticos crescia a forte convicção de Patton, o mais genial dos generais do front europeu na II Guerra, de que a melhor atitude seria esmagar o comunismo ali mesmo, enquanto havia chance de fazê-lo ao menor custo de vidas americanas. Numa reunião com o Secretário da Guerra Americano, Robert Patterson, em 7 de maio de 1945 na Suíça, Patton sugeria que, dado o imenso problema de suprimentos que o Exército Vermelho enfrentava, *"não vamos dar tempo a eles de arranjar suprimentos. Se dermos, teremos apenas vencido e desarmado a Alemanha mas teremos falhado na libertação da Europa; teremos perdido a guerra!"*. Em mais uma de suas grandes tiradas, concluiu: *"devemos manter nossas botas poli-*

*das, baionetas afiadas, e apresentarmo-nos fortes perante os russos. Esta é a única linguagem que eles entendem e respeitam".*

Patton foi deixado sem combustível na arrancada final para Berlin, todos os exércitos ocidentais pararam de avançar, por ordem de Roosevelt através de Eisenhower, até que os russos chegassem a Berlin, como ficara acertado nas reuniões entre os Três Grandes em Teheran e Yalta. Já Stalin não cumpriu com nenhum dos acordos que assinara além de fazer mais exigências em Potsdam, que só foram aceitas pela covardia de Truman, só superada pela de Roosevelt nas duas anteriores. Roosevelt, um socialista declarado que pela primeira vez tinha posto a funcionar um programa socialista nos EUA — o *New Deal* — tinha tal fascinação pelo ditador soviético que o chamava *Uncle Joe,* a quem acreditava que podia manobrar, sem perceber ser ele o habilmente manipulado pelo titio.

A previsão de Patton não tardou em se realizar. O final da Segunda Guerra possibilitou o expansionismo da URSS para todos os países conquistados pelo Exército Vermelho. De comunismo num só país chegou-se a um bloco de 12 países submetidos à sovietização forçada na Europa Oriental, o que levou Churchill, num discurso em Fulton, Missouri, em março de 1946, a criar o termo "Cortina de Ferro". Seguiram-se as tentativas de tomada da Grécia, da Turquia e do Irã. Já salvar a Áustria tinha sido muito difícil. *Uncle Joe* queria tudo! Além disto, a recusa da URSS em permitir que os países da Cortina de Ferro recebessem a ajuda do Plano Marshall, atacado como apenas mais um plano imperialista, o cerco a Berlin Ocidental e o reforço aos Partidos Comunistas na França e na Itália acabaram por, finalmente, abrir os olhos do

Secretário de Estado americano George C. Marshall para com que tipo de gente estava lidando: como Patton dissera, com gente que só entende a linguagem da força! Com o início da reação americana estava instalada a chamada Guerra Fria. Porém, por não seguirem as palavras de Patton, foi preciso pagar o custo de inúmeras vidas americanas no leste da Ásia, com as tentativas expansionistas para a Coréia e posteriormente para a Indochina.

No entanto, a fome, a ineficiência administrativa e o fracasso da repressão maciça, o antissemitismo declarado (em 1º de dezembro de 1952, numa reunião do Politburo, Stalin declarava que *"todo judeu é um nacionalista e agente potencial da inteligência americana"*), a campanha de trabalhos forçados e apropriação da produção agrícola, principalmente no celeiro da URSS, a Ucrânia[43], levou a uma crise geral no mundo comunista e ao abandono da segunda estratégia. A economia e a agricultura estavam em ruínas, o poder total era exercido pela polícia política. Surgiram guerrilhas nacionalistas nos países da Cortina de Ferro.

A morte de Stalin em 1953 desencadeou uma terrível luta interna no PCUS em que pereceram Lavrientii Bieria, ex todo poderoso chefe do NKVD, e Andrieij Zhdanov, criador e diretor do Kominform. Em 1956, no XX Congresso do Partido, Khrushchov denuncia alguns — não todos! — "crimes de Stalin",

---

[43] O Holocausto Ucraniano, Holodomor, está melhor descrito no *Rumo ao Governo Mundial* e também o excelente blog de Anatoli Olynik *Notícias da Ucrânia* em http://noticiasdaucrania.blogspot.com.br/.

com o duplo objetivo de dar uma aparência de transparência e de salvar a ideologia comunista bastante desmoralizada pela truculência dos últimos anos, colocando toda a culpa no ex-ditador. O discurso, considerado secreto, "vazou" para toda a URSS um mês depois, o que evidencia que o segredo era conto da carochinha. Liev Navrozov comenta que foram impressas milhares de cópias e o discurso foi lido em reuniões por quase a metade da população soviética. A CIA não tomou conhecimento, só vindo a mostrar como "golpe de mestre de espionagem" uma cópia preparada para consumo ocidental, mesmo assim após a publicação pelo *New York Times,* seis meses depois. Como Stalin já fizera com Trotsky, sua imagem some de todas as fotos oficiais. Após uma batalha final na luta pelo poder em 1957, contra os stalinistas descontentes do chamado "Grupo Anti-Partido", liderado por Vyachieslav Molotov, Georgy Malienkov e Lazar Kaganovitch, Nikita Sergeyevitch Khrushchov assume a Primeira Secretaria do PCUS, elimina o Kominform, completando a conquista do poder em 1958 ao afastar Malienkov e tomar também o cargo de Primeiro Ministro da URSS. Em reunião secreta do Politburo em 1958 decidiu-se abandonar esta estratégia e foram elaboradas as linhas mestras da Terceira, que foi implantada paulatinamente até a Perestroika em 1985.

Em 1964 Khrushchov é derrotado no Comitê Central e afastado. Foi a primeira transição pacífica do regime e o primeiro líder soviético a morrer de causas naturais. Consoante a decisão de voltar à direção colegiada preconizada por Lenin, assume a "Troika": Leonid Briezhnev, como Primeiro Secretário do Partido, Alieksiéi Kosygin, como Primeiro Ministro e

Nikholai Podgorny como Presidente do Presidium do Soviet Supremo, cargo que veio a ser tomado por Briezhnev em 1977 até a sua morte em 1982.

## 1. Segunda ofensiva (mundial) 1944-1985

> *A União Soviética é um perigo real e presente para a America e o Ocidente (porque) nada menos do que o mundo inteiro poderá satisfazer seu imperialismo totalitário.*
>
> — Arthur M Schesinger Jr

Como a guerra atingiu direta ou indiretamente todos os continentes, o pós-guerra imediato foi um período de acomodação e realinhamento político-ideológico mundial. Os fatos mais importantes deste período (1945 a 1964) foram:

1. Criação da Organização das Nações Unidas, 1945;

2. Criação do Estado de Israel, 1948;

3. Tomada do poder na China pelos comunistas em 1949;

4. Nasser e os oficiais nacionalistas tomam o poder no Egito, 1952;

5. Criaçao das bases do Movimento de Países Não-Alinhados na Conferência de Bandung, Indonésia, em 1955 pelos líderes da Índia — Jawaharlal Nehru — Egito — Gamal Abdel Nasser — e Iugoslávia — Josip Broz "Tito";

6. Guerra da Indochina 1947-53 terminada com a derrota francesa para o Exército comunista de Ho Chi Minh e Vo Nguyen Giap, o Viet Minh, na Batalha de Dien Bien Phu, 1953-54. Criação de dois Vietnams: o do Norte, comunista, e o do Sul, ainda sob influência européia que, com a retirada francesa, solicita o envio de "assessores militares" americanos;

7. Processos de descolonização na África e Ásia;

8. Revolta na Hungria, 1956

9. Gamal Abdel Nasser nacionaliza o Canal de Suez, 1956, Inglaterra, França e Israel invadem o Egito;

10. Castro toma Havana e declara-se comunista, Tratado de Amizade com Moscou. Toma novo impulso a ofensiva comunista na América Latina voltada principalmente para Venezuela e Brasil;

11. Crise de Berlin, 1961: Khrushchov ameaça interromper o tráfego entre a cidade de Berlin e a Alemanha Ocidental. Kennedy estuda a estratégia de *"First Strike"* (Atacar sem aviso prévio a URSS com mísseis nucleares, caso esta invadisse Berlin). Início da construção do Muro de Berlin;

12. Crise dos mísseis soviéticos em Cuba, 1961, bloqueio da ilha, retirada dos mísseis mediante garantia americana de que não interferiria em Cuba;

13. Cuba é expulsa da Organização dos Estados Americanos, 1962.

Em todos estes acontecimentos a URSS esteve presente. Em 10 de fevereiro de 1941 o General Walter Krivitsky, ex-chefe do GRU (Diretório Central de Inteligência — órgão militar), exilado nos EUA, foi encontrado morto em Nova York. As investigações não conseguiram nenhuma evidência de assassinato, parecia suicídio, mas muito providencial, pois três anos antes de sua morte Krivitsky havia convencido o membro do Partido Comunista Americano Whittaker Chambers a reconhecer que o comunismo não passava de mais uma forma de ditadura sem nenhuma ideologia que não a tomada do poder. Chambers não só reconheceu como denunciou vários ex-correligionários como Alger Hiss, funcionário do Departamento de Estado e seu irmão Donald, como membros do Partido e agentes do GRU, a ninguém menos que o próprio Roosevelt que riu e mandou-o a um lugar não publicável (Ann Coulter, *Treason*). Não só riu como promoveu Hiss. Tentativas de denunciar a Dean Acheson, Sub-Secretário de Estado, deram no mesmo.

Na Assembleia de fundação da ONU, o Secretário Geral nomeado por Roosevelt era exatamente Alger Hiss. A influência de Stalin na fundação da ONU, na elaboração de sua Carta e na escolha da sede, é inegável. A Carta defendendo direitos humanos que Stalin, assim como seus sucessores, jamais pretenderam obedecer servia como uma luva para acusar os países ocidentais quando da ocorrência de qualquer deslize menor. A escolha de uma cidade americana e de preferência próxima a Washington D.C. era fundamental para a infiltração de agentes sob o manto da proteção diplomática. Hiss também havia sido o arquiteto da Conferência de Yalta (fevereiro de 1945) entre os três grandes, onde desempenhou papel importante na divisão do mundo em áreas de influência, garantindo à

URSS uma parte leonina. A infiltração de agentes comunistas em postos chave do governo americano vem, portanto, desde a administração Roosevelt, como foi revelado pelo Projeto Venona (Haynes & Klehr, *Venona)* de análise criptográfica dos documentos de fontes soviéticas que vieram a confirmar também a atuação do casal Rosenberg na transmissão de informações nucleares americanas para a URSS. Funcionava a pleno vapor o aparelho de denúncias de violação dos direitos humanos no Ocidente, enquanto Stalin prendia, torturava e matava à vontade. O casal Rosenberg passou por vítima e, como eram judeus, aproveitou-se para acusar as autoridades americanas de antissemitismo.

Em 1948, quando trabalhava na revista *Time*, Chambers foi chamado a depor no Comitê de Atividades Anti-Americanas da Câmara de Representantes (HUAC) e reafirmou as acusações apresentando evidências inegáveis através de microfilmes de 65 documentos datilografados por Hiss e sua esposa (a máquina foi identificada pelos laboratórios do FBI) em 1938, contendo cópias de documentos secretos roubados pelo próprio. Estes papéis ficaram conhecidos como os *Pumpkin Papers*. Chambers reuniu todas as evidências e a história do período no seu livro *Witness* e, embora atacado como mentiroso por toda a intelectualidade esquerdista da época tudo tem sido confirmado pela abertura de outros documentos secretos. Estas revelações e também o desrespeito por Stalin aos acordos de Yalta, principalmente a prisão dos membros do Governo Polonês Provisório no Exílio, criaram nos EUA — e no mundo em geral — um quase consenso anticomunista. Este consenso tinha que ser destruído e no seu lugar criar outro: a demonização do anticomunismo[44].

A mais importante tarefa para desmoralizar o anticomunismo era denunciá-lo como anacronismo reacionário e obstáculo à reestruturação mundial — leia-se governo mundial — e à paz. Foram utilizados jornalistas regiamente pagos, como o australiano Wilfred Burchett que fazia reportagens contra a ação americana no Vietnam e era considerado como fonte altamente confiável para boa parte da mídia ocidental e exaltava a 'maior cultura' dos vietnamitas que estavam apenas 'defendendo sua pátria' da agressão americana — como já havia feito na Guerra da Coréia. A fuga de seu agente controlador Yuri Vassilievitch Krotkov, cujo codinome era George Kalin para a Inglaterra em 1963, revelou ao mundo sua ação de subverter jornalistas ocidentais e trair diplomatas ocidentais em Berlim, desde 1946. A abertura dos arquivos de Moscou confirmou e como se não bastasse, a viúva de Burchett recebeu a comenda 'Ordem da Amizade' da Coréia do Norte.

Outra frente era conseguir isolar os EUA dos seus tradicionais aliados europeus e mostra-los, com seu anacronismo anticomunista, e não a URSS, como a maior causa da instabilidade internacional e a principal ameaça à paz mundial ou, ao menos, despertar a cínica tendência de não ver diferenças fundamentais entre os dois regimes. Para isto foram utilizados di-

---

[44] Recentemente o filho de Chambers resolveu formar a Biblioteca Chambers na fazenda que pertencera a ele, reunindo vastíssimo material ainda não organizado e que estará futuramente disponível para pesquisadores.

versos "agentes de influência" como, p.ex., outro jornalista, Pierre-Charles Path que por duas décadas concentrou esforços em minar as relações franco-americanas. Mas ele foi apenas um entre muitos que influenciaram De Gaulle a retirar a França da participação militar na OTAN. Quem quer que tenha vivido as décadas de 70 a 90 deve ter ouvido sempre os mesmos argumentos quando alguém criticava o comunismo:

> [...] está bem, mas ninguém é anjo, o capitalismo também tem seus pontos negativos — ou então, que os americanos também apoiavam regimes ditatoriais — , ou foram os americanos que jogaram as duas únicas bombas atômicas da história — , ou os americanos só pensam nos seus próprios interesses.

Coisas óbvias, ainda hoje ouvidas em quaisquer reuniões de bem-falantes, mas cuja intenção não era óbvia. Foram inseminadas e se difundiram por via subliminar, de maneira a fazer com que a pessoa achasse que estava 'olhando com seus próprios olhos' ou sendo original. Nada disto: *desinformatsiya* pura!

O ano de 1948 é o da candidatura radical esquerdista de Henry Wallace à Presidência dos EUA e das peripécias da esquerda americana que se lhe seguiram. A infiltração na área cultural americana continuou e se intensificou seguindo os passos de Münzenberg. De maneira geral, toda a mídia e o *show business* americano foram devidamente doutrinados pelos agentes soviéticos e a grande maioria de escritores, cineastas, redatores da mídia, artistas, etc. se tornaram facilmente companheiros de viagem. No mês de agosto do mesmo ano reunia-se em Breslau (hoje Wroclaw), Polônia, a "Conferência Cultural pela Paz", convocada pelo Kominform através dos companheiros de viagem europeus, numa "Carta Aberta aos Escritores e Homens de Cultura dos Estados Unidos". Os americanos que compareceram prepararam imediatamente outra reunião no Hotel Waldorf Astoria, Nova Iorque em 1949, denominada "Conferência Cultural e Científica pela Paz Mundial" que contou com o apoio explícito de Albert Einstein, Charles Chaplin, Leonard Bernstein, Pablo Picasso e muitos outros nomes famosos. Um mês depois, reuniase em Paris o "Congresso Mundial da Paz". O alvo principal destes movimentos era liquidar o Plano Marshall que apontava para uma rápida recuperação da parte da Europa que não estava dominada por Stalin (Gidd Powers, *op. cit.*), a qual estagnava num império de repressão, decadência moral e econômica. A comparação era, obviamente, temida.

Os intelectuais anticomunistas planejaram uma contra-ofensiva. Entre eles estavam George Orwell, Anthur Koestler (que tinha sido garoto propaganda de Münzenberg), Hanna Arendt, Melvin Lasky, Raymond Aron e Sidney Hook, Diretor de *"Americanos pela Liberdade Intelectual"*.

Mas a reação era tímida, pois depois do uivo de Sartre — *"todo anticomunista é um rato!"* — mesmo os escritores mais famosos encontravam dificuldade para publicar suas obras.

No movimento anticomunista deve-se destacar a ação do Comitê de Atividades Anti-Americanas (HUAC). Existindo de forma provisória desde 1938 tornou-se permanente em 1945 quando passou a investigar as atividades comunistas na indústria cinematográfica. Seu maior feito, como já foi descrito acima foi a investigação sobre os irmãos Hiss. Mas somente em 1946, com o Partido Republicano assumindo a maioria na Câmara, o Comitê, agora presidido por J. Parnell Thomas passou a investigar a fundo a penetração comunista em Hollywood. Para não entrar em muitos detalhes selecionei o testemunho neste Comitê da escritora Ayn Rand, russa de nascimento, que fugira em 1926 e anticomunista convicta. Rand foi uma das denunciantes, e desafiada a mostrar o que via como propaganda comunista na produção cinematográfica deu um impressionante e arrasador testemunho sobre o filme *The Song of Russia*, de 1941, estrelado por Robert Taylor, que vale a pena ser lido na íntegra por todos aqueles que sabem que as produções artísticas — mormente filmes, teatro e novelas — são propaganda, mas não têm ideia do como se faz, pois Rand disseca o filme com excepcional maestria. Rand, sem dúvida uma das maiores defensoras da liberdade de pensamento, assim se expressou quando foi censurada por denunciar colegas:

> O princípio de liberdade de expressão requer que não passemos leis proibindo (os comunistas) de falar. Mas este princípio não implica em que devemos dar a eles emprego e apoio para defenderem nossa destruição às nossas custas.

Este Comitê é freqüentemente — e propositadamente — confundido com o Comitê sobre Operações Governamentais do Senado a cujo SubComitê Permanente de Investigações pertencia o Senador Joseph McCarthy. A confusão é de um primarismo atroz, pois um Senador jamais poderia fazer parte de um Comitê da Câmara. Apesar disto, "colou" e até hoje a confusão se mantém. McCarthy foi um presente dos deuses para os comunistas americanos e de todo o mundo, pois deu aos inimigos do anticomunismo o que eles vinham esperando desde o início da Guerra Fria: um nome e uma cara onde colocar o velho estereótipo de fascista anticomunista histérico. Segundo Powers (*op.cit.*) McCarthy foi o maior desastre na desastrada história do anticomunismo da América. McCarthy começou sua carreira anticomunista em 1950 — três anos após o depoimento de Ayn Rand — com um discurso em que dizia ter uma lista de 205 nomes de altos funcionários do governo federal que eram agentes soviéticos. A fábrica de mitos forjou a grande mitologia da "Era McCarthy", do "macartismo" que teria mergulhado os EUA num reino de terror. Peter Collier e David Horowtiz (citados por Monica Charen, op. Cit.) descreveram em 1989 que

> [...] trinta anos após a morte de Joe McCarthy, o macartismo se tornou sinônimo de autoridade sinistra e repressão política... indivíduos e partidos (complemento eu: mundo afora) competem em rotular outros com o macartismo como o trunfo moral com o qual paralisam automaticamente qualquer argumento.

Quem não ouviu alguém dizer, em tom de suprema indignação moral: isto é macartismo! Enquanto isto Stalin massacrava dezenas de milhões de russos e europeus orientais e nada se dizia; silêncio absoluto![45]

---

[45] Para mais detalhes sobre McCarthy ver meu *Rumo ao Governo Mundial Totalitário*

A eficiente contrapropaganda soviética da URSS conseguiu tornar realidade este mito, confundindo investigações sérias com estridências delirantes, e fez com que todos os envolvidos tanto em Hollywood como no governo fossem vistos como pobres vítimas inocentes. A verdade é bem outra. Hollywood estava mesmo infestada de agentes soviéticos. McCarthy conseguiu acusar poucas dezenas de funcionários federais. Através do Projeto Venona (*op. cit.*) e da abertura dos arquivos secretos soviéticos autorizados por Yeltsin, revelaram-se mais de 300 agentes soviéticos infiltrados nos governos Roosevelt e Truman. Ann Coulter (*op. cit.*) cita no primeiro escalão, além dos irmãos Hiss, Harry Dexter White, Sub-Secretário do Tesouro e Assessor de John Maynard Keynes em Bretton Woods (sobre a filiação dos dois à Sociedade Fabiana, ver Cap. XIV), Lauchlin Currie, Assistente Administrativo de Roosevelt, Duncan Lee, Chefe do Estado-Maior do *Office of Strategic Services* (OSS) antecessor da CIA, Harry Hopkins, Assistente Especial de Roosevelt, Henry Wallace, Vice-Presidente 1940-1944 (depois candidato radical), Harold Ickes, Secretário do Interior, e muitos, muitos mais[46].

Antes de passarmos à América Latina é preciso mencionar um movimento fundado por influência de Moscou, embora aparentasse independência: o Movimento de Países Não Alinhados (NAM). O termo foi cunhado pelo Primeiro Ministro da Índia, Jawaharlal Nehru num discurso no então Ceilão (hoje Sri Lanka) onde definiu seus cinco pilares: 1. respeito pela inte-

---

[46] Informações mais detalhadas em Rumo ao Governo Mundial Totalitário

gridade territorial, 2. não agressão mútua, 3. não interferência em assuntos internos dos outros países, 4. benefícios mútuos e igualitários e 5. co-existência pacífica. Em 1955 em Bandung, Indonésia, são lançadas as bases do movimento, embora somente em 1961, em Belgrado, Iugoslávia, tenha ocorrido a primeira reunião de cúpula organizada por Nehru, Nasser e Tito e apoiada por Ahmed Sukarno, Presidente comunista da Indonésia. Compareceram 25 países da África, Ásia e Cuba. O movimento — que defendia um distanciamento igual dos dois blocos na Guerra Fria — existe até hoje com outros propósitos como o Grupo dos 77.

Enquanto durou a Guerra Fria a URSS usou seus fortes laços com Cuba e Índia e os da China com o Paquistão, o Vietnam e a Indonésia, para fazer do NAM uma espécie de amortecedor de suas próprias ações agressivas, principalmente em referência aos itens 3. e 5. acima, como argumentos utilizados sempre que era acusada de ferir os "direitos humanos" retrucando que não admitia ingerências na sua política interna; enquanto freqüentemente interferia em diversos países, como veremos a seguir, especificamente na América Latina.

## 2. *A segunda ofensiva na américa latina*

*A guerra revolucionária é uma luta de classes, de fundo ideológico, imperialista, para a conquista do mundo; tem uma doutrina, a marxista-leninista. É uma ameaça para os regimes fracos e uma inquietação para os regimes democráticos. Perfaz, com outros, os elementos da guerra fria. [...] concebida por Lenin para, de qualquer maneira, continuar a revolução mundial soviética.*

— Marechal Humberto De Alencar Castello Branco

Como no resto do mundo, as Embaixadas Soviéticas eram centros de espionagem e entre seu pessoal diplomático constava uma *riezindientura,* uma "residência" do KGB e outra do GRU (militar). O *riezidient* do KGB, chefe da espionagem no país, tinha funções mais importantes do que o Embaixador e muitas vezes lhe era secretamente superior. É preciso reafirmar que **todos** os órgãos comunistas no exterior — visíveis ou clandestinos — tinham uma única finalidade estratégica permanente: a conquista mundial, no que difere do serviço diplomático dos países democráticos, cujos órgãos secretos realizam principalmente operações de informação e contra-informação e só acessoriamente em casos extremos de intervenção direta nos assuntos internos dos países em que estão como representantes. O mesmo se pode dizer dos Partidos Comunistas, tenham o nome que tiverem que jamais são partidos que representem interesses nacionais ou mesmo regionais, mas **sempre** são representantes do movimento comunista internacional do momento, seja o Komintern, o Kominform, a OLAS, o Foro de São Paulo, etc. Ainda hoje as Embaixadas russas têm a mesma função.

Entre 1945 e 1959 a estratégia mundial era baseada na chamada "visão etapista", segundo a qual há necessidade de uma etapa nacionalburguesa ou nacional-desenvolvimentista, que sob a égide e comando da burguesia permitiria a melhor organização dos trabalhadores e a superação dos óbices históricos do modo de produção capitalista, em particular o latifúndio. Era preciso identificar uma burguesia nacional capaz de contrapor-se aos interesses dos demais países capitalistas e criar um capitalismo nacional autônomo. Por esta razão o Partido Comunista Cubano sempre procurou alianças com partidos burgueses tradicionalmente nacionalistas, e como já foi dito, apoiou firmemente o governo de Fulgencio Batista até sua dissolução com a fuga dos principais líderes e a chegada iminente de Castro a Havana.

Castro, inicialmente se auto-declarava católico (foi criado em colégios jesuítas) e até pousou para fotos de terço ao pescoço. Para o PCC Castro não passava de um aventureiro. Membro do Partido Socialista Popular e da Liga Anti-Imperialista 30 de Setembro desde 1946, viajou para Panamá, Venezuela e Colômbia em 1948 em preparação para o Congresso Latino Americano de Estudantes. Neste último país, onde se realizava então a Nona Conferência Pan-Americana, logrou entrevistar-se com o líder do Partido Liberal, Jorge Eliecer Gaitán, que horas depois foi assassinado, iniciando-se o movimento que veio a ser conhecido como Bogotazo, uma revolta popular que representa um primeiro ataque comunista direto no continente, na qual Castro faz seu batismo de fogo. A intenção era destruir a Conferência onde se estudavam medidas contra a ofensiva comunista que se iniciava na América do Sul e derrubar o Governo conservador colombiano. Castro, juntamente com Alfredo Guevara, Olivares e Rafael Del Pino tomam parte ativa no movimento que também foi apoiado por Rómulo Betancourt, então ditador da Venezuela. Com a derrota, de volta a Havana, Castro adota como seu livro de cabeceira o *Que Fazer?* de Lenin. Em 1953, com a derrota na tentativa de tomar o Quartel Moncada refugia-se no México aonde vem a conhecer Ernesto "Che" Guevara, General Bayo e outros comunistas. A tomada do poder por Castro em 1959 marca uma profunda e radical mudança da ofensiva comunista na América Latina.

Como relata com rigor histórico Percival Puggina (A Tragédia da Utopia):

> Dissolveu-se o Congresso, desmontaram-se os partidos existentes, cassaram-se direitos políticos, instalaram-se tribunais revolucionários, cujas sentenças não estavam sujeitas a recursos, suspendeu-se o direito ao hábeas corpus, emitiram-se leis que permitiram o seqüestro de bens, inclusive bens de cubanos residentes no exterior que praticassem atos contra a revolução, e instituiu-se a pena de morte para os delitos contra o novo regime (p. 38).

No final do ano de 1959, já não havia dúvida de que Fidel Castro não era o herói da democracia em que muitos acreditaram, e sim um ditador comunista. No início do ano seguinte, 1960, o ditador faz a reforma agrária e a nacionalização de refinarias de petróleo, empresas comerciais, bancos e estabelecimentos industriais. O comunismo chegara à antiga Pérola do Caribe. Fidel Castro continuou governando o país com mão-de-ferro por quarenta e cinco anos, num regime de partido único, com a proibição de qualquer tipo de oposição.

Com esta importante base territorial ao mesmo tempo dentro da América Latina e a poucas milhas ao sul do execrado inimigo, a URSS se viu subitamente fortalecida. A estratégia baseou-se fundamentalmente na ofensiva contra dois países chaves da região: Venezuela e Brasil. Chamo aqui atenção para o que está ocorrendo hoje: não é coincidência que o atual eixo seja novamente Havana-Caracas-Brasilia, é estratégia de longo prazo profundamente estudada e sistematicamente seguida!

O primeiro país, por estar nadando num mar de petróleo e com isto podia pode realizar duas tarefas revolucionárias simultâneas: fornecer o petróleo aos aliados comunistas e negá-lo aos EUA no caso de conflito armado. Contrariando a tradicional mentira de que os revolucionários sempre lutaram contra as ditaduras (como em Cuba), a Venezuela gozava da mais ampla democracia sob o governo agora legitimamente eleito de Rómulo Betancourt (1959-1964) que pusera fim a 60 anos de sucessivas ditaduras, golpes de Estado, "pronunciamentos" e "governos provisórios". Betancourt foi o segundo Presidente eleito em eleições diretas no século XX e o quarto em toda a história venezuelana, sendo que o anterior, Rómulo Gallegos, eleito em 1948, foi derrubado no mesmo ano pelo Tenente Coronel Carlos Eduardo Chalbaud. Como fosse impossível a infiltração comunista no governo — embora Betancourt tenha sido acusado de "homem de Moscou" por ter tomado parte do *Bogotazo* — os ataques ao país foram violentos. As praias caribenhas da Venezuela estavam coalhadas por constantes invasões de barcaças cubanas transportando armas russas e tchecas. Movimentos guerrilheiros eram estimulados e derrotados pelo governo que continuou a transição democrática até o golpe de Hugo Chávez.

Já o Brasil, por ser o maior, mais rico em recursos naturais, com uma estrutura agrária que embora antiquada era extremamente promissora e em vias de industrialização acelerada no governo desenvolvimentista de Juscelino Kubitstchek, despertava a cobiça internacional, não só aos comunistas diga-se de passagem. Mas aqui foi diferente, pois, depois de JK, encontrou um governo dócil ao comunismo na figura de João Goulart.

O governo Goulart foi fruto de um equívoco da Constituição de setembro de 1946. Recém saídos da ditadura Vargas os Constituintes quiseram estabelecer uma Constituição o mais democrática possível e incorreram em alguns erros, sendo um deles a eleição em chapas separadas do Presidente e do Vice-Presidente. Já no primeiro governo após Dutra quando foi eleito o ex-ditador Getúlio Vargas, o seu vice foi de outro Partido, Café Filho. Getúlio aproximou-se muito das esquerdas, principalmente com a nomeação de João Goulart para Ministro do Trabalho, já então um notório esquerdista. Um ano após o suicídio de Getúlio este dispositivo já deu problemas, pois apesar das eleições terem dado a vitória a Juscelino Kubitschek e Goulart para Vice (agora numa coligação PSD/PTB), setores anticomunistas tentaram impedir a posse dos mesmos, que veio a ser sustentada pelo então Ministro da Guerra Henrique Duffles Teixeira Lott, com o apoio explícito do General Humberto de Alencar Castello Branco que veio a romper com o mesmo quando, meses depois, as organizações sindicais resolveram entregar ao ministro uma espada de ouro.

Delineava-se aí o incremento da ruptura dentro das Forças Armadas que viria a desabrochar mais tarde. Lott foi o candidato a Presidente pela coligação PTB/PSD e mais uma vez Goulart a Vice. Nas eleições de 1960 ocorreu o que poderia ser previsto. Jânio Quadros, candidato apoiado pela UDN — mas contra alguns de seus principais líderes como Carlos Lacerda — tinha como candidato a Vice o mineiro Milton Campos. Os eleitores escolheram Jânio e Jango e com a renúncia do primeiro sete meses após a posse formou-se a confusão, habilmente solucionada pela adoção do regime parlamentarista para que Jango fosse aceito pelos setores anticomunistas. Digo habilmente, mas não eficientemente, pois desde então até março de 1964 o Brasil foi quase pura agitação. Num plebiscito de resultados discutíveis em janeiro de 1963, volta-se ao regime presidencialista e o governo até então razoavelmente contido no seu afã esquerdista, entra em fase de implantação de uma ditadura sindicalista no Brasil. Se as chapas fossem únicas, com a posse de Milton Campos, um valoroso e intransigente democrata, a história do Brasil seria bem outra.

Todas as organizações populares fundadas ao longo da ditadura Vargas — sejam sindicatos, sejam órgãos previdenciários — apesar de terem trazido algum benefício de curto prazo para a população — tinham a principal finalidade de funcionar como massa de manobras. A tal ponto que se criou o termo "pelego" para os líderes sindicais, evidenciando que serviam apenas de suportes para a sela (em "gauchês": um pedaço de couro de rês não curtido) em que os dirigentes montavam. Estas organizações foram utilizadas por todos os governos — e ainda o são — mas principalmente na era Goulart serviam de apoio para os desmandos do governo federal e seus acólitos. Com seu apoio Goulart tentou passar no Congresso as

"Reformas de Base", passo inicial para sua futura ditadura personalista sindical com forte influência comunista.

Sucede que o Brasil daquela época contava com líderes anticomunistas civis e militares de primeira grandeza. Só para citar alguns Governadores: Lacerda no Rio, Adhemar de Barros em São Paulo, Magalhães Pinto em Minas, Ildo Meneghetti no Rio Grande do Sul. Possuíam também maioria no Congresso Nacional, apesar das estridências das esquerdas. As altas patentes militares, formadas por ex-combatentes da Força Expedicionária Brasileira (FEB) ou seus discípulos diretos. A Igreja Católica era pré-Teologia da Libertação e maciçamente se opunha à comunização do País.

O povo brasileiro levantou-se em massa contra os projetos janguistas e comunistas, principalmente após o apoio do Presidente à insubordinação hierárquica dos sargentos e fuzileiros e do Comício da Central do Brasil de 13 de março de 1964, onde Leonel Brizola pregou abertamente o fechamento do Congresso e o apoio comunista ficou ainda mais patente nos discurso e nas faixas e cartazes. As *Marchas da Família com Deus pela Liberdade*, entre as quais a principal foi em São Paulo, exigiam a manutenção do regime democrático, no que foram plenamente atendidas pelas forças armadas e pelo Congresso Nacional onde até mesmo o insuspeito democrata Juscelino Kubitschek, então Senador por Goiás, apoiou o movimento. Não foi, portanto um "golpe de Estado" para implantar uma ditadura "fascista", mas um legítimo movimento *contra-revolucionário* para impedir uma ditadura comunista. Foi então abortada a primeira leva desta segunda ofensiva não apenas no Brasil, mas momentaneamente provocou um arrefecimento da ofensiva em todo o Continente e a necessidade de elaborar uma nova estratégia regional.

## 3. A resposta revolucionária: a Conferência Tricontinental de Havana e a OLAS

A resposta foi dada por Cuba através da Conferência Tricontinental dos Povos Africanos, Asiáticos e Latino-americanos reunida em Havana em 3 de janeiro de 1966[47]. Compareceram 83 grupos de vários países dos três continentes, com 513 Delegados, 64 Observadores e 77 Convidados. 27 países latino-americanos estavam representados. A delegação soviética era a maior de todas com 40 membros. Foi estabelecido em Havana o quartel-general para apoiar, dirigir, intensificar e coordenar operações guerrilheiras e terroristas nos três continentes. O "imperialismo norte-americano" foi eleito o principal inimigo.

Moscou assume a plena liderança afastando a influência chinesa, mas, paradoxalmente, o pensamento maoísta se torna predominante. O primeiro orador foi Nguyen Van Tien, delegado da Frente de Libertação Nacional do Vietnam do Sul (Viet Cong). O segundo foi Tran Danh Tuyen, representante do Vietnam do Norte exigindo a imediata rendição das tropas americanas no Sul.

A Resolução Geral aprovada incluiu:

---

[47] http://www.latinamericanstudies.org/tricontinental.htm

1. a condenação do imperialismo ianque;
2. o imperialismo ianque é o maior inimigo de todos os povos do mundo;
3. o imperialismo ianque constitui a base para a opressão dos povos;
4. proclamou o direito dos povos de enfrentar o imperialismo com violência revolucionária, as "guerras de libertação nacional";
5. condenou vigorosamente o imperialismo ianque pela "agressão" ao Vietnam do Sul;
6. proclamou a solidariedade com a luta armada dos povos da Guatemala, Venezuela, Peru e Colômbia;
7. condenou a política agressiva do governo americano e seus aliados "fantoches" contra o Camboja e outros povos da Indochina;
8. condenou o bloqueio americano contra Cuba. O brado final foi "**formar vários Vietnans em escala tricontinental para a derrota final do imperialismo**".

Como Cuba havia sido expulsa da OEA em 1962, era necessário desmoralizar esta Organização. Aprovou-se uma resolução dizendo que a OEA

> [...] não tem autoridade legal nem moral para representar as nações latino-americanas. Que a única organização que poderia representá-las seria uma composta de governos democráticos e anti-imperialistas que fossem o produto genuíno da vontade soberana de todos os povos da América Latina.

Esta organização já estava para ser formada poucos dias depois e seria a Organización Latino Americana de Solidaridad (OLAS).

Mais uma vez chamo a atenção para o seguinte: tal como a fundação do Foro de São Paulo em 1990 (ver Capítulo XVII), a Conferência Tricontinental foi convocada para salvar o regime castrista da falência, pois segundo dados estatísticos e testemunhos como o de Juanita Castro Ruz, irmã de Fidel que fugiu de Cuba em 1964, os camponeses se recusavam a trabalhar para o Estado. Tinham apoiado Fidel por sua promessa de lhes dar títulos de propriedade e o governo se apossava de todo seu trabalho mediante as cooperativas de tipo soviético que foram implantadas, seguindo o modelo stalinista na Ucrânia. Mesmo Fidel tendo obrigado funcionários públicos, estudantes e até crianças a fazer a colheita que os camponeses recusavam — é claro que o programa foi apresentado pela amordaçada imprensa cubana e pelos fantoches da mídia mundial, como exemplo de solidariedade para ajudar os camponeses numa colheita monstro! — Cuba produziu somente 3½ toneladas de açúcar quando em 1952 os "pobres camponeses expropriados" do regime capitalista produziram 7 milhões, portanto 100% a menos após a "libertação" dos camponeses! Em 7 de janeiro do mesmo ano a cota pessoal de arroz foi baixada pela metade, de 3 para 1½ quilos por mês. Todo governo capitalista falido que quer se manter no poder imprime mais dinheiro e gera inflação; *o regime comunista só pode se manter criando escassez e exportando sua falência para outros países.*

O PIB de Cuba em 1957 era o quarto da América Latina, o superávit comercial era de 34,9 milhões de dólares (807.7 de receita de exportações e 772.8 de despesas de importações), o Banco Nacional de Cuba possuía as maiores reservas em ouro da América Latina e o Peso cubano era cotado ao par com o Dólar americano. Não havia escassez apesar das atribulações políticas. Os salários eram os maiores da América Latina tanto na indústria como na agricultura e, relativamente à população, a maior classe média da região. O número de carros per capita era maior do que da Espanha, da Tchecoslováquia, Hungria, Grécia, Polônia, Iugoslávia, URSS, México e Brasil.

Mesmo nos itens mais propalados pela revolução, saúde e educação, Cuba estava melhor do que hoje. A mortalidade infantil em 1958 era a menor da América Latina e menor do que as duas Alemanhas, Itália, Espanha, Áustria, Hungria e URSS. Estava melhor do que os EUA em números de mortes de causa geral por 1.000 habitantes, assim como no número de médicos por 1.000. O índice de alfabetização era o quinto na América Latina, o número de estudantes universitários era superior ao da Noruega, o número de jornais por 1.000 habitantes maior do que a Itália[48].

As desastrosas políticas industriais e agrícolas desencadeadas pela "revolução popular" rapidamente levaram o País à pobreza, à escassez e à necessidade de ajuda soviética maciça. Hoje, depois de mais de milhares massacrados pelas "causas populares" Cuba só rivaliza em miséria com o Haiti. Apesar de tudo

---

[48] Fontes: Van Nostrand Atlas of the World, Princeton, 1961; Cuban Communism, Irving Louis Horowitz ed., New Brunsnwick, 1971; Cuba: the Pursuit of Freedom, Hugh Thomas, New York, 1971; Castroism: Theory and Practice, Westport, 1965; The Poverty of Communism, Nick Eberstadt, New Brunswick, 1988

isto os comentários dos "intelectuais" sobre o desastre cubano seguem a mesma linha dos admiradores da URSS e da Europa Oriental e prosseguem os mesmos até hoje, podendo ser sumariados pela carta raivosa da Professora Harriet E. Gross ao *New York Times*, em 7 de janeiro de 1990:

> Estes governos (comunistas) construíram serviços sociais massivos que eliminaram o analfabetismo e a criminalidade; apesar das desvantagens em consumo de supérfluos sua população é bem educada e saudável.

Como disse o Comandante Fidel, invertendo a situação de extrema pobreza que leva as universitárias a se prostituírem: *"Em Cuba, hasta las gineteras tienen grado universitário"*!

## 4. *A terceira ofensiva na América Latina: a luta armada revolucionária no continente e no Brasil*

### Prelúdio: quem venceu a crise dos mísseis em cuba?

*O objetivo dos agressores americanos era destruir Cuba. O nosso era protegê-la. Hoje Cuba existe, portanto quem ganhou? Não nos custou mais do que as despesas de ida e volta, para levar os mísseis para Cuba e depois trazê-los de volta.*

— Nikita Sergeyevitch Khrushchov

É impossível entender a América Latina atual sem responder com clareza a esta pergunta crucial, pois da existência de Cuba dependeu — e ainda depende —

toda a estratégia comunista na região, principalmente a ofensiva militar da luta armada e a ofensiva cultural ainda em curso.

Em 22 de outubro de 1962, o Presidente John Kennedy anunciou publicamente que a URSS havia posicionado em Cuba mísseis balísticos de alcance médio e intermediário (MRBM e IRBM) com ogivas nucleares, dizendo que os EUA consideravam tal atitude intolerável e exigiam a imediata retirada dos mesmos. Simultaneamente ordenou um bloqueio aeronaval à ilha. A URSS mobilizou belonaves e tropas e zarpou em direção à mesma. Durante treze dias parecia que o mundo iria submergir no tão temido combate nuclear. As duas esquadras se confrontaram ao largo do litoral da Flórida e as manobras russas evidenciavam que iriam enfrentar a ameaça e abrir fogo para romper o bloqueio. Ao mesmo tempo, intensas negociações diretas foram encetadas. (Foi aí que se percebeu a necessidade da instalação do famoso "telefone vermelho", que não era nem telefone nem vermelho, mas um conjunto de transmissores e receptores de teletipo de alta velocidade e resolução).

Finalmente, no dia 4 de novembro a esquadra russa fez meia volta e Khrushchov aceitou negociar a retirada dos mísseis e a permanência de parte das tropas convencionais. Estas eram constituídas de 45.000 efetivos e uma grande quantidade de blindados e aviões militares de caça e bombardeio.

Fidel aceitara os mísseis, baseado numa mentira de Khrushchov de que o número de mísseis balísticos intercontinentais (ICBM) e ogivas nucleares russas era equivalente ao dos americanos, blefe no qual o mundo todo acreditou na época. Na verdade, a superioridade americana era da ordem de 17 x 1 (5.000

ogivas nucleares americanas contra aproximadamente 300 soviéticas) (Blight *et al, Cuba on the Brink*).

Terminada a crise o mundo respirou aliviado e Kennedy acreditou que havia vencido a parada e recomendou a seus auxiliares que "não humilhassem Khrushchov" e, em mensagem ao Congresso, disse que "resolvemos uma das maiores crises da história da humanidade" (Gaddis, *We Now Know*). O próprio Khrushchov admitiu que "fomos obrigados a fazer grandes concessões no interesse da paz". Mas num comentário, jamais citado no Ocidente, acrescentou: *"Foi uma grande vitória nossa, porque conseguimos extrair de Kennedy a promessa de que nem a América, nem seus aliados, invadiriam Cuba"*. Num telegrama a Castro disse: *"O inimigo estava preparado para atacar Cuba, mas nós o detivemos... Podemos ver isto como uma grande vitória"*. Quaisquer projetos anteriores à crise dos mísseis de uma nova "Operação Baía dos Porcos" — o fiasco, para não variar, de uma Administração Democrata de tentar invadir Cuba com um punhado de homens numa traineira — foram relegados ao esquecimento, continuando apenas as palhaçadas da CIA de tentar assassinar Castro.

Toda a operação teria sido montada exclusivamente para arrancar esta concessão de Kennedy? Os historiadores divergem. Alguns pensam que este era um objetivo secundário, outros acham que foi apenas oportunismo da cúpula soviética. Golitsyn, que chegara no ano anterior como exilado aos EUA, afirma que este era o objetivo principal. Caso Kennedy não reagisse à provocação, estaria cumprido o secundário, com as mesmas conseqüências: com a permanência dos mísseis e efetivos russos os americanos não se atreveriam a invadir, mas os soviéticos permaneceriam como os invasores aos olhos do mundo. Como foi, saíram de "amantes da paz" por ela fazendo grandes concessões, e os EUA como os belicosos, que, com sua reação, expuseram o mundo à catástrofe nuclear — o que viria a ser intensamente explorado na ofensiva cultural que se seguiu. No interior do governo soviético, os inimigos de Khrushchov usaram esta retirada como derrota covarde e, junto com outras acusações apresentadas pelo principal ideólogo comunista Vladimir Suslov, apearam-no do poder em 1964. No entanto, Golitsyn aponta o fato desta ter sido a primeira sucessão sem morte do deposto, na história soviética — Khrushchov foi mandado para um bom exílio interno como tinha ocorrido com Sakharov — como corroboração de sua tese de que tudo não passou de outro grande engodo.

## 5. A luta armada no brasil

*Pode-se fazer uma enormidade de coisas: seqüestrar, dinamitar, abater os chefes de polícia [...] depois continuar expropriando armas e dinheiro. Desejamos que o Exército adquira armamento moderno e eficaz; nós o tiraremos dele. [...] Nós estamos ligados à OLAS bem como a outras organizações revolucionárias do continente e, em particular, às que nos países vizinhos lutam com a mesma perspectiva que nós. É, enfim, um dever para com Cuba; liberta-la do cerco imperialista ou aliviar seu peso, combatendo-o externamente em todas as partes. A revolução cubana é a vanguarda da revolução latino-americana; esta vanguarda deve sobreviver.*

— Carlos Marighela

As ações armadas que já existiam de forma esporádica antes de 64 — como as Ligas Camponesas de Francisco Julião e os Grupos dos Onze de Leonel Brizola — se intensificaram desde então, mas ainda sem as características de ação coordenada. Já em agosto de 64 descobria-se um plano terrorista de inspiração brizolista em Porto Alegre, que levava o nome de Operação Pintassilgo, que previa o ataque a diversos quartéis, a tomada da Base Aérea de Canoas, no Rio Grande do Sul, e a utilização dos aviões da FAB para o bombardeio aéreo do Palácio Piratini, visando à morte do Governador Ildo Meneghetti. A prisão em Porto Alegre, em 26 de novembro de 1964, do capitão-aviador, Alfredo Ribeiro Daudt, abortou a operação e todos os seus planos caíram em poder da polícia. Diversos militares da FAB estavam envolvidos. Em novembro houve explosão de bomba no Cine Bruni no Rio de Janeiro; em março de 65, nova tentativa brizolista, agora de uma ação guerrilheira com financiamento castrista, através do Coronel Jéferson Cardim Osório, também fracassada no Paraná; atentado a bomba contra o jornal "*O Estado de São Paulo*" em abril. Através de seus contatos na Argélia, Miguel Arraes consegue o apoio de Ahmed Ben Bella para lançar as bases de um movimento guerrilheiro no Brasil. Mesmo com o golpe de Estado dado em Argel por Houari Boumedienne foram mantidas as garantias.

A manhã de 25 de julho de 1966 pode ser considerada como o marco inicial da ação terrorista no Brasil, já como primeiro resultado entre nós da Conferência Tricontinental, quando três bombas explodiram no Recife, das quais a mais hedionda foi a do Aeroporto Internacional dos Guararapes, que pretendia eliminar o candidato a Presidente da República, Marechal Arthur da Costa e Silva. No total 2 pessoas morreram — um jornalista e um almirante reformado — e 16 ficaram feridas, das quais 13 eram civis, entre jornalistas, estudantes, professores, advogados e funcionários públicos, além de uma criança de 6 anos.

Em 1º de dezembro do mesmo ano Carlos Marighela, pede demissão da Comissão Executiva do Partido Comunista devido a discordâncias quanto à manutenção da luta pacífica e parlamentar contra o regime militar. Já no início do ano havia escrito um panfleto intitulado "A Crise Brasileira" onde deixa claro que *"o Exército Brasileiro terá que ser derrotado e destruído por ser o poder armado da classe dominante"*.

No ano de 1967 Marighela vence as eleições internas na Conferência Estadual do PCB de São Paulo e, em julho, contrariando a orientação de Prestes e de Moscou comparece à reunião da OLAS que Kossygin tentara adiar mas Fidel confirmara. Sendo desautorizado por Prestes recusa-se a obedecer e é expulso do PCB em setembro, fundando a Ação Libertadora Nacional (ALN) e dando início à luta armada organizada seguindo seu *"Mini Manual de Guerrilha Urbana"*[49].

A reunião da OLAS (31/07 a 10/08/67) contou com a presença de mais de setecentos delegados representando movimentos revolucionários de 22 países latino-americanos. Foi enfatizada a definição de ação contra a intervenção político-militar e a penetração

---

[49] Para ler na íntegra em Inglês ir a http://www.marxists.org/archive/marighellacarlos/1969/06/minimanual-urban-guerrilla/.

econômica do imperialismo norte-americano. O documento final determinava, por consenso, a existência de um Comitê Permanente, sediado em Havana, que se constituiria na "genuína representação dos povos da América Latina" para desqualificar totalmente a OEA por ter expulsado Cuba. Este país firmava-se assim como a vanguarda revolucionária na região. Apesar de, na aparência, a OLAS se tratar apenas de um órgão de solidariedade não impositivo, *era realmente uma nova Internacional Comunista, um novo Komintern*, dirigido para a área específica da América Latina. À sua sombra várias organizações terroristas se estabeleceram em todos os países, sendo as mais importantes da América do Sul:

- no Brasil, além da ALN e das ações armadas do PCB, a Vanguarda Popular Revolucionária (VPR) de Carlos Lamarca outro terrorista e desertor, a VAR-Palmares, a Organização Revolucionária Marxista Política Operária (POLOP); a Ação Popular Marxista-Leninista do Brasil (APML);

- no Uruguai, o Movimiento de Liberación Nacional (TUPAMAROS);

- na Argentina, o Movimiento Peronista MONTONERO, o Ejército Revolucionário del Pueblo (ERP);

- no Chile, o Movimiento de Izquierda Revolucionaria (MIR);

- no Peru, o Movimiento Revolucionario Tupac Amaru (MRTA) e o Sendero Luminoso;

- na Colômbia, Fuerzas Armadas Revolucionarias de Colombia (FARC) e o Ejército de Liberación Nacional (ELN);

- na Bolívia o Ejército de Liberación Nacional (ELN).

Mais uma vez, a pronta ação militar brasileira, com a edição do Ato Institucional n° 5 em 13 de dezembro de 1968, que dava mais poderes às forças da lei para combater o terrorismo e a guerrilha, paralisou momentaneamente a ofensiva. *A violência armada não foi, portanto, como hoje se ensina aos jovens, uma reação ao Ato Institucional n° 5 que "endureceu" o regime.* Ela já existia antes, muito antes mesmo, já nos governos plenamente democráticos de Juscelino, Jânio Quadros e João Goulart. Pelo contrário, tanto a Contra-Revolução de 64 quanto o AI-5 foram reações à crescente escalada da luta armada de acordo com as determinações de Havana.

Mas a ofensiva só amainou, não arrefeceu o ânimo nos demais países da América Latina. Antes disto, no mesmo ano de 1968 uma Junta Militar esquerdista, comandada pelo General Juan Velasco Alvarado, tomou o poder no Peru, estabelecendo um governo nacionalista e pró-soviético que durou sete anos. A aproximação com Cuba e a URSS chegou a ponto de equipar as Forças Armadas Peruanas com armamento exclusivamente soviético (do que o país se ressente até hoje) e permitiu o estacionamento em seu território de tropas guerrilheiras de outros países. Em setembro de 1969, outro General nacionalista Alfredo Ovando Candia depõe o Presidente da Bolívia Luis Adolfo Siles Salinas. Em setembro de 1970 ganha as eleições chilenas o socialista e idealizador da OLAS, Salvador Allende Gossens. O Cone Sul, com exceção da Argentina, encontrava-se nas mãos das esquerdas.

## 6. A fábrica de mitos produz conspirações e heróis

Basta olhar quem hoje está no poder político de várias nações latino-americanas (Brasil, Venezuela, Bolívia, Chile, Argentina, Uruguai, Equador e Nicarágua) para perceber que são os derrotados militarmente na década de sessenta que venceram a batalha mais importante: a cultural. Refugiando-se nesta área negligenciada pelos governos militares, e baseando-se na desinformação e nas teses de Antonio Gramsci e da Escola de Frankfurt, passaram a escrever grande parte da história, principalmente aquela de alcance público, acadêmico, nas escolas de todos os níveis e nas novelas e minisséries de TV. Tornaramse "donos" dos significados das palavras. Como aprenderam muito bem a lição de seus mestres do passado, temos hoje muito mais mitologia induzida do que relato histórico fiel. Como dizia Mikhail Pokrovsky, o primeiro historiador soviético, *"história é a política aplicada ao passado"* antecipando George Orwell no lema do Ingsoc (o Partido, no livro de ficção 1984): *"Quem controla o passado controla o futuro"*. É trabalho para décadas — se houver liberdade para tanto — desfazer todos os mitos dos chamados "anos de chumbo". A seguir relato alguns produtos da fábrica de mitos.

## 7. A participação dos estados unidos no movimento de 64

Um dos mais caros mitos da esquerda é o de que militares maldosos, aliados à "burguesia" nacional "ameaçada em seus privilégios" — e subordinados às demandas maquiavélicas dos Estados Unidos — resolveram abortar pelas armas a política conduzida por um governo legítimo e que atendia aos "anseios populares". Só depois das declarações de Golitsyn a respeito do Departamento D do KGB é que foi possível nos aproximarmos da verdade.

A participação americana no "golpe" de 64, chamada de "Operação Thomas Mann" (nome do então Secretário de Estado Adjunto para a América Latina) não passa de uma peça de desinformação baseada em documentos forjados pelo Departamento D, através da espionagem Tcheca. Quem montou a operação foi o espião Ladislav Bittman que, em 1985 revelou tudo no seu livro *The KGB and Soviet Disinformation: An Insiders View* (Pergamon-Brasseys, Washington, DC, 1985). Segundo suas declarações

> A Operação foi projetada para criar no público latino-americano uma prevenção contra a política 'linha dura' americana, incitar demonstrações mais intensas de sentimentos antiamericanos e rotular a CIA como notória perpetradora de intrigas antidemocráticas.

Outra fonte é o livro de Phyllis Parker *"Brazil and the Quiet Intervention: 1964"*, University of Texas Press, 1979, onde fica claro que os EUA acompanhavam a situação de perto, faziam seus lobbies e sua política com a costumeira agressividade, e tinham um plano B para o caso de o País entrar em guerra civil. Entretanto não há provas de que os Estados Unidos instigaram, planejaram, dirigiram ou participaram da execução do "golpe" de 64. Embora as revelações tenham sido tornadas públicas em 79/85, só a Revista Veja, na sua edição nº 1777, de 13/11/2002, publica a matéria "O Fator Jango" de autoria de João Gabriel de Lima, onde este assunto é abordado. Os demais órgãos da imprensa brasileira, coniventes com a desinformação, nada publicaram a respeito, não permitindo que a opinião pública tomasse conhecimento da mentira que durante anos a enganou.

O Globo do dia 3 de julho de 2007, quando a primeira edição deste livro já estava em preparo final, publicou com grande estardalhaço documentos que eram conhecidos desde 31 de março de 2004, aos 40 anos do movimento, quando a CIA desclassificou documentos da época[50] que revelam um grande interesse da Casa Branca, do Departamento de Estado e da CIA no que estava por ocorrer no Brasil. Qual o interesse de "revelar" documentos já conhecidos há mais de 3 anos como se novidade fosse? Não sei, mas é mais uma peça de desinformação, pois o que demonstram é que havia planos para apoiar o movimento militar,

---

[50] Estes documentos podem ser lidos e consultados em formato .pdf desde 2004 em http://www.gwu.edu/~nsarchiv/NSAEBB/NSAEBB118/index.htm#docs e são constituídos dos seguintes: l) White House Audio Tape, President Lyndon B. Johnson discussing the impending coup in Brazil with Undersecretary of State George Ball, March 31, 1964; 2) State Department, Top Secret Cable from Rio De Janiero, March 27, 1964; 3) State Department, Top Secret Cable from Amb. Lincoln Gordon, March 29, 1964; 4) CIA, Intelligence Information Cable on "Plans of Revolutionary Plotters in Minas Gerias," March 30, 1964; 5) State Department, Secret Cable to Amb Lincoln Gordon in Rio, March 31, 1964; 6) CIA, Secret Memorandum of Conversation on "Meeting at the White House 1 April 1964 Subject-Brazil," April 1, 1964 e 7) CIA, Intelligence Information Cable on "Departure of Goulart from Porto Alegre for Montevideo," April 2, 1964. (Notem-se as grafias erradas *Janiero* e *Gerias*, típico de ignorância de nosso idioma por lá).

o que já era sabido por todos que viveram aqueles tempos ou se interessaram em estudar.

Não há dúvidas de que o Instituto Brasileiro de Ação Democrática (IBAD), fundado em 1959, e o Instituto de Pesquisas e Estudos Sociais (IPES), em 1961, receberam dinheiro de empresas multinacionais para financiar candidatos anticomunistas nas eleições legislativas, através da Ação Democrática Popular (ADEP). A função do IPES era coordenar a oposição política ao governo Jango, e para tal tinha financiamento de grandes empresas nacionais e multinacionais. Como o recebimento de dinheiro do exterior para influenciar eleições era proibido, o IBAD foi fechado pela justiça em 1963. No entanto, *em momento algum existe referência à maciça intervenção soviético-cubana-chinesa no Brasil, inclusive com envio de armas tchecas, assessores e agentes secretos, anterior aos planos americanos.* Nenhuma menção é feita jamais ao Instituto Superior de Estudos Brasileiros (ISEB) que agia no sentido exatamente oposto ao IBAD, através da Liga de Emancipação Nacional, integrada, basicamente, por comunistas. Esta, em função de suas contundentes proposições nacionalistas, foi fechada pelo próprio Juscelino, assim que se tornou presidente da República; e do Grupo Itatiaia, que reunia intelectuais dos estados do Rio de Janeiro e de São Paulo, defensores de um nacionalismo radical. A maioria dos membros do ISEB era formada por pensadores nacionalistas, influenciados pelas ideias da CEPAL, entre eles Hélio Jaguaribe, Roland Corbisier, Alberto Guerreiro Ramos, Nelson Werneck Sodré, Cândido Mendes e Álvaro Vieira Pinto.

A intenção em sonegar um lado da informação e só apresentar o outro, é obviamente manter vivo o mito de um Governo Goulart com apoio popular (vide Marchas da Família com Deus pela Liberdade que contrariam esta versão) e de violentos militares que o derrubaram. O que os documentos provam, no final de tudo, é que as avaliações americanas estavam erradas e não havia necessidade de nenhuma intervenção já que o Governo foi derrubado em menos de 48 horas, sem nenhuma resistência popular — pelo contrário, com grandes comemorações de júbilo.

## 8. Chile: o golpe do "truculento" Pinochet e a morte do "herói" popular Allende

A história do governo Allende e sua deposição por Augusto Pinochet vem sido contada com as habituais mentiras da esquerda. Allende era o idealizador da OLAS e um dos principais participantes da Conferência Tricontinental de Havana. Ganhou as eleições presidenciais de 1970 por uma covardia do Partido Democrata Cristão. Obteve 36,3% dos votos, escassos dois terços, contra 34,9% de Jorge Alessandri, do Partido Nacional (direita) e 27,8% de Radomiro Tomic, da ala esquerdista da Democracia Cristã, supostamente de centro. A Constituição vigente, de 1925, exigia que, se nenhum candidato obtivesse maioria absoluta, a decisão entre os dois mais votados caberia ao Congresso em reunião plena. Embora sabendo que Allende conduziria o país celeremente a uma situação revolucionária tendendo à implantação de um regime comunista — fato sobejamente conhecido pelos chilenos — a Democracia Cristã votou nele. Os militantes do Movimento de Izquierda Revolucionaria (MIR)

— uma organização fundada em 1965 e voltada para a luta armada — que se encontravam encarcerados, cumprindo penas, foram imediatamente anistiados por Allende. Aproveitando a ampliação das liberdades democráticas, o MIR passou a impulsionar a mobilização de massas. A partir das ações diretas dos índios *mapuches* e com o alento do Movimento Camponês Revolucionário (MCR), foram feitas uma série de invasões de terras, no que foi chamado verão quente de 1971. Também foram impulsionadas as mobilizações sindicais e as ocupações de indústrias e propiciada a constituição de novos acampamentos de trabalhadores "sem teto". O MIR aproveitou também a participação de seus militantes em tarefas da segurança do presidente — Grupo de Amigos do Presidente (GAP) — para lograr um silencioso avanço em instrução militar, logística e inteligência. Foi dado um maior impulso à vinculação com setores democráticos das Forças Armadas e de autodefesa das massas. O MIR, assim, se estendeu organicamente através do país. O Chile rumava rapidamente para ser uma nova Cuba.

A situação se tornou tão insustentável que o Congresso declarou a 23 de Agosto de 1973, 18 dias antes da intervenção militar, o grave atentado à democracia na resolução *Declaración de Quiebre de la Democracia Chilena*[51] na qual são apresentadas, entre outras, vinte acusações de violação da Constituição chilena por parte do Presidente Allende. Em seu quinto artigo diz ser

---

[51] Para ler na íntegra a Resolução do Congresso Chileno: http://www.archivochile.com/Gobiernos/gob_edo_freim/otros/Gobotrosfreim0007.pdf

um fato que o atual governo da República, desde o início, sem empenhou para conquistar o poder total com o evidente propósito de submeter todas as pessoas ao mais estrito controle econômico e político por parte do Estado e conseguir, deste modo, a instauração de um sistema totalitário absolutamente oposto ao sistema democrático representativo que a Constituição estabelece.

Entre as acusações estavam: usurpar a função legislativa do Congresso; capitanear uma campanha difamatória contra a Corte Suprema; burlar a ação da justiça nos casos de delinqüentes pertencentes a partidos e grupos integrantes do governo da Unidade Popular; atentar contra a liberdade de expressão fechando ilegalmente órgãos de imprensa, rádio e TV, e impondo "cadeias" legais de transmissão; violar o princípio de igualdade perante a lei mediante discriminações sectárias; formar e manter uma série de organismos sediciosos como Comandos Comunais, Conselhos de Camponeses, Comitês de Vigilância, todos destinados a criar o "Poder Popular" à margem da Constituição; formar e desenvolver grupos armados. Finalmente, representa ao Presidente, aos Ministros e membros das Forças Armadas e do Corpo de Carabineiros, a grave quebra da ordem constitucional e legal da República.

## 9. Operação Condor: o "complô militar fascista"

Esta operação conjunta dos países do Cone Sul tem sido atacada como um complô dos militares "fascistas" contra pobres vítimas que apenas queriam "libertar" seus povos. O desafio terrorista contra os governos do continente, há 25 anos, nada mais era do que uma derivação da Guerra Fria. Em 1974 — menos de um ano após a deposição do governo marxista de Allende, foi fundada em Paris uma Junta de Coordenação Revolucionária (JCR), integrada pelo Exército de Libertação Nacional (ELN) boliviano, o Exército Revolucionário do Povo (ERP) argentino, o Movimento de Libertação Nacional — Tupamaros (MLN-T) uruguaio e o Movimento de Esquerda Revolucionário (MIR) chileno. O secretário-geral da JCR era o cubano Fernando Luis Alvarez, membro da Direção Geral de Inteligência (DGI) cubana, e casado com Ana Maria Guevara, irmã de Che Guevara — o que conferia à JCR o caráter de instrumento do Estado cubano. Sua função era coordenar as ações da esquerda revolucionária latino-americana, principalmente no Cone Sul. Nos anos 80, a ação armada subversiva ganhou impulso no Chile, com os sucessivos desembarques de armas realizados por navios cubanos, em janeiro, junho e julho de 1986: 3.200 fuzis, 114 lança-foguetes soviéticos RPG7, 167 foguetes anti-blindagem LAW (alguns utilizados no atentado contra Pinochet nesse mesmo ano de 1986, que causou a morte de cinco militares de sua escolta), granadas, munições e outras armas. Ou seja, o maior contrabando de armas jamais registrado na América Latina.

Mais uma vez a história "oficial" esquerdista produzida pela fábrica de mitos inverte os dados: na realidade a Operação Condor foi uma *reação* às ações previamente coordenadas dos movimentos revolucionários e quando existe uma ameaça terrorista de caráter internacional, os órgãos de segurança dos países ameaçados se coordenam. Sempre foi assim, e continua sendo. Mas enquanto o guerrilheiro e terrorista tudo possa, alianças internacionais e regionais e troca de militantes entre os países, as forças da lei devem ficar paralisadas dentro de suas fronteiras ou se envergonharem como pudicas donzelas que deram um mau passo.

## CAPÍTULO VIII

# Terceira grande estratégia

> *Nossa tragédia nacional é que (tal como outros países comunistas) não houve uma clara derrota do sistema comunista dominante, nenhum julgamento de seus crimes ao estilo do de Nüremberg, nenhum processo de depuração vigorosa (descomunização). O Ocidente rapidamente celebrou o fim da Guerra Fria e a vitória da democracia nos países da antiga Cortina de Ferro, mas na verdade não houve nenhuma mudança de elites em nenhum deles.*
>
> — Vladimir Bukovsky

A finalidade essencial da nova estratégia, como já foi mostrado na Primeira Parte, era aprofundar a propaganda no mundo ocidental de que o comunismo acabara e a democracia e o liberalismo econômico havia vencido na Europa do Leste. O anti-stalinismo foi usado como anestesia revisionista para reagrupar intelectuais ocidentais em torno das ideias leninistas, obviamente sem que os idiotas úteis tomassem conhecimento da estratégia. Com isto, desmoralizar qualquer movimento anticomunista como paranóico, reacionário, ultrapassado, caduco, enfim, não dar ouvidos aos que percebiam a manobra. Pretendia-se enfraquecer e neutralizar a ideologia anticomunista e sua influência política nos USA, e no resto do mundo, apresentando-a como anacronismo reacionário sobrevivente da Guerra Fria e um obstáculo à reestruturação mundial e à paz. O resultado principal colhido na década de 70 foi a chamada *détente*, palavra francesa que significa "relaxamento de tensões" iniciada pelo mais ferrenho anticomunista das décadas anteriores, Richard Nixon quando de sua viagem a Moscou em maio de 1972, para o encontro com Leonid Briezhniev e, posteriormente, com sua ida à China no mesmo ano. A *détente* demonstrava que até no Ocidente a "abertura" do regime estava sendo aceita como legítima.

Com isto se pretendia reduzir a influência mundial dos países ocidentais, inverter o equilíbrio de poder a favor do bloco comunista rompendo as alianças militares ocidentais, paralisar os programas ocidentais de armamentos e explorar esta inversão de equilíbrio no sentido da conquista final do mundo capitalista através de "convergência" em termos comunistas. Preparava-se a adoção plena da Perestroika, segundo as linhas de "convergência", com vistas ao Governo Mundial.

A estratégia da "convergência" explora a colaboração inconsciente dos inimigos através de *aparentes* reformas econômicas e pseudodemocráticas — o *democratismo* — criando uma falsa oposição controlada dentro da URSS e dos demais países socialistas. Estimulou-se a crença da existência de três grupos, "liberais", "dogmáticos" e "pragmáticos", em luta entre si na URSS, para usar a falsa ideia da existência de conservadores "anti-progressistas" para aliar-se aos USA no combate a estes grupos nos dois lados, e liquidar com os verdadeiros conservadores no lado americano. Cabe explicitar que a palavra russa para convergência é *sblizhienie* (сближение) que numa tradução literal significa "aproximar para contato". Esta aproximação deveria ser feita através da exploração das tendências globalizantes da elite ocidental (p.ex., Robert Muller, Al Gore, Ramsey Clark, Bill & Hillary Clinton, Armand Hammer, George Bush Sr, Noam Chomsky, John Kerry — e as Fundações Ford, Rockfeller, Carnegie Endowment for Peace) em íntima colaboração com os comunistas para estabelecer "Um Só Mundo", a "Nova Ordem Mundial".

As propostas foram apresentadas e aprovadas pelo Congresso dos Oitenta e Um Partidos Comunistas, em Moscou, em 1960. Não foi mera coincidência que neste mesmo ano foi fundada a Universidade da Amizade entre os Povos, mais conhecida como Universidade Patrice Lumumba, nome dado um ano após, destinada a estudantes selecionados pelos partidos comunistas — mesmo os que estavam na clandestinidade — , para formar líderes fiéis à ideologia comunista em todos os setores da vida intelectual e acadêmica do ocidente. Já no primeiro ano foram registrados 539 estudantes de 59 países, mais 57 soviéticos selecionados pelo KGB. Durante o curso os alunos eram secretamente classificados em quatro grupos. Aqueles que apresentavam performance *ideológica* excepcional foram selecionados para agentes do KGB; os do segundo grupo eram razoavelmente confiáveis e deveriam retornar aos seus países como agentes dos partidos comunistas, dependendo do país para atuação aberta ou clandestina; os demais deviam retornar aos seus países como idiotas úteis para intensificar a propaganda da URSS "amante da paz" e da humanização do regime — "socialismo com face humana" —

em seus respectivos países. Os que resistiam à doutrinação eram descartados como irrecuperáveis e muitas vezes não conseguiam sua graduação. Gozavam de privilégios muito próximos aos dos membros do Partido, mas eram constantemente vigiados e monitorados e só a poucos do primeiro grupo era permitido possuir o Passaporte Interno que lhes permitia sair da periferia de Moscou, mesmo assim sob o controle da *Intourist*.

Ocorreram várias reuniões secretas entre Khrushchov e Mao Zedong onde teria ficado decidido um acordo secreto com a China para início da Grande Estratégia do Bloco, a da tesoura, ou de pinça: para dar credibilidade às "mudanças" era preciso que Mao se opusesse e, defendendo a herança de Stalin, "rompesse" com a URSS. Ficou aí definido o "Conflito Sino — Soviético" que viria a se intensificar no início dos anos 60.

Foram imediatamente abolidas as práticas stalinistas de repressão, restaurado o estilo leninista de liderança e iniciada a preparação para introduzir a fase final de reestruturação e "democratização" da URSS. Foram atribuídos novos papéis ao KGB e adotado um padrão de não violência. A parte secreta da estratégia incluía a montagem do poderio militar do bloco como um todo sem que o Ocidente percebesse (por isto o pseudo-conflito com a China), um retorno ao estilo leninista de atividade diplomática contra os principais países inimigos, o uso de guerra psicológica para desestabilizar o mundo ocidental e suas instituições. Simultaneamente explorando o potencial dos partidos dos países comunistas, dos partidos comunistas ocidentais e dos "movimentos de libertação" no Ocidente.

Na Itália, onde estava o maior partido comunista europeu, Palmiro Togliatti, que substituíra Antonio Gramsci em 1937 como Presidente (no exílio) do Partido e muito aprendera com seus "Cadernos do Cárcere", como já vimos, começou a preparar o que mais tarde viria a ser o "Eurocomunismo", uma versão adocicada e palatável que dava uma aparência civilizada e democrática no sentido de aceitar o jogo da alternância no poder e apelava para a classe média e os novos movimentos que estavam surgindo depois da guerra, como o feminismo e pela "libertação" dos homossexuais. Em 1964 assinou o "Memorando de Yalta" em que, com secreta aquiescência de Khrushchov, declarava o PCI autônomo de Moscou e propunha um novo modelo para os países socialistas, o chamado "Unidade na Diversidade". Em termos internacionais cunhou o termo "policentrismo" para significar que a unidade socialista mundial não funcionaria sem que cada partido pudesse se desenvolver de forma autônoma, sem a interferência de outras fontes. Mas isto era apenas a jogada de um velho stalinista, na verdade um dos maiores amigos de Stalin durante o exílio. Não por coincidência, uma das decisões mais importantes tomadas em Moscou foi recomendada por Togliatti: a de estudar a fundo as teses de Antonio Gramsci.

## 1. *A terceira ofensiva mundial*

*Primeiro tomaremos o Leste da Europa, depois as massas da Ásia. Então, cercaremos a América, última fortaleza do capitalismo. Nem precisaremos atacar. Ela cairá no nosso colo como uma fruta podre.*

— Vladimir Ilitch Lenin

A influência sobre o movimento contra a guerra do Vietnam dentro dos EUA e no resto do mundo foi imensa. A esquerda americana recebia apoio e vultosas quantias da URSS, via a *rezidientura* do KGB em Washington.

Estamos tão acostumados à visão marxista da história que, mesmo os que rejeitam explicitamente seus demais postulados, tendem a utilizar seu método de análise — o materialismo histórico — a primazia das "condições materiais de existência" como determinantes das superestruturas morais e religiosas. Os comunistas abandonaram o materialismo histórico na prática há muito — só em alguns países do Ocidente ainda se acredita nesta xaropada. Tendo verificado que era impossível vencer militar ou economicamente os EUA, só havia este meio demorado, mas eficaz: desmoralizar e destruir por dentro o *american way of life,* a moral e a religião que são a argamassa que mantém o País unido.

Estudando a Guerra Civil Americana, cada vez mais me convenci de que as razões econômicas eram absolutamente secundárias. O que houve na América, naquele período, era muito mais o recrudescimento de uma profunda divisão moral e religiosa acerca principalmente da escravidão, às quais se acrescentaram razões econômicas — industrialização acelerada e surgimento do operariado fabril do Norte — como superestrutura que ameaçavam o País de uma ruptura radical: a Secessão. Já no seu discurso de posse em 1861, Abraham Lincoln dizia, dirigindo-se principalmente ao Sul:

> In your hands, my dissatisfied fellow countrymen, and not in mine, is the momentous issue of civil war. The government will not assail you... You have no oath registered in Heaven to destroy the government, while I shall have the most solemn one to 'preserve, protect and defend' it. (Em suas mãos, meus caros compatriotas insatisfeitos, e não nas minhas, está o tremendo problema da Guerra Civil. O governo não vai atacá-los... Vocês não têm registrado no Céu nenhum juramento para destruir o governo, enquanto eu tenho o mais solene, de 'preservá-lo, protege-lo e defende-lo').

Seguia fielmente as palavras constitucionais de seu juramento. Mas já desde a redação da Constituição havia esta divisão entre os *Founding Fathers*: os representantes do Sul, principalmente da Georgia e das Carolinas acreditavam que a escravidão era parte normal de suas vidas. Mason e Jefferson, embora sulistas, a denunciaram como desumana.

Sugiro como hipótese que a Guerra Civil Americana estava entre os assuntos estudados mais a fundo pelos elaboradores da Grande Estratégia comunista, chegando à conclusão de que *os EUA só se dividem por problemas morais e/ou religiosos.*

As sementes para a futura campanha contra a guerra do Vietnam foram lançadas durante a já mencionada campanha presidencial de Henry Wallace, candidato do Partido Progressista (Comunista) em 1948, que afastou do Partido Democrata a esquerda anti-americana. Esta mesma esquerda constituída de idiotas úteis e agentes diretos já mencionados como obra brilhante de Münzenberg.

Esta voltaria às suas fileiras durante a campanha do Vietnam. Em junho de 1962 reuniram-se em Port Huron, Michigan, estudantes das mais diversas universidades americanas para formarem a *Students for a Democratic Society* (SDS), inspirada na obra *Eros e Civilização* de Herbert Marcuse (ver Capítulos III e XI e Apêndice IV) onde imperavam palavras de ordem pela liberdade sexual irrestrita, rejeição da América e sua cultura, negação de que a Guerra Fria era culpa da URSS — essencialmente pacífica pois precisava de tranquilidade para desenvolver seu socialismo, um sistema mais humano que o capitalismo americano. Deste encontro resultou um manifesto baseado num texto elaborado por Tom Hayden — futuro Senador e futuro marido de Jane Fonda — (baseado nos escritos do sociólogo radical C. Wright Mills): o *Port Huron Statement of the Students for a Democratic Society*[52], o documento da *New Left* de maior circulação na década. Sua importância nunca foi devidamente avaliada mesmo nos EUA; aqui no Brasil, que eu saiba, é um ilustre desconhecido de nossas "elites intelectuais".

Este documento é de enorme relevância para entendermos o que se passa até hoje nos EUA, pois foi ali que nasceu o movimento contra a guerra do Vietnam que dividiu a sociedade americana de maneira quase irreversível e lançou no opróbrio as Forças Armadas. E onde também foram lançadas as bases da moderna versão da New Age e do Governo Mundial, para os quais a divisão da América é condição *sine qua non*. As grandes agitações universitárias do final

---

[52] Na íntegra em https://www.historyisaweapon.com/defcon1/porthuron.html

da década tiveram aí sua origem. Neste mesmo ano ocorreu a primeira manifestação em Berkeley, Califórnia. Seria ingenuidade não perceber a ação da desinformação leninista para *romper as hostes inimigas, evocando as piores suspeitas e pensamentos entre eles.* É de se notar que o candidato à Presidência derrotado em 2004, John Kerry, tão logo deu baixa do Vietnam, uniu-se a estes movimentos, traindo sua condição de veterano de guerra.

Em 1968, Tom Hayden conseguiu tumultuar de tal maneira a Convenção do Partido Democrata que pôs por terra as chances de Hubert Humphrey, candidato do então Presidente Johnson e, como ele, a favor da continuação e aprofundamento da Guerra no Sudeste asiático. Nixon ganhou as eleições e já em 71 cancelou as convocações obrigatórias — *drafts* — que eram, na aparência, a principal reivindicação da juventude. Significou o retorno às Forças Armadas voluntárias. Embora este ato tenha acalmado um pouco as manifestações, logo, logo a mentira apareceu: não era nada disto, era um movimento antiamericano mesmo! A vanguarda do movimento — entre os principais se encontravam novamente John Kerry, Tom Hayden e Jane Fonda — fundaram um "tribunal de crimes de guerra", condenando o papel americano do Vietnam. Não foi coincidência que Bertrand Russel fundou o Tribunal Internacional com idêntica intenção.

Em 1972 os mesmos ativistas se uniram na campanha do mais radical esquerdista do Partido Democrata, George McGovern, derrotado pela reeleição de Nixon. McGovern defendia a supressão total de ajuda ao Vietnam do Sul e ao Camboja, abrindo caminho para a conquista comunista destes países, o que veio a ocorrer quando Nixon renunciou em 8 de agosto de 1974 em função do escândalo *Watergate*. Nixon e os defensores da guerra alertaram que a queda de qualquer um daqueles países acarretaria a queda de todos os demais — a famosa "teoria do dominó" — o que acarretaria um banho de sangue no Sudeste Asiático. A esquerda dizia que era uma mera desculpa para a agressão imperialista. Porém, foi exatamente o que aconteceu! É só lembrar Pol Tot e seus milhões de cambojanos barbaramente assassinados. Segundo David Horowitz (*op. cit.*): *"o tempo provou que os ativistas contra a guerra* (e ele tinha sido um deles) *estavam trágica e catastroficamente errados, mas nunca tiveram a decência de admiti-lo"*.

## 2. O engajamento da elite americana na "convergência": A fábrica de mitos produz um dissidente

> *"Não podemos esperar que o povo americano salte de uma só vez do capitalismo para o comunismo, mas podemos ajudar seus líderes eleitos a administrar pequenas doses de socialismo, até que um dia os americanos acordem e se dêem conta de que chegaram ao comunismo"*
>
> — NIKITA S. Khrushchov

Era vital criar a figura de um "dissidente" cujo nome e títulos desse total credibilidade à ofensiva, liquidando com as desconfianças. Esta surgiu através do mais brilhante físico nuclear soviético, Andreïï Sakharov, conhecido como o "Pai da Bomba Termonuclear (Bomba H) soviética". Genuinamente preocupado com o potencial destrutivo que havia desencadeado, foi presa fácil para os profissionais da desinformação do KGB. Já em 1961 se opusera veementemente aos planos de Khrushchov de detonar uma bomba de 100 megatons na atmosfera (até então os testes haviam sido subterrâneos). Há controvérsias quanto ao grau de participação consciente de Sakharov nos planos soviéticos. O que é certo é que um regime policial que executava todos os seus dissidentes permitir a total liberdade de expressão, reunião e saídas do país de que Sakharov gozou de 1961 a 1975 é muito suspeito. Teria sido apenas um idiota útil como Einstein e tantos outros? Golitsyn afirma que não, que era agente do KGB mesmo.

Em 1968 lança seu famoso "Manifesto", *Progress, Coexistence, and Intellectual Freedom* (New York: Norton, 1968), também conhecido como *Thoughts on Progress, Peaceful Coexistence and Intellectual Freedom*. Neste, pela primeira vez, a palavra *sblizhienie,* convergência, é mencionada, como

> [...] aproximação entre os regimes socialista e capitalista que eliminasse ou diminuísse substancialmente os perigos (nucleares). Convergência econômica, social e **ideológica** possibilitaria uma sociedade democrática e pluralista, cientificamente governada [...] uma sociedade humanitária que tomaria conta da Terra e seu futuro[...] [53].

Note-se que estava lançada a base **ideológica** para o futuro governo mundial, objetivo final da ofensiva,

---

[53] http://www.aip.org/history/sakharov/reflect-text.htm

por um "dissidente", o que dava maior credibilidade do que se algum líder do PCUS o fizesse. Esta futura sociedade global seria *cientificamente governada*: isto é, *eliminando todas as religiões tradicionais ou as substituindo pela "Religião da Nova Era"*[54].

Em 1970 junta-se a Valiery Chalidzie, Igor Shafarievich, Igor Tvierdokhliebov e Grigorï Podyapolski para fundar o primeiro "Comitê dos Direitos Humanos" que se espalhariam como praga em todo o mundo, obviamente por ação dos operadores do KGB. Em 1975 ganha o *Prêmio Nobel da Paz*, sob "protestos" do governo soviético. Em dezembro de 1979 Sakharov critica a invasão soviética do Afeganistão e o governo, numa operação genial de despistamento, tira todas as suas medalhas e honrarias e o exila na cidade de Gorky, de onde veio a sair em 1986 para assumir o posto de assessor para a *Perestroika* no Governo de Gorbachôv.

A importância de Sakharov na ofensiva mundial foi inestimável. No Manifesto, apresentando-se como porta-voz dos dissidentes, ele fizera diversas previsões como se fossem *wishful thinking* de um idealista, mas que não passavam de um cronograma para disseminação da estratégia já em curso para orientação da esquerda ocidental. Divulgados como desenvolvimentos espontâneos e improvisações, escondiam que era a própria essência da estratégia. "Previu" a vitória dos "realistas" (reformistas de esquerda) sobre os "conservadores" na URSS, reforçando do lado americano a preponderância dos "convergentes" socialistas do Partido Democrata.

---

[54] http://www.mgr.org/MoonieCrossURI.html

O resultado esperado era obviamente aprofundar o enfraquecimento moral, militar e político americano, conquistando a elite americana para a cooperação sobre meio-ambiente, espaço, desarmamento e solução conjunta de problemas sociais, econômicos, etc. Acabar com o consenso do "perigo vermelho" e desestabilizar o complexo industrial-militar americano. Primordialmente convencer a elite intelectual americana das semelhanças entre os dois sistemas e da importância da convergência, o que foi facílimo dentro do Partido Democrata que sempre tivera uma ala socialista importante, à qual pertencia Jimmy Carter. Após sua posse na Presidência, em 1977, Sakharov envia uma carta a Carter expondo o ponto de vista soviético sobre direitos humanos e Carter responde com uma política nitidamente contrária aos interesses estratégicos americanos abandonando aliados tradicionais como Anastácio Somoza na Nicarágua e o Xá Mohammed Reza Pahlevi no Irã, sob a justificativa de defender os direitos humanos que estavam sendo desrespeitados. É claro que ambos eram autocratas que governavam com mão de ferro seus países, mas o que veio depois foi infinitamente pior com os Sandinistas e Aiatolás e de quebra, sofrendo uma vergonhosa invasão da Embaixada de seu País em Teerã. Em abril 1981, já fora do poder, sua ex-Embaixadora Permanente na ONU, Jeane Kirkpatrick, numa conferência no Kenyon College com o título de "*Establishing a Viable Human Rights Policy*"[55], detalha a política de Direitos Humanos de Carter em perfeita consonância com o "dissidente" Sakharov.

---

[55] http://www.thirdworldtraveler.com/Human%20Rights%20Documents/Kirkpatrick_HRPolicy.html

Como parte da guerra assimétrica, esta política se voltou somente para os regimes de força do Ocidente, muito menos destrutivos e assassinos do que os do mundo socialista, para os quais bastaram alguns protestos de praxe. Logo após assumir, Carter havia declarado enfaticamente que os EUA estavam agora *"livres daquele exagerado medo do comunismo que antes nos levava a apoiar qualquer ditador que tivesse o mesmo medo"*[56]. O fato é que a estratégia da convergência estava dando tão certo que em 1978 Cyrus Vance, Secretário de Estado, declarou à revista TIME que *"o Presidente Carter e o Secretário Geral Leonid Briezhniev partilham os mesmos sonhos e aspirações"* (Monica Charen, *Useful Idiots*). É impressionante como tal absurdo foi facilmente aceito: *o Presidente de um País democrático e um ditador de um regime totalitário "partilharem os mesmos sonhos e aspirações"!* Tornou-se evidente o acerto da estratégia de doutrinação gramscista da intelectualidade ocidental.

---

[56] Note-se a continuidade desta visão entre os Democratas com a declaração de Al Gore, ao *New Yorker*, em 28/11/1994, no pleno exercício de suas funções como Vice Presidente dos EUA e pré-candidato a Presidência: *"Nós temos uma arraigada antipatia pelo comunismo — ou paranóia como eu gosto de dizer"* e prosseguiu tecendo considerações sobre as implicações deste sentimento na política "obsessiva" dos EUA na Guerra Fria. *"Minha crença é que esta forma de doença mental — neste caso uma loucura nacional — leva a vítima a criar na realidade aquilo que mais a amedronta. É claro para mim que isto é precisamente o que os EUA estão fazendo: Criando — ou ao menos apoiando energicamente — regimes totalitários fascistas em nome de combater o totalitarismo. Grécia, Vietnam do Sul, grande parte da América Latina. Para mim, o melhor exemplo disto é o Exército Americano".*

O assessor de Carter para segurança nacional, Zbigniew Brzezinski, consolidou a política de fazer "amizade com nossos inimigos e alienar nossos amigos". Desde o início de 1977, assistimos a um grande esforço para alcançar relações "normalizadas" com a China comunista, Cuba, URSS, nações da Europa Oriental, Angola etc. Por outro lado, havíamos retirado pelo menos algum apoio da China nacionalista, África do Sul e Zimbábue (anteriormente Rodésia) etc. Não era apenas uma tendência: era uma epidemia. Tudo em nome de uma "ordem mundial mais justa e equitativa". Quando perguntado se o Congresso teria um papel expandido ou diminuído no novo sistema, Brzezinski declarou: "a realidade de nossos tempos é que uma sociedade moderna como os EUA precisa de um órgão central de coordenação e renovação que não possa ser composto por seiscentas pessoas." Fica claramente exposto, por mais uma fonte, a ideia de um governo de uma elite não eletiva e abandonar os Parlamentos como apenas figuras decorativas.

\* \* \*

A elite americana já há muito tempo vinha dividida. Quando Richard Nixon, um ferrenho anticomunista e defensor da escalada no Vietnam, houve por bem acabar com a guerra e retirar as tropas, o fez muito mais para pacificar o seu País do que pela ficção hoje tida como senso comum, de que a derrota era inevitável. Era sim, mas não nas selvas vietnamitas: nas Universidades rebeladas e no Congresso onde os democratas lhe amarravam as mãos, impedindo o ataque às linhas de abastecimento do Vietcong na região do *Bico de Papagaio* do Camboja. Já em 1964, com a guerra recém começada, Barry Goldwater[57], Candidato Republicano a Presidente dos EUA, declarava:

> Eu teria dito ao Vietnam do Norte através de folhetos lançados de nossos bombardeiros B-52: abandonem a guerra em três dias ou da próxima vez que estes 'bebês' voltarem por aqui, jogarão milhares de bombas, reduzindo o Vietnam do Norte a um pântano [...] Eu preferiria matar um monte de vietnamitas a perder um único soldado americano [...] e já os perdemos demais! (Ann Coulter, Treason).

Mas o eleitorado preferiu re-eleger Lyndon Johnson e sua política de apaziguamento e em nove anos os EUA afundaram num atoleiro sem fim, *tendo todas as chances de ganhar a guerra*. Possivelmente os norte-vietnamitas teriam reagido a Goldwater da mesma forma que os iranianos fizeram quando Reagan foi eleito com uma campanha de decidido enfrentamento: liberaram os reféns da Embaixada americana em Teerã no mesmo dia de sua posse! Como fora previsto pela *teoria do dominó* todo o país da Indochina caíram em mãos comunistas: Além do Vietnam, o Laos e o Camboja, este último nas mãos sangrentas de Pol Pot.

Em 1972, quando Nixon iniciou a *détente* com a URSS e depois visitou a China, o fez sem saber que o

---

[57] A importância de Barry Goldwater para o reagrupamento dos Conservadores Americanos não poderá ser avaliada aqui. Remeto os leitores ao livro *A Glorious Disaster: Barry Goldwater's Presidential Campaign and the Origins of the Conservative Movement*, J. William Middendorf II, Basic Books, NY, 2006

conflito sino-soviético era apenas cortina de fumaça para uma aliança do bloco comunista. Nixon e seu Secretário de Estado Henry Kissinger pretenderam fazer uma cunha no bloco ao abrir relações diplomáticas e comerciais com a China. Ambos, segundo Golitsyn, foram iludidos pelo "rompimento" entre a URSS e a China que foi reforçado através dos incidentes na fronteira Namur-Ussuri de março a setembro de 1969. Os dois maiores exércitos do mundo mobilizaram não mais que poucos milhares de soldados para tomar uma ilhota de aproximadamente 3 quilômetros de extensão — Damansky, para os russos, Zhen Bao para os chineses — sem nenhuma importância econômica ou estratégica. Mas a propaganda indicava que haveria uma guerra nuclear entre os dois Países. Muitos analistas dizem que o vencedor do conflito foi os EUA. "Suspeitando" das intenções da URSS, a China teria iniciado estrategicamente a incrementar suas relações com Washington o que levou os líderes soviéticos a relaxar as tensões da guerra fria e, finalmente, à *détente*. Mas a estratégia era bem outra: atrair capitais americanos para os dois lados que já viam a falência à frente e permitir o intercâmbio de estudantes e cientistas que viessem para o Ocidente e voltassem depois de aprendidas modernas tecnologias ocidentais e, ao mesmo tempo, tentar doutrinar os que para lá fossem. A verdadeira vencedora foi a estratégia comunista da convergência.

## 3. A vitória da convergência — sblizhie-nie — entre a intelectualidade americana

> O povo americano jamais adotará, conscientemente, o socialismo. Mas sob o nome de 'liberalismo' aceitará todos os pontos do programa socialista, até que, um dia, a América será uma nação socialista, sem nem ter noção do que aconteceu.
>
> — Norman Thomas, Candidato permanente do Partido Socialista a Presidente dos EUA, de 1932 a 1948)

Foi arrasadora a vitória da estratégia da convergência entre a intelectualidade ocidental. Antes de chegar à América Latina, objetivo desta série, é preciso estudar o efeito na intelectualidade americana, o verdadeiro objetivo final da estratégia. Deixo de lado a Europa e a influência nefasta da maioria dos intelectuais da *École Normale,* principalmente de Jean-Paul Sartre, não sem recomendar a leitura atenta do livro de Raymond Aron O *Ópio dos Intelectuais* e para um Estudo mais detalhado suas *Memórias*; o livro de François Furet *Le Passé d'une Illusion,* bem como para entender o que ocorre hoje, A *Obsessão Antiamericana,* de Jean-François Revel.

Se defender o comunismo como o fazia Sartre e seus colegas, era uma atitude antipática para uma grande parte da intelectualidade americana, fazer a apologia da paz foi extremamente eficaz. Não mais se defendia um regime já reconhecidamente tirânico, mas sim A Paz, não como ausência momentânea de guerra, mas uma paz absoluta, o bem maior da Humanidade. Quem antes era visto como adversário passou a ser um possível aliado em direção à convergência: povos que também amavam a paz e precisavam dela para seu desenvolvimento. Junto com o "entulho" do anticomunismo, jogavam-se no lixo também os "belicistas" como Patton e Goldwater e dobrava-se Nixon.

Neste último sentido foi muito importante o trabalho de Henry Kissinger que, apesar de Republicano, movia-se muito melhor entre os liberais de esquerda sendo o artífice da tão almejada *détente* e da abertura para a China. Para isto abandonou os fiéis aliados de Taiwan obedecendo à exigência de Mao Zedong, Zhu Enlai e Lin Piao para estabelecer relações diplomáticas com a China comunista. Vitória diplomática maior da estratégia comunista, impossível. Kissinger, como Assessor de Segurança e depois como Secretário de Estado preparou a vergonhosa capitulação em Saigon — segundo Paul Johnson *"a mais grave e humilhante derrota em toda a história americana"* (*Modern Times*) — e o caminho para a futura vitória de Jimmy Carter, o Neville Chamberlain da década de 70. Com a renúncia do Vice-Presidente Spiro Agnew em 1973, o Presidente da Câmara de Representantes Gerald Ford foi eleito para este cargo, vindo a assumir a Presidência com a renúncia de Nixon em 1974. Ford, um Presidente bem intencionado, mas fraco foi totalmente manobrado por Kissinger. Desde então, e até a posse de Reagan, caíram em mãos comunistas o Iêmen do Sul, Angola, Etiópia, Moçambique, Granada, Nicarágua e Afeganistão. Mas, *as a side effect*, Kissinger e Carter levaram cada um o seu *Nobel da Paz* e hoje cobram milhares de dólares por conferência.

A política de apaziguamento de Carter voltou-se exclusivamente para combater as "violações dos direitos humanos" nos países ocidentais e aliados dos

EUA, países que segundo seu Assessor de Segurança, Zbigniew Brzezinski buscavam *"formas viáveis de governo capazes de lidar com o processo de modernização"*. Estas formas viáveis, alternativas à democracia ocidental que os Presidentes dos EUA juram defender, eram todas "formas" de uma coisa só: comunistas. E apesar da evidência histórica mostrar que os comunistas jamais haviam vencido uma eleição livre, a esquerda americana, embalada pelo canto da *sblizhienie*, persistiu no argumento de que eles representavam a vontade popular, e aceitavam, aparentemente com ingenuidade, suas palavras de que estavam buscando os "interesses populares". Apesar das violações dos tais direitos por parte de **todos** os países comunistas, principalmente a URSS que prendia e internava no GULAG seus dissidentes, e a China que os exterminava, o argumento básico da esquerda americana era de que os EUA também tinham sua parte de culpa pelas tensões e conflitos internacionais.

Para a maioria dos intelectuais da esquerda americana a Guerra Fria era — e ainda é — vista como uma confrontação infantil causada por suspeitas sem fundamento e paranóia de ambos os lados. Os *liberals* (esquerda americana) não acreditavam que o seu País estivesse engajado numa guerra entre liberdade e tirania, ou entre o bem e o mal, mas que era somente uma loucura na qual dois países igualmente culpados ameaçavam se destruir — e levar toda a humanidade consigo — sem nenhuma razão. Uma das frases mais ouvidas era *"Não podemos pretender dar lições de moralidade aos outros enquanto houver em nosso País uma criança faminta, um adulto pobre ou um imigrante analfabeto em qualquer dos 50 Estados"* (citado por M Charen op. cit.). Robert Heilbroner declarou que *"o colapso do sistema soviético, festejado como vitória da liberdade foi também a derrota das aspirações da Humanidade"* e Tom Wicker, do New York Times observava que os EUA estavam acossados pelo crime, acidentes de tráfego, vandalismo e tráfico de drogas, portanto "a liberdade não é uma panacéia; e o fracasso do comunismo não torna o Ocidente numa alternativa perfeita, nem ao menos satisfatória para milhões que aqui vivem" (citado por Paul Hollander, em *Anti-Americanism: Critiques at Home and Abroad*).

Esta tática fez história e ainda hoje é empregada, conscientemente pelos comunistas e seus companheiros de viagem, e inconscientemente até por pessoas que são sinceramente anticomunistas, mas que são sutilmente trabalhadas no sentido de compararem os males do comunismo com os do capitalismo. Na mais absoluta falta de argumentos que justifiquem as atrocidades por eles cometidas, só resta aos comunistas o recurso de não responder às mesmas, senão atacar de volta. Como os defensores da democracia e do liberalismo não almejam a perfeição é claro que existem muitas falhas num regime que prioriza a liberdade individual. É fácil perceber as desigualdades sociais, que são produtos das naturais e inevitáveis desigualdades entre as pessoas. Mas, maliciosamente chamadas de "injustiças sociais", ficam caracterizadas como produtos do "sistema capitalista" e da propriedade privada. Característica desta tática foi a reação ao lançamento, em 1997, do volume *O Livro Negro do Comunismo*. Sem conseguir opor nenhuma objeção racional, sem nenhuma contra-pesquisa que mostrasse os erros do mesmo, lançaram um violento livro panfletário, O Livro Negro do Capitalismo no qual atribuem ao capitalismo todos os mortos nas guerras.

Não havia ingenuidade alguma já que a experiência demonstra dia-a-dia a mesma coisa e Carter continua fazendo das suas — como a homologação do plebiscito venezuelano fraudado por Chávez — através do *Carter Center "for the Advancing of Human Rights and Alleviating Sufferings"* (*Centro Carter para o avanço dos direitos humanos e alívio dos sofrimentos*). Dos sofrimentos de todos, menos dos sofredores da China, de Cuba, da Venezuela, da Coréia do Norte, etc. Obviamente, esta "defesa dos direitos humanos" seletiva significa a plena vitória da pregação de Sakharov, não por coincidência enviada a Carter e não a Nixon nem Ford. Numa crítica a esta política, Reagan (*op. cit.*) dizia, em 1977: *"Se os direitos humanos passarão a ser nossa principal preocupação, deveríamos defender uma visão única e não dupla"*. Já em 1975, numa das suas audições de rádio dizia que *"nossos formadores de opinião estão sempre vendo perigos à direita e parecem cegos àqueles à esquerda"*. Sobre o regime da *Revolução dos Cravos* em Portugal, Reagan compara o comportamento da mídia com outros regimes militares menos repressivos, mas à direita:

> A mídia está de tal forma sob preconceitos (antiamericanos) que nem chega a perceber os próprios preconceitos. (...) Um simples fator é decisivo para sua tomada de posição: o regime proscreveu o Partido Comunista? Então é ruim!

Caso contrário, é bom por definição. Se outros partidos fossem suprimidos, nada se falava!

## 4. A mudança estratégica da administração Reagan

> We are too great a nation to limit ourselves to small dreams. We are not, as some would have us believe, doomed to an inevitable decline.
>
> — Ronald Wilson Reagan, 40° Presidente dos EUA

Após o fiasco do governo Carter o eleitorado americano mandou outro "belicista" para a Casa Branca: Ronald Reagan. Já no discurso de posse ele deixou claro, como a frase em epígrafe, que as coisas iam mudar, que o papel dos EUA no mundo deixaria de ser o de uma nação acuada pelo comunismo, como fica claro também no discurso sobre a corrida armamentista, dois anos depois, perante a Associação Evangélica Nacional, quando pela primeira vez se referiu à URSS como o "império do mal":

> Convoco-os a se precaverem contra a tentação do orgulho — a tentação de tranquilamente se declararem acima de todos os demais e rotular os dois lados como culpados, a ignorar os fatos da história e dos impulsos agressivos do **império do mal**, de simplesmente chamar a corrida armamentista um grande mal-entendido e por isto se retirarem da luta entre o certo e o errado, entre o bem e o mal.

Monica Charen (*op. cit.*) relata que o termo *império do mal* provocou uma tempestade de desprezo por parte da esquerda americana. Strobe Talbot, da revista *TIME*, mais tarde Sub-Secretário de Estado de Clinton, pôs o dedo na ferida: *"Quando um Chefe de*

*Estado fala desta maneira, ele mexe com as inseguranças soviéticas".* Mas a insegurança tinha sido mexida muito antes, logo no primeiro ano da administração. Segundo Lee Edwards (*To Preserve and Protect*) na biografia de Edwin Meese III, um dos mais importantes assessores de Reagan,

> Dois eventos claramente visíveis nos primeiros nove meses da administração Reagan alertaram a nação e o mundo que havia agora um Presidente muito diferente. Foram eles a aprovação (pelo Congresso) do Economic Recovery Tax Act (com um corte geral de impostos da ordem de 25% que reativou a economia estagnada por Carter), e a maneira firme com que enfrentou a greve dos controladores de tráfego aéreo (fazendo cumprir a lei que proibia a greve no serviço público, demitindo sumariamente os faltosos) [...].

A decisão de demitir os controladores de voo havia tido um efeito de alerta sobre os líderes soviéticos que perceberam que não apenas por discursos, mas por atos, Reagan devia ser tratado seriamente como um Presidente que *"iria aos limites extremos para defender seus princípios".*

*"E um terceiro evento, altamente confidencial, pelas suas consequências* — (ocorrido) *numa pequena reunião na Casa Branca sobre as defesas antimísseis".* Desta reunião secreta na Casa Branca resultou a *Strategic Defense Iniative* (SDI) que se tornou mais conhecida pelo nome que lhe deram seus opositores: Guerra nas Estrelas (*Star Wars*) porque grande parte seria baseada no espaço. Reagan não se sentia satisfeito em confiar na estratégia que até então imperava, denominada sugestivamente de MAD, de *Mutual Assured*

*Destruction* (Garantia de Destruição Mútua), baseada em manter os dois lados amedrontados de, caso atacasse, ser retaliado e destruído. O SDI, por outro lado, garantia aos EUA uma segurança extra, pois permitia destruir os mísseis de um eventual ataque inimigo antes de atingirem o território e os próprios silos de mísseis americanos. Este último era o ponto crucial, além de defender a população civil e as cidades, um ataque bem sucedido aos silos dos ICBM (*Intercontinental Ballistic Missiles*) — mísseis balísticos intercontinentais — deixaria os EUA indefesos — seja frente a uma nova salva de mísseis, seja à invasão por guerra convencional.

Pela primeira vez os EUA desenvolviam uma **estratégia** anti-soviética, não mais uma **política** dissuasiva de duração limitada, pois o desdobramento do complexo SDI foi planejado para durar várias administrações. Reagan mostrava que só negociaria partindo de uma posição de força, podendo retaliar quaisquer ataques traiçoeiros. O Presidente conhecia muito bem o significado de tratados e conversações com os comunistas: nada mais do que papéis para serem rasgados tão logo tenham sido úteis aos seus planos. Mas, posteriormente acabou se deixando ludibriar num ponto crucial: a farsa chamada Perestroika.

CAPÍTULO IX
# A última fase da estratégia: a Perestroika

Uma estratégia de longo prazo não pode prever e muito menos determinar os acontecimentos de modo que eles "caibam" nos planos, mas sim estar preparada para a necessária mudança dos planos de acordo com a evolução dos acontecimentos que lhes são externos. A eventual reeleição de Carter permitiria que continuasse o mesmo jogo de convergência com o reconhecimento de áreas de comum acordo. Em 1975, face ao desenvolvimento de novos mísseis soviéticos de alcance intermediário — com raio de ação que permitia atingir toda a Europa Ocidental — os SS-20 — a administração Carter entrara em negociações com a URSS que obviamente não levariam a lugar algum. Reagan não hesitou e pressionou os países da OTAN a permitirem o posicionamento em seus territórios, a partir de 1983, de 464 mísseis de cruzeiro (*Cruise Missiles*) e 108 mísseis balísticos *Pershing II*[58], simultaneamente com o estabelecimento de reuniões bilaterais para a redução dos dois lados.

---

[58] Um míssil balístico é um míssil que segue uma trajetória balística, sub-orbital, com o objetivo de levar uma carga explosiva a um alvo previamente selecionado. O míssil só é guiado durante a fase inicial em que depende de empuxo. Sua trajetória é determinada pela mecânica balística sub-orbital. Um míssil de cruzeiro é

Gorbachov no seu livro *Perestroika: Novas Ideias para Meu País e o Mundo,* afirma que após uma distensão nas relações entre os dois países na década de setenta, houvera uma rápida deterioração no início da década de oitenta, coincidente com a posse de Reagan em 20 de janeiro de 1981. Com esta brusca virada na estratégia americana, urgia alguma medida que fizesse face a ela, além do que o lançamento do programa IDS tornava a competição em armamentos previamente ganha pelos EUA, pois a URSS não tinha condições econômicas nem tecnológicas de desenvolver um sistema igual. Tentativas neste sentido exigiriam um esforço desproporcional às possibilidades soviéticas, já levadas ao limite máximo. A URSS estava em vias de um levante popular simplesmente por falta de comida! E isto revelaria ao mundo que o governo soviético não defendia causas populares, mas apenas os interesses da casta dirigente, a Nomenklatura.

Foi aí que se revelou a importância de uma estratégia de longo prazo, pois o passo já estava previsto desde o início da formulação da estratégia em 1958: o lançamento de uma vasta campanha de desinformação que mais uma vez desmoralizasse os sentimentos anticomunistas, novamente em expansão na *Era Reagan*. Na verdade, já estava previsto desde a década de trinta, como já vimos na citação de Dmitriï Manuilsky, tutor de Khrushchov, no Capítulo II (A Campanha Mundial pela Paz).

---

um míssil guiado que usa um sistema de asa de sustentação que permite voo sustentado. É, na verdade, uma bomba voadora, seja nuclear ou convencional.

Os comunistas conhecem muito bem as fraquezas dos regimes democráticos e as exploram, principalmente duas: a dependência da opinião pública e de eleições regulares com a mudança periódica de políticas pela mudança de governos. Como a Nomenklatura não precisa se preocupar com estas bobagens burguesas, tem tempo de planejar prevendo estas mudanças e inclusive atuar na opinião pública dos inimigos através dos "formadores de opinião".

É claro que uma parte desta estratégia consistia em convencer o Ocidente de que não havia estratégia alguma e condenar todos que a isto se referissem como seguidores de uma ridícula "teoria da conspiração". Reagan já havia percebido isto, pois numa audição radiofônica de março de 1978 (op. cit.) dizia com sua fina ironia:

> Muitos anos atrás, quando os americanos estavam bem conscientes das ameaças de subversão comunista, reuniu-se um grande congresso em Moscou [...] (possivelmente o referido Congresso dos 81 partidos) que adotou um plano para lutar contra o anticomunismo. Uma parte deste plano era dirigida aos EUA e sugeria uma campanha sutil que tornasse o anticomunismo fora de moda [...] até que os anticomunistas viessem a ser ridicularizados como idiotas caçadores de bruxas que procuram comunistas até embaixo da cama (looking for Reds under the beds) ...vocês podem repetir isto mas, por Deus, não lhe deem o nome de conspiração!.[...] Qualquer pessoa que deixe entrever em público que acredita numa 'teoria da conspiração' estará se jogando no mar sem salva-vidas. (Ênfase minha}

As relações dos EUA com os países comunistas sempre se pautaram pela oscilação entre enfrentamento e pacificação, correspondendo aproximadamente, mas não exatamente, às administrações Republicanas e Democratas. Os soviéticos, e hoje os chineses, estão preparados para mudar sua *tática* de acordo com estas mudanças, porém perseguindo os mesmos objetivos *estratégicos*.

A *Perestroika* não passou de uma continuação da mesma estratégia que se desenvolve desde 1958. Como já disse anteriormente, o termo reestruturação não se aplica à **aparência** de "profundas" transformações no mundo comunista, mas exclusivamente da reestruturação da **visão que o Ocidente tem do mundo comunista**, fazendo acreditar na dissolução da ideologia comunista e no fim da Guerra Fria, removendo o "inimigo soviético" das mentes ocidentais, principalmente nos EUA. Eliminando-se o anticomunismo elimina-se a necessidade de armamentos, pois estes não têm sentido sem "inimigos". Golitsyn já previra em 1961 a possibilidade de ser derrubado o muro de Berlim, uma troca teatral de dirigentes (a tentativa de golpe contra Gorbachov para dar a ele mais credibilidade) e a proscrição do PCUS, o que veio a ser feito por Boris Yeltsin.

Estas ações bombásticas serviam primordialmente para criar a impressão de que a burocracia soviética estava se tornando mais democrática e ocidentalizada, influenciando o Congresso americano a introduzir mudanças **reais** na burocracia americana, inclusive e principalmente na CIA, e diminuir os orçamentos das Forças Armadas, Estratégicas e de Segurança. *Antes de tudo convencer o Congresso americano a pa-*

*ralisar o programa "Guerra nas Estrelas"*, e criar condições para real cooperação entre o KGB e os serviços ocidentais correspondentes. Ao final do mandato era imperioso substituir Yeltsin por um confiável *tchekista* que veio a ser Vladimir Putin. Putin interrompeu a abertura dos arquivos secretos, liquidando assim com a outra pérola a ser vendida ao Ocidente: a *glasnost*, transparência, que sempre foi muito limitada.

Dentro da URSS nada mudara no essencial. Além da campanha contra o anticomunismo e o abandono da ditadura do proletariado e sua substituição por um "governo de todos", houve também uma mudança de foco que ajuda a confundir a "oposição", e dissimular a estratégia, fornecendo combustível para os idiotas úteis continuarem acreditando que o comunismo acabou. Como a ideologia é totalmente amorfa e protéica, adaptando-se a qualquer necessidade, pois o que interessa é manter a *Nova Classe* no poder, o foco classista — ideologia do proletariado — que já havia mudado sutilmente para a "defesa da paz" e posteriormente para a "defesa dos direitos humanos" — mais uma vez encontra "excluídos" e "oprimidos" para defender: as "minorias" raciais e sexuais, os doentes mentais (vide movimento anti-manicomial), os aidéticos, os drogados e quem mais sirva para seus propósitos. Até as minorias religiosas servem, embora variem de país para país. Acaba se transformando numa "ideologia dos esquisitos", dos que se sentem anormais — fora das normas sociais — os alternativos, todos os que odeiam a normalidade e a liberdade e se sentem por elas oprimidos. Ao invés de tentarem se adaptar ou aceitar o mundo como ele é, encontram na velha ideologia do proletariado as ferramentas de ataque às normas para obrigar às maiorias a se curvarem à anormalidade, à esquisitice, a formas "alternativas" de qualquer coisa, enfim, acreditam que destruindo a tão odiada normalidade livrar-se-ão do terrível sofrimento que os oprime. Triste ilusão. E triste fim para a outrora tão "gloriosa e heroica ideologia do proletariado"!

\* \* \*

É impressionante o sucesso obtido por esta maluquice em poucas décadas em todo o Ocidente. Nos EUA aonde a estratégia encontrou eco **consciente, de má fé,** numa intelectualidade hipócrita que parou de pensar quando buscou os rendosos empregos nas Universidades e nas Fundações, ficando abjetamente aos pés dos metacapitalistas em busca de poder através da destruição da própria sociedade que os gerou e agora não mais lhes interessa. Interessa o poder mundial, tomar conta da ONU e de todos os organismos internacionais. E para tal encontraram bravos cúmplices na Nova Classe comunista aos quais financiam largamente através das mesmas Fundações multimilionárias — Ford, Rockfeller, Soros, Tides, Carnegie Endowment for Peace (que já foi presidida pelo espião Alger Hiss). Entre elas a *Fundação Internacional para a Sobrevivência e Desenvolvimento da Humanidade*, para pesquisa sobre o meio ambiente, poluição, direitos humanos, **controle de armas** — desarmamento dos cidadãos de bem — e desenvolvimento econômico socialista, e outras joint-ventures USA-URSS que persistiram após a "queda do muro". Basta ver como certos sensos comuns se solidificaram de tal maneira que parecem sempre ter existido. Por exemplo, a de que o crescimento econômico só se justifica se houver "distribuição de renda", eliminando o sentido capitalista anterior de crescimento pelo desejo do capitalista de possuir mais, o verdadeiro fator que diminuiu a pobreza no mundo, pois significa investimento produtivo e empregos na iniciativa privada. Isto ofende àqueles que aspiram ser apenas funcionários privilegiados da Nova Classe de um opressivo governo mundial. Não passa um mês sem que a ONU ou suas congêneres e afiliadas não publique um relatório mostrando que, "apesar do crescimento, aumenta a desigualdade e a injustiça social".

Sua influência se faz sentir desde a infância para formar pequenos robôs a seu serviço. É estarrecedora a reestruturação da educação americana: incutem desde os primeiros passos a ideia da necessidade de uma total transformação da Sociedade, equacionam cidadania americana com interdependência internacional, cidadania mundial, global. O Bem deixa de ser um alto valor moral tradicional para ser apenas sinônimo de global.

A expressão pessoal máxima destes fenômenos é Mikhail Sergeyevitch Gorbachov e sua crescente influência nos negócios mundiais. Mas a verdade seja dita: Mikhail Sergeyevitch disse claramente o que pretendia. Já nas primeiras páginas de seu livro (*op. cit.*) deixa claro que a fonte ideológica da Perestroika não é nada de novo, mas um retorno a Lenin:

> Lenin continua a viver nas mentes e corações de milhões de pessoas. [...] Voltar-se para Lenin estimulou grandemente o partido e a sociedade em sua busca por explicações e respostas às questões que surgiam.

Só não leu quem não quis.

# TERCEIRA PARTE

## A QUARTA OFENSIVA NA AMÉRICA LATINA: O EIXO DO MAL

CAPÍTULO X

# A primeira etapa: fase de transição do padrão de violência para o de não-violência (1968-1989)

*A democracia não pode ser defendida de joelhos.*

— Carlos Lacerda

*Quem se defende mostra que sua força é inadequada; quem ataca, mostra que ela é abundante.*

— Sun Tzu

O ato Institucional n° 5, de 13 de dezembro de 1968, foi o principal instrumento para frear a ofensiva guerrilheira e terrorista dando poderes excepcionais aos governos da Junta Militar, que assumiu por doença do Presidente Arthur da Costa e Silva, e ao de Emílio Garrastazu Médici (1969-1974). Ao fim do governo deste último as forças guerrilheiras se encontravam desbaratadas. A junta Militar assumiu em 31/8/1969 tendo entregado o Governo a Médici, eleito pelo Congresso, em 30 de outubro do mesmo ano. Neste intervalo, dois grupos de esquerda, o MR-8 e a ALN seqüestram o embaixador dos EUA Charles Burke Elbrick, exigindo a libertação de 15 presos políticos, exigência conseguida com sucesso.

Neste ano os atos terroristas e a agitação estudantil chegaram ao auge. Porém, em 18 de setembro, o governo decreta a **Lei de Segurança Nacional**. Esta lei previa o exílio e a pena de morte em casos de "guerra psicológica adversa ou revolucionária, ou subversiva". No final de 1969, o líder da ALN, Carlos Marighela, foi morto pelas forças policiais em São Paulo. O governo Médici é considerado o mais duro e repressivo do período. O DOI-Codi (Destacamento de Operações e Informações-Centro de Operações de Defesa Interna) atuava como centro de investigação e repressão ao terrorismo do governo militar. Ganha força no campo a guerrilha rural, principalmente no Araguaia que é fortemente reprimida pelas forças militares.

Hoje se alardeia que foram "anos de chumbo" (Negrão Torres, *O Fascínio dos Anos de Chumbo*) período de uma "feroz ditadura". Sem dúvida o AI-5 e a Lei de Segurança Nacional foram instrumentos de exceção, ditatoriais. Mas não é pelos seus aspectos ditatoriais que são hoje combatidos pela mídia, mas por seu caráter **anti-revolucionário.** O que se faz supor hoje em dia é que o País estava tranqüilo, vivendo em paz, e um punhado de malvados resolveu acabar com a farra e estabelecer uma cruel ditadura. Na verdade, foram instrumentos de exceção para fazer face a uma **situação de exceção, revolucionária,** e com isto negaram aos guerrilheiros e terroristas a possibilidade de utilizar a **guerra assimétrica** que sempre os beneficia. Os instrumentos criados pelo governo cortaram na raiz qualquer possibilidade de se estabelecer uma guerra assimétrica. O governo não apenas se defendeu, como os guerrilheiros e terroristas esperavam, mas atacou, seguindo a máxima de Sun-Tzu. O desbaratamento da guerrilha foi acompanhado acertadamente por um plano desenvolvimentista que fez o País crescer a taxas aceleradas, trazendo o antídoto mais eficaz para barrar as ideias comunistas: um povo com emprego e perspectiva de futuro não dá a mínima para ideais comunistas, com exceção dos "intelectuais" que não toleram exatamente este estado de coisas; vide a insignificância do Partido Comunista americano.

Uma outra falácia sobre aqueles anos é a de que o governo combatia defensores da democracia, que queriam "derrubar a ditadura" para transformar o Brasil numa belíssima democracia. Só os incautos ou mal intencionados não se dão conta que tais movimentos eram financiados pelas mais ferozes ditaduras de toda a história da humanidade: URSS, Cuba, China, Tchecoslováquia, Alemanha Oriental, Albânia, etc. e o que procuravam implantar no Brasil era um regime como aqueles que os financiavam! Ou alguém é suficientemente ingênuo para acreditar que aquelas ditaduras iriam financiar democratas? Mas aqui já estamos em plena fase de transição para o padrão de não-violência, para a revolução cultural baseada em Antonio Gramsci.

CAPÍTULO XI

# O Eixo do Mal Latino-americano: o Foro de São Paulo[59]

*Ao invés de confiar apenas em táticas fracassadas de guerrilha e terrorismo, as forças castristas passaram a promover a eleição democrática de um radical que não tem ligações oficiais com o movimento comunista e que tudo fará para esconder ou modificar seu radicalismo nos estágios finais do processo eleitoral.*

— Constantine Menges

Ao usar a expressão "eixo do mal", o Prof. Menges certamente usava as mesmas palavras com que o Presidente George W. Bush havia se referido aos países que abrigavam terroristas — Iraque, Irã e Coréia do Norte, no discurso *State of the Union* de 20 de janeiro do mesmo ano. Porém, a primeira vez que um Presidente dos EUA havia feito referência a algo do mesmo teor — Império do Mal — foi no discurso já citado do Presidente Ronald Reagan na *National Association of Evangelicals*. Quando Bush usou em 2002 também enfrentou a mesma opo-

---

[59] Depois da 2ª Edição deste livro Graça Salgueiro publicou *O Foro de São Paulo: A mais perigosa organização revolucionária das Américas*, com muito mais informações detalhadas.

sição tendo Warren Christopher, um dos idealizadores do Diálogo Interamericano, dito que esta frase *"era o sonho de todo escritor de discursos, mas o pesadelo de qualquer político"*. Para o ataque a Menges no Brasil foram escalados alguns intelectuais orgânicos — como Márcio Moreira Alves que no *Globo* desancou o artigo do *Washington Times* como se fosse um jornaleco de segunda categoria — vende muito mais que o *Globo*, onde a acusação foi feita.

## 1. *A existência do foro*

> Por isso, meus companheiros, minhas companheiras, saio daqui para Brasília com a consciência tranqüila de que esse filho nosso, de 15 anos de idade, chamado Foro de São Paulo, já adquiriu maturidade, já se transformou num adulto sábio.
>
> — Presidente Lula Da Silva (Discurso de comemoração dos 15 anos do Foro, julho de 2005)

Depois de, juntamente com todos os petistas e aliados, negar peremptoriamente a existência do Foro de São Paulo e de ter inclusive proibido autoritariamente Bóris Casoy de mencioná-lo ainda como candidato, Lula com seu canhestro linguajar abre o jogo. Possivelmente porque a criança já cresceu, é um adulto e ninguém mais ousará pôr em cheque suas determinações. Com as raízes fincadas e a árvore bem crescida, é hora colher os frutos já maduros.

Sabe também o Presidente que neste País não existe oposição, mas um grupo de poltrões que esganiçam suas arengas como velhotas de aldeia, mas nada fazem se ganharem carguinhos mesmo chinfrins e algumas regalias! Entende-se que o PSDB, que de oposição não tem nada, pelo contrário é interessado direto, nada diga. Mas o que dizer do PFL (hoje Partido Democrata) e outros que se dizem oposicionistas e ficam discutindo chequinhos carregados por secretárias e dólares em cueca e sequer tentam apurar o que é o Foro? Se alegarem que não sabem é porque são mentirosos, burros ou só querem mesmo aquilo que o povo suspeita seja seu único interesse: gritar com o único fito de "se arranjar", de mamar mais ainda no dinheiro suado dos brasileiros. Que não lessem o que escrevemos em **Mídia Sem Máscara** vá lá! Mas nem tomarem conhecimento dos discursos do próprio Presidente da República? São políticos ou idiotas? Imagine-se o que dirá um parlamentar europeu ou americano ao saber que seus colegas (sic) brasileiros não tomam conhecimento do que diz o Primeiro Mandatário?! Os discursos de Bush, Blair, Chirac, etc., mesmo em quermesses ou festinhas de criança, são dissecados pelos jornalistas, políticos e analistas políticos. Ainda mais quando o discurso é feito numa organização internacional como o Foro.

Pois se tivessem se interessado saberiam o que Lula falou sobre a verdadeira finalidade do Foro:

> Foi assim que nós pudemos atuar junto a outros países com os nossos companheiros do movimento social, dos partidos daqueles países, do movimento sindical, sempre utilizando a relação construída no Foro de São Paulo **para que pudéssemos conversar sem que parecesse e sem que as pessoas percebessem qualquer interferência política.**

É dentro desta estratégia que se deve enquadrar o governo petista: não como um governo nacional simplesmente, mas sim, como engrenagem de um mecanismo maior com uma estratégia definida de conquista continental para instalação de uma união de repúblicas socialistas. Como nenhum governo comunista desde 1917 foi um governo nacional normal, mas apenas parte de um todo orgânico avassalador. A própria política econômica de submissão ao capital internacional, levada a efeito pelo ex Ministro, Antonio Palocci — que quando Prefeito de Ribeirão Preto autorizou a instalação do primeiro escritório de representação das Fuerzas Armadas Revolucionarias de Colombia (FARC), integrante do Foro — não surpreendeu nem é indício de guinada à direita do regime, já que é apenas uma fachada de gradualismo que está inserida numa estratégia mais ampla. Palocci saiu, mas o Presidente do Banco Central, Meirelles, continua mais firma do que nunca, até com status de Ministro para ter foro privilegiado em caso de processo.

Esta estratégia precisa ser mantida em segredo e para isto conta com uma mídia em sua maioria obediente porque ideologicamente cooptada e o restante manietado por dívidas a órgão oficiais. Chama a atenção que os grandes meios de comunicação brasileiros, que enviaram dezenas de jornalistas à última reunião em São Paulo de 1 a 4 de julho p.p., não tenham publicado informações e comentários sobre esses importantes temas ideológicos abordados no FSP, que são os mais importantes e fundamentais, havendo limitado-se a cobrir o relacionado com as denúncias de corrupção. Pois nesta reunião, Marco Aurélio Garcia destacou a irrupção dos chamados "movimentos sociais" enquanto "novos atores" do cenário político.

Elogiou a "efervescência" dos mesmos e reconheceu que via como "positivas" as "grandes desestabilizações" provocadas por esses "novos atores" nos últimos anos, em países como Bolívia, Equador, Argentina, Uruguai, etc. Declarou com todas as palavras que *"o Estado de Direito não pode transformar-se em uma camisa de força da democracia"* e que, por isso, via as referidas "desestabilizações" como uma "expansão da democracia", assim como um instrumento para "quebrar as hegemonias". Portanto, se o marco institucional que dizem respeitar lhes causa problemas ou lhes põe limitações, então os "movimentos sociais", que eles mesmos teleguiam, se encarregariam de destruí-lo, por bem ou por mal. É a estratégia das pressões de cima e de baixo descrita no Capítulo II. Enquanto os de cima fingem defender as instituições, financiam e estimulam os de baixo para destruí-las.

Garcia elogiou os movimentos guerrilheiros marxistas da América Central, dizendo que tinha que "tirar o chapéu" ante os casos da Guatemala, de El Salvador e da Nicarágua, países nos quais atualmente existiria a democracia como "resultado de grandes lutas, inclusive armadas". Como se a meta desses movimentos guerrilheiros tivesse sido a democracia e não o comunismo e a primeira tendo surgido como resultado da derrubada do último — como na Nicarágua — ou do esmagamento das forças rebeldes comunistas — como em El Salvador e Guatemala.

E também foi sonegada a declaração

> Valorizamos a materialização e a perspectiva da Alternativa Bolivariana para a América que já se pode apreciar em primeiro lugar nos Convênios entre a Venezuela e Cuba; porém podem também

identificar-se no Convênio Integral de Cooperação entre Argentina e Venezuela, na aliança estratégica BrasilVenezuela [...], nos acordos de criação da TeleSul, PetroSul e o mais recente ainda, firmado pela Venezuela e os países do Caribe: PetroCaribe [...]

Os leitores que não tiverem suas mentes burrificadas pela doutrinação gramscista e tiverem a paciência de ler as próximas páginas, entenderão melhor o que se passa neste País e o interesse do Foro na eleição "do companheiro Lula" e na sua manutenção no poder.

## 2. Os primórdios

Embora não seja uma organização secreta, a documentação acerca do FSP jamais teve ampla divulgação, tendo sido inicialmente publicado apenas na edição doméstica do *Granma*, órgão oficial do Partido Comunista Cubano. Na edição internacional nada transpirou. Mais tarde, passou a ter algum tipo de noticiário restrito em poucos jornais de alguns países e, até numa revista, quase de circulação interna, chamada *"América Libre"*, dirigida por Frei Beto, editada na Argentina.

O Foro nasceu em julho de 90, mas foi concebido em janeiro de 89, em reunião de cúpula do PC de Cuba e PT do Brasil, onde ficou estabelecido que, se Lula não ganhasse as eleições em novembro de 89, deveria ser formada **uma organização para coordenar toda a esquerda continental e a liderança do processo caberia a ele.** Collor não tinha surgido. O receio, na ocasião, era de uma reviravolta a favor de Brizola, não confiável para o projeto que estava delineado para que "fosse conquistado, na AL, uma espécie de contrapartida, do que já se antevia, nessa reunião, ou seja, o que a URSS iria perder no Leste Europeu". Para Fidel, o Muro já estava balançando, com o que estava ocorrendo na Polônia, depois da eleição do Papa João Paulo II. Com a vitória de Collor, foi organizada a primeira reunião da esquerda continental no Hotel Danúbio em SP. Sua criação, entretanto, foi precedida de algumas visitas estratégicas em Itaici, sede dos encontros da Conferência Nacional dos Bispos do Brasil (CNBB), articuladas por Frei Beto, levando a cúpula do partido comunista cubano, que viera à fundação do Foro, a uma reunião com o Cardeal Evaristo Arns, da qual veio a ser enviada carta de simpatia ao ditador Fidel Castro.

## 3. A fundação

> *[...] nesses 30 meses de governo, em função da existência do Foro de São Paulo, o companheiro Marco Aurélio tem exercido uma função extraordinária nesse trabalho de consolidação daquilo que começamos em 1990, quando éramos poucos, desacreditados e falávamos muito.*
>
> — Presidente Lula Da Silva

Garcia (MAG) é o personagem mais à sombra do governo Lula. Não obstante, é um dos mais importantes, estando encarregado da formulação da política externa, pois o Ministro das Relações Exteriores não passa de uma marionete. Na cerimônia de formatura dos novos diplomatas brasileiros e de entrega por Lula da Ordem do Rio Branco em 2005, finalmente

Lula reconheceu isto: no seu discurso deixou bem claro que o Brasil tem duas linhas paralelas de política externa: uma, a oficial, comandada pelo Itamaraty e a outra extra-oficial e até certo ponto secreta, comandada pelo "companheiro" MAG, que tem liberdade para conversar com as oposições aos governos constituídos.

> "E, para nossa felicidade, muitos companheiros que eram militantes de esquerda na década de 80 estão se transformando em governo. Então, nós passamos a ter uma relação privilegiada com presidentes e com ministros que eram militantes, junto conosco, do Foro de São Paulo, tentando encontrar uma saída democrática para a esquerda na América Latina".

Exilado no Chile e participante ativo do MIR, Movimiento de Izquierda Revolucionaria, organização terrorista, MAG foi o intermediário entre Allende e Fidel Castro no contrabando de armas cubanas para "defender a revolução socialista" no Chile (*Estado de São Paulo*, 6/1/2000). Em 1990, por ordem de Castro, convocou para o encontro já mencionado em São Paulo todos os grupos esquerdistas da América Latina e do Caribe. Compareceram representantes de 48 partidos comunistas e grupos terroristas que se reuniram no Hotel Danúbio, na Capital. Estava fundado o Foro de São Paulo, organização que desde então coordena toda a esquerda na região com a finalidade precípua e declarada de **retomar na AL o que foi perdido no Leste Europeu**. Os coPresidentes são Fidel Castro e Lula; MAG é o Secretário Executivo e ocupa um dos principais gabinetes vizinhos ao de Lula no Palácio do

Planalto[60], de onde controla e coordena todos os grupos guerrilheiros e terroristas desde o Rio Grande (fronteira entre EUA e México) até a Patagônia.

Seus contatos com as Fuerzas Armadas Revolucionárias de Colombia (FARC) e com o Ejército de Liberación Nacional (ELN) são freqüentes, alguns em Havana com a presença de Fidel. Nas semanas que se seguem a estes encontros houve um incremento das atividades guerrilheiras. É de sua autoria a resolução de *"ratificar a legitimidade, justiça e necessidade da luta das organizações revolucionárias colombianas (FARC & ELN) e expressar nossa solidariedade com elas"*. Também foi o mesmo Garcia quem, logo após a vitória de Lula, viajou para Caracas e Havana para fazer seu relatório aos patrões, talvez dizer "dever cumprido" pois a meta maior de Castro — e também de Chávez — era a eleição do companheiro Lula para Presidente do mais importante País da AL. Imediatamente Chávez radicalizou suas ações e estourou a greve da estatal de petróleo venezuelana PDVESA com a paralisação das refinarias. Quem salvou o dia? O indefectível MAG que conseguiu um petroleiro da PETROBRÁS e promessa de outros mais parar furar a greve.

Além de ativista é um teórico respeitado nos círculos comunistas internacionais. Um dos seus artigos corre mundo: "*O Manifesto e a Refundação do Comunismo*" (in *Teoria e Debate*, 26/01/2001) onde declara expressamente:

---

[60] No Governo Dilma nada mudou. Ninguém eleito pelo povo tem precedência sobre MAG nas relações internacionais.

Um novo pensamento crítico não negará o passado, aprenderá com seus erros, mas, sobretudo saberá resgatar nas experiências das revoluções desses últimos séculos, as esperanças, a generosidade e o brilho que iluminou mesmo as noites mais escuras. Se esse novo horizonte buscado ainda se chama comunismo, está na hora de sua refundação.

É hora, portanto, dos anticomunistas fazerem o mesmo: perderem os escrúpulos de usar a palavra certa — *comunista* e não socialista ou populista — para os adversários que não constituem apenas um grupo político como qualquer outro, mas a quintessência dos impulsos destrutivos contra a civilização ocidental judaico-cristã que nos legou a liberdade de pensamento, a liberdade econômica, o regime democrático, o espírito científico, a filosofia, enfim, tudo que representa um bem para o Ocidente. É preciso também, como dizia Reagan, os anticomunistas não aceitarem pelo valor de face o argumento relativista de que o capitalismo também tem suas mazelas, pois nenhum regime é perfeito — mas compreender que isto não passa de um sofisma e firmemente defenderem-no como o regime infinitamente melhor do que qualquer outro! É preciso, finalmente, os anticomunistas romperem as amarras do gramcismo com as quais estão paralisados e partirem para o ataque — antes que seja impossível vencer as avalanches catastróficas da maldade comunista.

Uma das principais reuniões do FSP foi o IV Encontro, em 1993, realizado em Havana depois do Pacto com o Diálogo Interamericano. Embora tivessem se passado apenas 3 anos o número de participantes crescera para 112, afora os convidados de outros continentes, e já com candidatos a presidente na maioria dos países onde haveria eleições nos seguintes 20 meses.

As decisões foram fundamentalmente três. Primeiro, decisão incondicional de todas as forças ali reunidas, no sentido de dar todo o apoio a Cuba, durante o período especial decorrente da cessação do auxílio soviético e do leste europeu, inclusive com a compra de remédios e estímulo ao turismo. O então Presidente Itamar Franco, visitado por Lula, adquiriu 300 milhões de dólares em remédios antiquados que para nada servem além de encher os bolsos da quadrilha cubana. Firmou também convênios de assistência médica familiar com Municípios, etc.

Segundo, concentração de esforços de todas as forças do Foro para eleger Lula, tendo em vista a necessidade de uma base territorial e de um governo de expressão, para dar suporte ao que viria a ser uma espécie de União ou Federação (nome dado por Chávez), das Repúblicas Socialistas da AL facilitada pela quase unidade lingüística. No âmbito da imprensa resolveu-se mobilizar todos os jornalistas de esquerda (a quase unanimidade na AL) para escrever a favor de Lula maquiando sua imagem. Jorge Castañeda, ex-assessor de Lázaro Cárdenas, um dos líderes do Foro e ligado aos zapatistas, viria a coordenar um pool de jornalistas em toda a imprensa latino-americana.

O terceiro objetivo definido era impedir o desenvolvimento da Nafta, tratado de livre comércio de iniciativa americana, que iria entrar em vigor no dia primeiro de janeiro de 94, no México, com provável expansão para outros países, colocando-se a luta dentro do tema do combate ao neoliberalismo por todas as formas possíveis. Nesse mesmo dia, certamente não por coincidência, ocorreu o levante zapatista no México. Esta resolução dava força total ao movimento, pois garantia que todos os países envolvidos o apoiariam contra o governo mexicano.

## 4. Cronologia dos encontros

I Encontro — São Paulo — Brasil — 1990

II Encontro — Cidade do México — México — 1991

III Encontro — Manágua — Nicarágua — 1992

IV Encontro — Havana — Cuba — 1993

V Encontro — Montevidéu — Uruguai — 1995

VI Encontro — San Salvador — El Salvador — 1996

VII Encontro — Porto Alegre — Brasil — 1997

VIII Encontro — Cidade do México — México — 1998

IX Encontro — Manágua — Nicarágua — 2000

X Encontro — Havana — Cuba — 2001

XI Encontro — Antigua — Guatemala — 2002

Seminário em Manágua — 2004

XII Encontro — São Paulo — 2005 — com grande festa pelos 15 anos de existência da Organização.

Nos anos de 1994, 1999 e 2003 não houve encontros. Em 2004 ocorreu um Seminário, em comemoração aos 25 anos da Revolução Sandinista, mas o

Grupo de Trabalho, que prepara a "pauta" dos próximos encontros reuniu-se, nos dias 17 e 18 de julho de 2004, deliberou e emitiu diversas resoluções.

Em 23 e 24 de abril de 2005, aconteceu a "Reunião da Região Mesoamericana", na Guatemala, com participação da Frente Farabundo Marti para la Liberación Nacional (FMLN) de El Salvador, Frente Sandinista de Liberación Nacional (FSLN) da Nicarágua, Partido de Unificación Democrática (UD) de Honduras e Alianza Nueva Nación ANN e Unidad Revolucionaria Nacional Guatemalteca (URNG) da Guatemala.

## 5. Estratégia atual de gradualismo para esconder o objetivo final comunista

*Primeiramente temos de dar a impressão de que somos democratas. No início, teremos que aceitar certas coisas. Mas isto não durará muito tempo.*

— Marco Aurélio Garcia

Pode-se ver claramente que o anunciado por Garcia segue sendo a estratégia permanente do grupo e já prevista durante a campanha por Menges (e apontada por mim no Capítulo II): o gradualismo do governo Lula não passa de tática diversionista, é o significado de "no início ter que aceitar certas coisas". Na última reunião do Fórum Social Mundial, em Porto Alegre em 2005, durante a palestra de Chávez, uma parte dos presentes em vários momentos vaiou o presidente Lula, e gritou palavras de ordem acusando-o de traição às suas promessas eleitorais. Chávez saiu em defesa de Lula, explicando com todo cuidado que, *"nas atuais circunstâncias, o gradualismo é uma estratégia necessária dos governantes esquerdistas para se fizer aceitar aos poucos, sem causar rechaço na população;"* e que erros de excessiva velocidade podem ser fatais para o processo revolucionário.

> Na Venezuela, em especial nos primeiros dois anos de governo, as pessoas cobravam mudanças, queriam mais rápido, mais radical. Considero que não era o momento, porque há fases nos processos, há ritmos que não têm a ver só com a situação interna do país, mas com a situação internacional.

Chávez certamente agradecia o que Lula e o Foro fizeram por ele:

> [...] em janeiro de 2003, propusemos ao nosso companheiro, presidente Chávez, a criação do Grupo de Amigos para encontrar uma solução tranqüila que, graças a Deus, aconteceu na Venezuela. E só foi possível graças a uma ação política de companheiros. Não era uma ação política de um Estado com outro Estado, ou de um presidente com outro presidente. Quem está lembrado, o Chávez participou de um dos foros que fizemos em Havana. E graças a essa relação foi possível construirmos, com muitas divergências políticas, a consolidação do que aconteceu na Venezuela, com o referendo que consagrou o Chávez como presidente da Venezuela.

Ao mesmo tempo, o gradualismo permite gerar recursos que possam ser drenados para aliviar a desesperadora situação de Cuba através de generosos acordos comerciais e financeiros que permitam a sobrevivência da ditadura nesse país. Segundo ele, esse seria um primeiro passo de uma aliança estratégica latino-americana mais ampla com os governos esquerdistas da região (Lula, no Brasil, Kirchner, na Argentina, Vázquez, no Uruguai, Lagos, no Chile, Correa no Equador, etc.), em torno do que denominou "Alternativa Bolivariana para a América Latina e o Caribe" (Alba). O gradualismo também dá fôlego ao plano de estender a influência esquerdista a outros países da AL com a eleição de políticos comprometidos com a estratégia, como Evo Morales na Bolívia, e Daniel Ortega na Nicarágua[61].

O presidente venezuelano evitou comentar um dos aspectos mais delicados desses acordos com Cuba, a nova Lei de Assistência Jurídica em Matéria Penal. Trata-se de um convênio entre ambos os países, oficializado em 22 de dezembro 2004, que permitirá os juízes, funcionários e membros da polícia política do Estado cubano atuar em território venezuelano com amplas facilidades para investigar, capturar e até interrogar cubanos residentes na Venezuela, e inclusive cidadãos venezuelanos que sejam requeridos pela justiça castrista. Tudo em cooperação com a polícia política do regime de Hugo Chávez. Ao mesmo tempo,

---

[61] Na época em que estas declarações foram feitas ainda não tinham sido eleitos Morales, Correa, Ortega e Bachelet. Esta última é muito mais confiável para o Foro do que Lagos já que, com a sua eleição, a política chilena deu uma guinada à esquerda no sentido do revanchismo.

a Venezuela garante liberdade e proteção aos revolucionários de outros países, principalmente da vizinha Colômbia, que se refugiam no seu território.

Acrescente-se que o Brasil já deu tratamento diferenciado para médicos formados em Cuba dos quais não era exigida a mesma revalidação aos formados em outros países. Uma gritaria muito mais corporativista do que política pôs cobro, momentaneamente, a este procedimento. Os jornais também noticiaram em 2005 — embora nenhuma confirmação posterior viesse à luz — um acordo entre a Agência Brasileira de Informações (ABIN) e a *Dirección General de Investigaciones* (DGI) cubana para agentes brasileiros serem treinados lá, como já ocorre com a inteligência venezuelana.

Para não assustar a população, esconde-se freqüentemente a ativa participação guerrilheira e terrorista no Foro, mas no VI Encontro, em El Salvador em 1996, Raúl Reyes[62], do Estado Maior das FARC pronunciou extenso discurso cujo parágrafo final segue abaixo:

> As Forças Armadas Revolucionárias da Colômbia — Exército do Povo, desde sua fundação em 27 de maio de 1964, mantém suas armas a bandeiras içadas[63] na luta pela democracia, pela soberania nacional e pela paz com justiça social, por uma eqüita-

---

[62] Em março de 2008 Reyes foi morto numa operação do Exército colombiano quando se encontrava num acampamento das FARC em território equatoriano.

[63] Lembra o Hino Nazista , *Die Fahne hoch* (A bandeira está içada), de Horst Wessel.

tiva distribuição das riquezas nacionais, sustentadas em políticas independentes dos centros de poder mundial. O movimento guerrilheiro colombiano, o bastião fundamental da oposição política ao regime das oligarquias, está com as armas na mão nas montanhas em luta de guerrilhas móveis; porque o Estado colombiano criou uma máquina de guerra criminosa, com apoios ideológicos dos Estados Unidos, com princípios antinacionais que aprofundam o ódio entre compatriotas. E porque na Colômbia, aqueles que governam: a burguesia, os grupos econômicos, os donos da terra e latifundiários, fizeram do protesto social um crime, para assassinar, torturar, desaparecer, encarcerar e intimidar aos opositores da injustiça; como não existe espaço para a luta política legal e aberta de massas, reivindicamos a vigência da luta armada revolucionária do povo, enriquecida com o aprendizado diário de autores nacionais e estrangeiros; nos inspiramos nos princípios científicos do marxismoleninismo e no rico pensamento libertário de Simon Bolívar, para a luta pelo poder para o povo.

Outras organizações terroristas que mandam "observadores": Exército Republicano Irlandês (IRA), a organização separatista basca *Euskadi ta Askatasuna* (ETA), a Organização para a Libertação da Palestina (OLP) e representantes da Líbia, Irã, Síria e, antes da invasão do Iraque, enviados de Saddam Hussein.

Dentro do gradualismo gramsciista parte essencial é o controle cada vez maior das comunicações.

"Enquanto não é possível acabar com os meios existentes é importante criar um. E providenciar, com urgência, que seja o sistema oficial utilizado pelas escolas para a educação dos jovens e futuros comunistas. Pronto. Isto já está feito e estreado: a TV TELESUR, custeada e chefiada pelo magnífico Hugo Chávez, mas concebida no fantástico Foro de São Paulo — informação que tem sido sonegada — já está no ar. O objetivo da emissora, naturalmente, é transformar corpos e mentes dos telespectadores latino-americanos. Iniciou sua transmissão com uma propaganda forte anti-Estados Unidos, mas não vai parar aí. Para buscar mais adeptos do maquiavelismo, os sócios da nova emissora, — Brasil, Cuba, Argentina e Uruguai — estão disponibilizando nos seus respectivos países os sinais da mais nova TV. No Brasil, o sinal da TV Telesur está sendo transmitido pelas TVs comunitárias".

A TELESUR *"É sem dúvida um projeto político e estratégico"*, admitiu seu diretor, o uruguaio Aram Aharonian, em várias entrevistas e acrescenta: *"Trata-se de recobrar a palavra seqüestrada durante mais de três décadas por ditadores, políticos corruptos e genuflexos ante o capital"*. Seguindo a orientação de Fidel Castro: *"Façamos algo parecido com a CNN"*. Recentemente, em 2007, Chávez não renovou a licença para RCTV e já ameaçava a Globovisión e a própria CNN. Repete-se o que ocorria no Chile de Allende (ver Capítulo VII).

Investigadores da imprensa colombiana exibiram vários fragmentos das emissões de prova da Telesur e destacam três episódios específicos. Inicialmente aparece uma mulher cantando uma canção cujo refrão — *eta, eta, eta* — é uma clara alusão ao grupo terrorista basco que, coincidentemente, explodiu várias cargas no dia 13 de julho de 2005 quando os governos da

Colômbia e Espanha atendiam a uma coletiva de imprensa conjunta, sobre acordos binacionais. A segunda imagem à qual fazem referência mostra o chefe da guerrilha das FARC, Pedro Antonio Marin, ou Manuel Marulanda Vélez — "Tirofijo" -, como parte da promoção de um programa denominado *"Memórias do fogo"* que, segundo o próprio canal, serão documentários contra o esquecimento. Finalmente, chamam a atenção sobre as prolongadas imagens de uma manifestação de Primeiro de Maio — dia mundial do trabalho — na Praça Bolívar em Bogotá. Nelas, os manifestantes gritam palavras de ordem contra o Governo e mostram cartazes e faixas nas quais assinalam as Forças Militares como autoras de recentes massacres e rechaçam políticas governamentais. *"Plano Colômbia: guerra e morte contra o povo"*, diz uma das faixas que se vê nas imagens de prova.

Os acontecimentos de março de 2008 na Colômbia confirmaram a ação beligerante dos países governados pelo Foro de São Paulo. Confirmam também a estreita aliança dos mesmos com as FARC.

CAPÍTULO XII

# O pacto entre o Foro de São Paulo e o diálogo interamericano

Em janeiro de 1993 se encontraram em Princeton — onde FHC foi professor, quando de seu exílio voluntário durante o regime militar — Lula e Fernando Henrique Cardoso onde, sob a coordenação de Warren Christhofer, Secretário de Estado de Clinton, chegaram a um Pacto entre o Foro de São Paulo e o Diálogo Interamericano, no qual foram ajustadas algumas estratégias para a América Latina.

O ponto de partida, para o Diálogo, era a certeza de que, com a derrocada da URSS, a esquerda latino-americana teria necessidade de um novo ponto de apoio, principalmente de natureza política. Por sua vez, o Diálogo necessitava uma força com capacidade de mobilização popular, que a chamada social democracia (no Brasil o PSDB) não tinha para dar suporte aos pontos essenciais de seu projeto continental, inclusive porque alguns dependiam diretamente da concordância entre a teoria e a capacidade de mobilização do povo.

## 1. Os fundamentos e objetivos do pacto

## Limitar a Emigração para os Estados Unidos

Para o Diálogo, e para o Departamento de Estado, a maciça imigração de latino-americanos para os Estados Unidos seria uma das conseqüências inevitáveis da guerra revolucionária que esperavam viesse a acontecer. Impunha-se conseguir que as forças guerrilheiras, ligadas ao Foro, se transformassem em partidos políticos e passassem a disputar o poder pelo voto. Imaginavam que, ganhando algumas eleições apoiados pelo Diálogo se convenceriam da vantagem do jogo democrático, e se tornariam civilizados, mesmo depois de conquistar o poder.

A proposta do Diálogo foi que a esquerda, mesmo radical, guerrilheira, revolucionária e marxista, abandonasse a forma atual de tomada do poder pela revolução e optasse pela participação em eleições, oferecendo como contrapartida o apoio do Diálogo para nele permanecer. Pensavam que, assim, evitariam as imigrações, pois não haveria repressão interna de caráter totalitário — nem por parte de governos revolucionários, nem de governos autoritários que surgissem em reação àqueles, como em 64 no Brasil, 73 no Chile e 76 na Argentina.

Em contrapartida, haveria total apoio do Diálogo, com sua imensa influência no Departamento de Estado, contra qualquer tipo de repressão militar ou policial à esquerda, que também resultava em imigração indesejada, forçada. A tudo, se acrescia um esforço para que os governos fizessem acordos de paz com os que atuavam revolucionariamente, colaborando por todas as formas, para que a paz fosse obtida, de modo a permitir a formação dos partidos políticos de esquerda revolucionária, como aconteceu com o M-19 e outros movimentos, até quando não se sabe. Esta é a causa do desmonte, no governo Clinton, do narcotráfico tradicional da Colômbia e do acordo de paz com a FARC, entregando-lhe um território à sua administração, incluindo como prêmio o controle total do narcotráfico.

A influência do Diálogo e do Council of Foreign Relations é tão grande dentro do Departamento de Estado que este Pacto deu origem a uma política americana para a América Latina que perdura até hoje: a ideia de que existem duas esquerdas: a velha e revolucionária esquerda radical, chamada "carnívora" e outra, moderna e pragmática, a esquerda "vegetariana"[64]. A primeira é representada por Chávez e Morales; a segunda por Lula, o único político de esquerda moderada que pode enfrentar os populistas.

No *Atlas Economic Research Foundation's Liberty Forum* em 2005 era esta a posição da maioria das autoridades do Departamento de Estado, incluindo o influente ex-Sub Secretário de Estado para a América Latina, Otto Reich, e continua sendo dos "especialistas em América Latina" Stephen Johnson,

---

[64] Ver meu *The Lula Deception,* em https://www.heitordepaola.com/publicacoes_materia.asp?id_artigo=1.

Álvaro Vargas Llosa, Plínio Apuleyo Mendoza e Carlos Alberto Montaner. Do último escutei que José Dirceu teria sofrido uma "mudança ideológica"![65]

## Controle Populacional e Enfraquecimento da Igreja Católica

A outra questão para o Pacto de Princeton era o controle populacional, por influência do Diálogo, através de formas radicais já em uso em alguns Estados americanos: a insistência da *legalização do aborto, da esterilização em massa e da legalização da união de homossexuais*. As forças de esquerda, no compromisso com o Diálogo, dariam a sua colaboração para atingir a legislação necessária a oficializar essas questões, que, evidentemente, teriam, previsivelmente, a oposição da Igreja Católica. Esta precisaria ser enfraquecida com a noção de um misticismo individualista, que seria o determinante nas relações de cada um com Deus, sem necessidade de Igreja, sacramentos ou sacerdotes, ou, pelo menos, minimizando a presença desses elementos na população[66]. Frei Beto e Frei Boff

---

[65] No final de 2007 os três últimos lançaram o livro *A Volta do Idiota* (Odisséia Ed.) no qual reafirmam esta análise sobre a América Latina.

[66] A organização *Católicas pelo Direito de Decidir* (CDD), filial da americana *Catholics for a Free Choice* (CFFC), é fruto desta estratégia. A CFFC distribui no México imagens de N. S. de Guadalupe com os seguintes dizeres: "O amor de Deus e de Maria de Guadalupe é grande. Pela vida das mulheres, aborto legal e seguro". No verso: "Querida Maria de Guadalupe, somos gratas porque seu amor é maior, porque você nos escuta sem nos julgar, porque você conhece nosso coração e respeita a intimidade de

seriam os pontas-de-lança desta empreitada. Formou-se uma Comissão Parlamentar, da qual fazia parte José Genoíno e parlamentares do PSDB com vistas à alteração da legalização do aborto, esterilização em massa e união civil de homossexuais. O programa do PT não inclui estes pontos, mas a Direção permitiu aos parlamentares agirem como entendessem, no Encontro Nacional que se seguiu ao Pacto com o Diálogo.

A aceitação era fundamental porque o assunto faz parte da política externa americana desde 10 de dezembro de 1974 quando o *United States National Security Council* promulgou o *National Security Study Memorandum 200 — Implications of Worldwide Population Growth for U.S. Security and Overseas Interests (*NSSM200) — também conhecido como Relatório Kissinger — sobre os problemas populacionais do planeta. Este documento explicita a estratégia detalhada pela qual os Estados Unidos promoveriam agressivamente o controle populacional nos países em desenvolvimento, com a finalidade de regular e ter maior acesso aos recursos destas nações[67]. O documento está baseado nas ideias de Malthus e Paul Erlich (do "Crescimento Zero" e da "Bomba Populacional") e entre as instituições que tomaram parte na

---

nossas decisões". Noutro folheto distribuído com o título "E Maria foi consultada para ser a Mãe de Deus" aparece uma jovem grávida rezando frente à imagem de Nossa Senhora, perguntando o que fazer a respeito de sua gravidez indesejada. A ideia é difundir que, se Deus deu à Maria a liberdade de decidir se conceberia Jesus ou não, então toda mulher grávida tem o direito de decidir se quer ter seu filho ou abortá-lo.

[67] http://www.population-security.org/28-APP2.html

sua elaboração estão a *Planned Parenthood Federation of America* — que promove mais de 250.000 abortos por ano nos Estados Unidos — e a *International Planned Parenthood Federation*.

O documento estabelece a resolução de que a *Agency for International Development* (AID) continuará a ser utilizada para providenciar incentivos financeiros para Países Menos Desenvolvidos (*Least Developed Countries* — LCD) que desenvolvam programas de controle populacional através de: 1) aborto; 2) esterilização; 3) uso de contraceptivos; 4) doutrinação de crianças através de educação sexual e coerção para restringir o número de filhos a dois por casal. É claramente estatuído que "aborto é vital para a solução", pois "nenhum país reduziu seu crescimento populacional sem recorrer ao aborto" [...] "não é inteligente restringir o aborto", pois "na verdade, aborto legal ou ilegal já se tornou o mais difundido método de controle da fertilidade em todo o mundo". Recomenda, portanto, a distribuição de equipamento para induzir abortos como método de planejamento familiar; apoio direto da AID ao aborto nos LDC; estimular a informação, educação e treinamento que promovam o aborto como método de planejamento familiar; apoio contínuo aos médicos dos LDC para o uso de modernas técnicas usadas em ginecologia e obstetrícia, desde que incluam terminação da gravidez no seu currículo; pagamento direto a mulheres que desejem abortar como método de planejamento familiar, ou a pessoas que pratiquem abortos.

## Enfraquecimento dos Partidos da "Elite" Denúncias de Corrupção

De outra parte, as questões levantadas, impunham também o enfraquecimento dos partidos que sempre deram sustentação às chamadas elites dos países, tidos como responsáveis pela pobreza, que, no caso do Brasil, por conclusão não declarada, eram o PFL, o PPB, e seus líderes, como ACM, Maluf, etc., além de empresários e suas bases de sustentação na estrutura de governo. Processos por corrupção deveriam ser implementados sempre que possível.

Não se podia deixar de ter presente que, nos quinhentos anos de civilização no continente, os pretendidos suportes das elites, na visão de Princeton, eram as Forças Armadas e, especialmente a Igreja Católica, com a exceção da Teologia de Libertação, que só se diz católica por necessidade de permanecer atuando dentro dela. Há exceções de praxe, daqueles que se preocupam com a questão social, sem se recordar da doutrina social da Igreja e da sua atuação através dos séculos, na defesa da vida, da liberdade e da dignidade do homem, muito acima do que hoje se entende por direitos humanos. As Santas Casas e as escolas espalhadas por todo o país, fizeram mais pelo país do que todas as estruturas governamentais.

## Enfraquecimento das Forças Armadas

Como já foi dito no Capítulo anterior este era um dos maiores objetivos do Diálogo. Redução dos efetivos, nova destinação — transformá-las nas Forças de Paz da ONU ou a elas submetidas como força de segurança regional — e a redução da capacidade de decisão política com a criação do Ministério da Defesa (1999). Este Ministério existe em nada menos do que 162 dos 179 países do mundo. A maioria se formou após a II Guerra Mundial pela necessidade de coordenar os três ramos singulares das forças, terrestre, aéreo e marítimo (nos EUA quatro, com a autonomia dos *Marines*) e tem se mostrado uma instituição eficiente. Mas o que levou à sua criação no Brasil não foi a eficiência militar, mas a necessidade explícita de acabar com a possibilidade de intervenção militar na política civil. Se fosse por eficiência já existia o Estado Maior das Forças Armadas (EMFA).

As Forças Armadas tem sua origem na necessidade, em certos momentos, de dar suporte para a diplomacia ou para atacar inimigos que ameaçam o País. Há também situações internas, que dizem respeito a manutenção da ordem e da lei, que ultrapassam as condições das polícias, que obrigam a presença das Forças Armadas. Pergunta Graça Wagner (*op. cit.*):

> [...] quem é o ingênuo que sustentará que qualquer outro país da AL não poderá passar por situações semelhantes à luta armada desencadeada por Castro no Brasil e outros países da América Latina? Como afirmar que, na missão de combater estas forças revolucionárias, as FFAA não tenham de influenciar a política interna em razão de uma política de defesa, que exige debates internos, entre civis e militares? Como afirmar que a tradição da AL não exija, especialmente como mostra a história do Brasil, a necessidade de se fazer ouvir em certas

ocasiões, especialmente em face da qualidade sofrível da classe política brasileira?.

## Guerra Assimétrica: A Política de Dois Pesos, Duas Medidas

De parte do Foro, na reunião de Princeton, foi colocada a questão do Haiti, onde o comunista Aristide, eleito, tinha sido retirado do poder pelas Forças Armadas, devendo retornar a ele, o que redundou num fracasso, que se tentou corrigir com envio de contingentes das FFAA brasileiras, *já dentro da nova destinação de forças regionais de segurança sob o comando da ONU*.

Também foi assumido na reunião de Princeton o compromisso de contribuir para a abertura comercial de Cuba, incluindo o turismo, *desde que essa "abertura" ficasse dentro dos limites que assegurassem a manutenção, sem riscos, do regime comunista*. Seguindo estes mesmo passos — que confirmam a afirmação já referida de Reagan de que o que importa é defender a existência do comunismo — a ONU aprovou a intervenção no Haiti, mas não fez o mesmo em relação a Cuba, apesar de Fidel jamais sido eleito. Pelo contrário, o fortalecimento de Cuba foi garantido por sua inclusão, suprema ironia!, no Conselho de Direitos Humanos da ONU. Este conselho decidiu em 2007 que Israel será o único país do mundo cujas violações aos direitos humanos serão tema permanente na agenda da organização. Além de Cuba, Zimbábue de Robert Mugabe, Darfur, Irã, Venezuela, China, Coréia do Norte, Belarus ficam de fora. Esta decisão incluiu também a remoção de Cuba e Belarus, notórios violadores de direitos humanos, da lista de países sujeitos a investigação especial. A cereja do bolo foi a nomeação da Líbia — sim, a Líbia, cuja ditadura manda prender mulheres pelo "crime" de serem estupradas — para chefiar a comissão anti-racismo do conselho em 2009.

Votaram a favor das resoluções, além dos países árabes e muçulmanos, **Brasil**, China, Cuba, Equador, México, Rússia, Sri Lanka, Filipinas, Guatemala e Índia. O Canadá votou contra. Os EUA, que não integram o conselho, acusaram o órgão de ter uma "obsessão patológica" por Israel. O secretário-geral da ONU, Ban Ki-moon, por sua vez, limitou-se a dizer que ficou "desapontado" com a decisão.

Como já vimos no Capítulo II, é a guerra assimétrica em plena ação.

\* \* \*

Por final, Lula aceitou, em 93, convite de Fernando Henrique para entrar no Diálogo, de que faz parte, com restrições, enquanto o seu introdutor não consumou a expectativa de apoiar Lula em 94, que estava no bojo deste Pacto continental, com repercussões na vida dos países do continente, embora não implicasse em união forçada dos seus participantes. Com sua nomeação para o Ministério da Fazenda e o sucesso do Plano Real, FHC anteviu a possibilidade de se candidatar, deixando Lula a ver navios, mas só decidiu faze-lo, em fevereiro de 94, quando teve certeza do apoio de Antonio Carlos Magalhães e do PFL.

O Pacto continua de pé, embora fragilizado, inclusive porque, com a eleição de Chávez, e a atuação da FARC, o Diálogo se sente falando sozinho, embora, em suas análises, sustente que agora Lula é confiável e até democrata, como se não continuasse o seu compromisso fundamental com Fidel Castro. Ao mesmo tempo, os principais representantes de ambas as organizações, FHC e LULA, aparentam não estarem rezando pela mesma cartilha, pelo menos por enquanto, mas desde que mantenham certos princípios do Pacto, podem brigar um com o outro, à vontade, sem causar maiores danos aos verdadeiros objetivos estratégicos do pacto, o que será abordado a seguir.

## 2. O *verdadeiro pacto estratégico*

Na Primeira Parte foi estudada a diferença fundamental entre *política* e *estratégia*. No caso em questão o Pacto de Princeton nada mais é do que uma tática política dentro de uma estratégia muito mais antiga e estabelecida para longo prazo. Reunidos Diálogo Interamericano e Foro de São Paulo estavam realmente reunidas as correntes socialistas Marxista e Fabiana, para ajustar uma política comum para o Brasil e a América Latina dentro de objetivos mundiais de mais longo prazo.

A *Fabian Society* (fabians.org.uk) é o produto de um movimento intelectual socialista britânico cujo propósito é atingir o mesmo mundo "melhor possível" socialista, defendido pelos marxistas, porém através de uma ação gradual e reformista rejeitando os métodos revolucionários. Se a tática é divergente, os objetivos estratégicos são os mesmos. Foi fundada em 4 de janeiro de 1884 por Sidney e Beatrice Webb que escreveram diversos artigos críticos sobre a Revolução Industrial, nos quais sugeriam alternativas nitidamente socialistas. Mais tarde, tornaram-se profundos admiradores da União Soviética, principalmente na era stalinista, pela eficiência da economia comunista. Anteriormente já existia uma Irmandade para a Nova Vida, da qual faziam parte os poetas Edward Carpenter e John Davidson, o sexologista Henry Havelock Ellis[68] e Edward Pease. Ambas seguiram juntas até a década de 90 quando a Irmandade se dissolveu e todos os membros passaram a fazer parte da Sociedade Fabiana, que adquiriu grande influência, inclusive nos fundamentos do Partido Trabalhista Britânico, em 1900, cuja Carta de fundação foi escrita por Sidney Webb. Já em 1906 defendia a criação do salário mínimo, a fundação do *National Health Service* (Serviço Nacional de Saúde) e a abolição dos Lords hereditários. Era contra o livre comércio, pela nacionalização da terra e defendia o protecionismo e a intervenção do Estado no mercado, principalmente nas trocas entre nações.

Seu nome, sugerido por Frank Podmore, é uma homenagem ao General Romano *Quintus Fabius Maximus,* cognominado *O Protelador,* que advogava nas Guerras Púnicas, táticas de envolvimento e atrito ao

---

[68] Que pode ser considerado um precursor dos movimentos ecoilógicos atuais, pois escreveu em 1923: O sol, a lua e as estrelas teriam desaparecido há muito se estivessem ao alcance das mãos dos predadores seres humanos (*The Dance of Life*). Foi também precursor dos movimentos de liberação sexual, tema sobre o qual escreveu diversas obras: *The New Spirit* (1890), *Man and Woman* (1894), *Sexual Inversion* (1897), *The Erotic Rights of Women* (1918) e *Studies in the Psychology of Sex*, em seis volumes.

invés de embate direto. O Símbolo dos Fabianos é a tartaruga.

Logo de início atraiu grande número de intelectuais como George Bernard Shaw, H. G. Wells, Annie Besant, Graham Wallas, Hubert Bland, Edith Nesbit, Sydney Olivier, Oliver Lodge, Leonard Woolf e Emmeline Pankhurst. Mais tarde Bertrand Russell também aderiu[69]. Os Delegados americanos à Conferência Econômica e Financeira da ONU em Bretton Woods, John Maynard Keynes e Harry Dexter White que decidiu pela fundação do FMI e do Banco Mundial eram seus membros plenos e ativos. Dexter White, que como vimos no Capítulo IV era agente soviético, foi o verdadeiro inspirador do acordo. Embora execrados como instituições "imperialistas" — como já vimos — são de inspiração claramente fabiana. Em certo sentido são realmente imperialistas. Não do imperialismo definido por Lenin como etapa superior do capitalismo, mas do futuro império socialista mundial que fabianos e marxistas buscam (ver próxima seção).

No período entre guerras mundiais do século XX influenciou também a política das colônias britânicas que, ao se tornarem independentes, adotaram muitas

---

[69] A aversão ao sistema capitalista e ao liberalismo foi a motivação para o estabelecimento do Tribunal contra os "Crimes de Guerra" do Vietnam, sob inspiração direta da Sociedade Fabiana. É de se notar que os tais "crimes de guerra" eram *todos* de autoria dos americanos e Lyndon Johnson foi declarado genocida. Em nenhum documento são mencionados os crimes do Vietnam do Norte, do Vietcong, do Pathet Lao ou da Frente de Libertação do Camboja dirigida por um dos maiores genocidas da história: Pol Pot. Russel e seus aliados jamais se desculparam por ser responsáveis pelo massacre de dois milhões de cambojanos levado a efeito após a tão desejada "paz" no Sudeste Asiático, isto é, a saída dos Estados Unidos.

de suas teses, principalmente a Índia e também os Partidos Trabalhistas da Austrália, Nova Zelândia e Canadá. Jawaharlal Nehru estabeleceu a política fabiana, seguida até hoje na Índia — uma nação que foi permanentemente aliada da União Soviética — e o fundador do Paquistão, Muhammad Ali Jinnah, era um de seus membros mais ativos e fanáticos, assim como Lee Kuan Yew, o primeiro Ministro de Singapura, embora posteriormente tenha rejeitado o fabianismo como um sonho irrealizável. Vários Primeiros Ministros ingleses vieram de suas fileiras como Ramsay MacDonald, Clement Attlee, Anthony Crosland, Richard Crossman, Tony Benn, Harold Wilson, Tony Blair e Gordon Brown. A *London School of Ecnomics* foi fundada por fabianos: Beatrice and Sidney Webb, Graham Wallas, e George Bernard Shaw[70].

## *3. O maravilhoso mundo futuro dos fabianos — Herbert George Wells*

> *A diferença entre nós, Wells, é fundamental. Você não liga para a humanidade, mas acha que ela pode ser melhorada. Eu amo a humanidade, mas sei que ela não pode ser melhorada.*
>
> — Joseph Conrad

H. G. Wells era um destacado escritor de ficção científica e futurista. É considerado por alguns como o precursor deste gênero literário e uma das suas maiores expressões. Entre seus livros encontram-se cinco

---

[70] Para informações mais extensas e profundas ver meu *Rumo ao Governo Mundial Totalitário*

sobre o mundo futuro, os quais, diferentemente dos de Aldous Huxley e George Orwell — escritos como sinais de alerta — eram anúncios de como o autor e a sua Sociedade enxergavam um futuro melhor para a humanidade. São eles: *The Open Conspiracy for World Government, Imperialism and the Open Conspiracy, After Democracy, The Shape of Things to Come: the Ultimate Revolution* e *Science and the World Mind*. Comentarei brevemente sobre o primeiro e o quarto.

Em *Open Conspiracy*[71] Wells define este movimento como o caminho para o estabelecimento de um Diretório Mundial com a finalidade de fundir as instituições políticas, econômicas e sociais numa entidade mundial única visando a paz e a melhor organização da humanidade. Wells é citado como um dos elaboradores dos 14 pontos de Woodrow Wilson (ver Capítulo XIII). É uma conspiração aberta, sem segredos (como defendiam Kant e Wilson) que prevê o fim das nações e do próprio conceito de nacionalidade com o fim de todos os governos nacionais, tidos como perniciosos e obstrutivos. A Conspiração Aberta não deve ser entendida como uma simples organização, mas como uma concepção de cujos esforços nascerão novas organizações e orientações. Acreditava Wells que a "comunidade atlântica"[72] poderia estender sua influência e poder ao resto do mundo, impondo seus princípios de democracia e liberdade de opinião.

---

[71] Disponível para download em http://www.beaconoftruth.com/PDF/H-G-Wells_The_Open_Conspiracy.pdf

[72] O "Atlanticismo" seria substituído pelo "Trilateralismo" (Capítulo X, 3)

Em *The Shape of Things to Come* (London, Hutchinson & Co., 1933) é pintado claramente o mundo que se desenvolverá se a conspiração aberta conseguir seus intentos — o Governo Socialista Mundial. Inicialmente seria constituído o *Council for World Affairs* que delinearia as diretrizes a serem seguidas. Eram previstos caos e guerra generalizada para as décadas de 50 e 60 pela incapacidade dos proprietários dos bens de produção e dos legisladores em manter a paz, regular a produção e distribuição e guiar a vida cotidiana da humanidade, quando então este conselho criaria o *Air and Sea Control* (uma espécie de Ministério do Ar e do Mar). O Conselho emitiria o seguinte comunicado:

> Tornou-se urgente a necessidade de construir uma nova administração mundial. Por esta razão o Central Council for World Affairs declara-se o único poder soberano do planeta, eliminando todas as demais formas de autoridade.

> Todas estas e todos os direitos de propriedade que não se destinem ao bem comum da humanidade, cessam de existir durante o período de desordem e não poderão ser restaurados. O Council possui todas as linhas de transporte aéreo e marítimo, os aeroportos, portos, fábricas, minas, plantações, laboratórios e escolas no mundo todo. Esses serão administrados por representantes do Council e protegidos por sua própria polícia, a qual estará instruída a defender estas organizações sempre e aonde for necessário contra a agressão de pessoas não autorizadas. Em todos os centros populacionais existirão núcleos do Estado Moderno com agentes que conduzirão o trabalho educativo do

Council no sentido de organizar o novo Governo do Mundo Todo.

Tal como Havelock Ellis (ver Nota 61) Wells já prenunciava o movimento "verde" e a Nova Era: *será constituído um Bureau de Transição para simplificar e modernizar as atividades comerciais, os serviços educacionais e de higiene e a preservação da ordem em nossas casas e nosso jardim comum — a Terra, nossa Mãe Terra, nosso planeta.* A participação de Annie Besant — uma das principais assessoras e sucessora de Madame Blavatsky e uma das descobridoras de Krishnamurti — na fundação da Sociedade Fabiana e sua influência junto a Wells são claramente sugestivas da enorme importância das idéias teosóficas no movimento[72].

O controle dos mares já está em franco andamento: o UNCLOS, United Nations Convention on the Law of the Sea[73], que até o momento só despertou oposição dos conservadores norte americanos, é parte de um plano para Governo Mundial que incluirá uma *Força de Paz* da ONU armada com armas nucleares para vigilância dos mares. O Professor de Harvard e especialista em Direito Internacional Louis Sohn, um dos pais do projeto, declarou que desejava que este futuro governo dispusesse centenas de milhares de efetivos e bases militares armadas com armas nucleares, para deter ou suprimir qualquer tentativa de violência internacional (*World Peace Through World*

---

[72] Ver meu True Lies II - a face oculta do governo mundial, em http://heitordepaola.com/imprimir_materia.asp?id_materia=99

[73] http://www.un.org/depts/los/convention_agreements/texts/unclos/unclos_e.p df

*Law*). Sohn participou, juntamente com espião soviético Alger Hiss, da conferência que resultou na criação da ONU. O coautor do livro, Grenville Clark, pertence a ONG *Association of World Federalists* (worldfed.org/home.htm), que advoga a criação da lei e cujo lema é exatamente o título do livro. Harold Hongju Koh, o Deão da *Yale Law School,* que poderá ser nomeado para a Suprema Corte se Hillary Clinton vencer as eleições de 2008 é um entusiasta da Convenção do Mar.

CAPÍTULO XIII

## A colheita: a reconquista na América Latina do que foi perdido na Europa do leste

*Eu disse a Fidel: assumo o compromisso de continuar tua luta, tua batalha interminável e tu não te irás agora. Não! Eu sei! Homens como Fidel terminam sacrificando sua vida, como Cristo.*

— Hugo Chávez Frias

*Eu já posso morrer, mas tu não podes, Chávez.*

— Fidel Castro Ruz (Segundo Chávez)

## 1. *Alba em marcha*[74]

U tilizarei aqui um recurso bastante arriscado: misturarei fatos conhecidos e comprovados com doses de especulação política e ficção futurista, baseada numa determinada interpretação dos fatos. Minha pretensão é modesta: apenas prever um

---

[74] Nas edições anteriores esta ALBA OU URSAL EM MARCHA. Este termo foi cunhado por mim num artigo para o antigo Mídia Sem Máscara, mas mostrou-se apenas uma elucubração.

dos futuros imediatos *possíveis* para a América Latina[75]. Antes, no entanto, é preciso especular sobre o passado.

Suponhamos que Castro e Lula tivessem um Protocolo Secreto firmado, já que o Foro, por suas características, deveria ser discreto, mas não poderia ser secreto. Sua ausência dos noticiários deve ser atribuída à mídia submissa que transformou as redações dos jornais brasileiros em sucursais do *Granma*. A existência de protocolos secretos é a rotina dos tratados internacionais — o exemplo mais conhecido é o do Pacto Molotov-Ribbentropp que previa secretamente a partilha da Polônia, entre outras cláusulas. Esta outra preocupação seria quanto à sua sucessão, pois o príncipe coroado, seu irmão Raúl, Vice-Presidente do Conselho de Estado e Ministro da Defesa, nunca teve a sua confiança por carecer de carisma e capacidade de liderança. Poderia haver uma luta pelo poder que acabaria com o regime comunista. Pode-se alegar que especulo sobre o nada porque em 1989 Fidel tinha apenas 63 anos. Ocorre que já na década de 90 correram rumores de suas várias doenças e, ademais, é com tempo que se preparam estas coisas. Fidel estabeleceu em Cuba um regime stalinista e sabe muito bem o que aconteceu quando Stalin morreu — ou foi assassinado, nunca se saberá ao certo. A luta pelo poder matou Bieria e Zhdanov; Malienkov saiu correndo para sobreviver e quando Khrushchov assumiu já o fez durante uma reforma em que o Potibüro, que nunca funcionou de forma independente nos tempos

---

[75] Estas previsões foram feitas em 2006 e apresentadas no Mídia Sem Máscara e posteriormente publicadas na 1ª Edição deste livro em 2008.

de Stalin, tornou-se um órgão colegiado onde se preparavam os sucessores. Fidel, tal como Stalin, liquidou com todos os possíveis sucessores: Che Guevara, Camillo Cienfuegos e Arnaldo Ochoa possuíam o que falta a Raúl.

Era necessário encontrar um novo líder da revolução que possuísse aquelas características. Lula deve ter sido avisado que tirasse o cavalinho da chuva porque não tinha nem preparo intelectual nem o *"physique du rôle*. Havia tempo suficiente e no processo de tomar toda a América Latina iria certamente aparecer alguém que servisse. Atualmente, rumores mais sérios sobre sua morte próxima correm o mundo e as especulações sobre Cuba após sua morte são disparatadas. Desde uma intervenção americana maciça com uma espécie de plano Marshall, até a tomada do poder por parte de Raúl ou por um colegiado comunista.

Os EUA se preparam para gastar 80 milhões de dólares durante dois anos para encorajar uma Cuba democrática com eleições multipartidárias e livre mercado, seguindo a ideia errônea de que o sistema se baseia unicamente na pessoa de Fidel. Um relatório de 93 páginas já foi preparado pela *Commission for Assistance to a Free Cuba,* presidida pela Secretária de Estado Condoleezza Rice, prevendo técnicos americanos reconstruindo escolas, pontes, estradas e especialistas financeiros planejando um novo sistema de impostos, e os EUA propondo a entrada de Cuba no FMI. Washington segue apostando num isolamento de Cuba e de uma mudança por parte da oposição.

Não pode haver política mais absurda, vã e fadada ao fracasso[76].

Os dissidentes cubanos apreciam a oferta, mas estremecem de medo. Alguns o consideram um abraço de urso e uma promessa irrealizável. Os 80 milhões seriam aproveitados, em caso de falha do plano, para os dirigentes comunistas acusarem os dissidentes de mercenários dos americanos e temem novas prisões. Aprenderam a lição dos iraquianos quando os americanos se retiraram sem derrubar Saddam Hussein em 91 e houve um morticínio dos que apareceram para saudar as "mudanças". Alguns analistas acreditam que ocorrerá uma espécie de abertura à chinesa, abrindo controladamente o mercado, mas mantendo o rígido controle político pelo PC de Cuba.

Mas, e se a saída for outra, já prevista no suposto Protocolo Secreto, com um novo líder não cubano? Claro está que este substituto já foi encontrado, mora no Palácio Miraflores, em Caracas, e atende pelo nome de Hugo Rafael Chávez Frías. Chávez poderia ser o novo Fidel, só que não mais um Fidel que depende de ajuda para sobreviver, mas um sentado em cima de milhões de barris de petróleo, com forças armadas reforçadas e no total controle da população de seu país. Se necessário, Jimmy Carter dará mais uma ajudinha nas próximas eleições mandando previamente o endosso dos resultados que deixaria em branco para Chávez preencher. Diferentemente de Lula, Chávez não é apedeuta. É Tenente-Coronel de uma tropa de elite, os Paraquedistas do Exército venezuelano, tendo feito todos os cursos para tal, que exigem capacidade intelectual incomum, é mestre em

---

[76] Esta política desastrosa foi retomada em 2015 por Obama.

estratégia e o que lhe faltava lhe foi ministrado pelos melhores professores universitários venezuelanos enquanto esteve preso pela tentativa de golpe de Estado em 1992. Sabe o que quer e sabe como consegui-lo. Sua histeria populista assim como o linguajar aparentemente simplório são para consumo das massas, e não como os de Lula que representam os limites de sua capacidade de pensar.

Cada vez mais se percebe a união de interesses entre Chávez e Castro. Não falo de Venezuela e Cuba porque seria um atentado contra os dois povos, dos quais o primeiro perde a cada dia mais um pouco de sua liberdade e o segundo não a tem há muitos anos, já até esqueceram o significado da palavra. A formação de uma Federação ou Confederação entre os dois países é algo a ser considerado em curto prazo, já tendo sido tal intento, mencionado por ambos os líderes.

Voltando às minhas especulações: o que impede que esta Federação se torne rapidamente numa proclamação de *união indissolúvel de ambos os países num único, que chamarei CUBAZUELA, mas que poderia ter um nome mais vistoso como República Bolivariana del Caribe*, pedindo de pronto reconhecimento internacional e ingresso na ONU? O reconhecimento seria imediato por parte dos aliados terroristas Irã, Síria, China, Rússia, Líbia e aliados europeus como a Espanha de Zapatero. No continente teria o apoio do maior número de países já preparados no Foro de São Paulo para a formação da *UNASUL* ou manter apenas o título anódino já proposto de ALBA (*Alternativa Bolivariana para las Américas*). Os votos de Brasil, Argentina, Uruguai, Chile, Bolívia, Equador são certos.

Em 2004, o sociólogo comunista germano-mexicano Heinz Dieterich, guru de Chávez e Fidel, explicou que a ideia de criar a "Pátria Grande" sonhada por Bolívar, só seria viável se fosse criado um "bloco" com todos os países de corte comunista da América Latina (Cuba, Venezuela, Brasil, Argentina, Bolívia, Chile, Uruguai, Paraguai, Peru e Equador). Para a coordenação de pensamentos e ações, Chávez criou o projeto do "Bloco de Poder Regional", onde se unificariam as Forças Armadas de todos esses países para fazer frente ao inimigo *externo, evidentemente, os Estados Unidos da América.*

A lacrimejante visita de Fidel e Chávez à casa em que foi criado Che Guevara, quando da cúpula do MERCOSUL na Argentina, foi o ponto alto da reunião. Ambos foram saudados como irmãos de sangue. E a visita é simbólica: Che era o segundo homem da revolução cubana *sem ser cubano,* assim como Chávez. A sucessão de Fidel por Chávez, mesmo que numa Federação co-presidida por Raúl Castro, teria o objetivo de impedir qualquer ação americana após a morte do primeiro já que Cuba *não seria um país acéfalo e sim, no gozo de sua plena soberania, além de que Chávez colocaria novo vigor na repressão interna em Cuba.*

Ao mesmo tempo, a "contra cúpula" dos povos expressou sua imensa satisfação com o trabalho de Chávez **como sucessor de Fidel.** Alardearam especificamente Chávez ter controlado e dominado facilmente a "classe política" venezuelana o que lhe credencia para controlar a classe política de toda a América Latina, iniciando um processo *irreversível de integração latino-americana,* do qual a integração comercial em acordos "neo-liberais" é apenas o início mais aceitável para a "comunidade internacional". Simultaneamente, as FARC reiteraram seu total apoio a Chávez numa carta ao Partido *Comunista* Venezuelano durante a realização de seu XII Congresso em Caracas, ressaltando a *"nova onda revolucionária que se levanta em nossa América".*

Podemos imaginar a seguinte situação geo-estratégica: Cuba, Venezuela e México, as três maiores potências militares do Caribe e os dois primeiros os maiores produtores de petróleo da região; Jamaica e Nicarágua dominadas. Os demais países do istmo da América Central assim como as demais ilhas não contam para nada, serão facilmente dominados[77]. As potências europeias que têm possessões caribenhas — Inglaterra, França e Holanda — dificilmente interviriam. Portanto, além do controle quase absoluto da América do Sul, o Caribe torna-se um verdadeiro Mare Nostrum comunista.

E os Estados Unidos, o que fariam? Se continuarem dando ouvidos aos "especialistas em América Latina" Vargas Llosa, Carlos Alberto Montaner e Otto Reich, provavelmente continuarão apostando na esquerda *soft*, vegetariana, representada por Lula, Tabaré Vazquez e Bachelet. Como se sabe, os interesses

---

[77] Os acontecimentos em Honduras em 2009 com a tentativa de golpe por parte do Foro representado por Zelaya mostra que, se por um lado eu estava errado na avaliação específica do Istmo, minha visão da necessidade do *Mare Nostrum* mostrou-se correta. A tentativa de retomada de poder por Zelaya após ser destituído pela Suprema Corte por tentar burlar a Constituição foi coordenada por Marco Aurélio Garcia e teve lances ridículos e espetaculosos.

americanos ao sul do Rio Grande se esgotam da Província de Yucatán. Pode vir a se arrepender amargamente deste descaso.[78]

---

[78] Esta minha fantasia não deve estar muito longe da realidade. Ao menos já está, um ano após eu ter escrito isto, sendo compartilhada, como por Bert Hoffmann, Professor do Instituto de Estudos sobre a América Latina de Hamburgo em: http://www.dw-world.de/dw/article/0,2144,2716247,00.html. Depois de escrita esta nota, Fidel se licenciou, Raul assumiu, mas a influência de Chávez em Cuba é crescente. Mais uma previsão que acaba de tomar forma num discurso em janeiro de 2020 de Maduro, ao lado do Embaixador cubano dizendo que o mesmo terá livre ação em todos os Ministérios da Venezuela. Cuba, literalmente tomou conta do país. As ocorrências dos primeiros meses de 2008 já confirmavm a ampliação das alianças de esquerda com vistas a uma unificação esquerdista na América do Sul. Com o crescimento de Lugo nas pesquisas para Presidente do Paraguay, restarão apenas Colombia e Peru de fora da aliança política e militar, que nome venha a ter. (Acrescentado na 2ª Edição, 2015: a tentativa de Lugo de seguir os passos de Zelaya foram uma segunda tentativa de golpe por parte do Foro, mais uma vez coordenada pelo trapalhão MAG fracassou num novo fiasco).

# QUARTA PARTE

O EIXO LATINO-AMERICANO
E A NOVA ORDEM

CAPÍTULO XIV
# A estratégia dos grandes blocos regionais

*Qual o ponto de vista do Establishment? Sob as administrações Roosevelt, Truman, Einsenhower e Kennedy sua ideologia permaneceu constante: a de que a melhor maneira de enfrentar o comunismo é através de uma Ordem Mundial Socialista, governada por 'experts' como eles.*

— Edith Kermit Roosevelt

*Obviamente não haverá paz nem prosperidade para a humanidade enquanto ela permanecer dividida entre cinquenta ou sessenta estados independentes. ... É também óbvio que não haverá progresso estável no sentido civilizatório e do desenvolvimento do governo autônomo para os povos menos desenvolvidos sem algum tipo de sistema internacional que porá um fim às divergências diplomáticas entre nações que tentam fortalecer sua segurança.....O problema real hoje em dia é o do governo mundial.*

— Foreign Affairs, *Revista do Council on Foreign Relations*

A experiência da União Europeia mostrou como é fácil liquidar com a soberania e o sentimento de nacionalidade até mesmo de nações outrora ciosas de suas características, como a

França e a Alemanha. A Comissão Europeia tem poderes de interferir em todas as questões internas dos países membros, com mínimas restrições. As vantagens econômicas oferecidas tornam tão atraente a adesão que as considerações culturais e tradicionais são deixadas de lado, compradas por alguns milhões de Euros, fazendo com que as pessoas nem se apercebam das imposições, restrições e perdas de direitos a que vão se submetendo paulatinamente. A cada renúncia, o controle exercido pela Comissão Europeia aumenta mais. A dissolução dos Parlamentos nacionais e até mesmo dos governos é uma questão de tempo, pois se tornarão completamente desnecessários. Poderão até permanecer com uma ilusão de que o País ainda existe, uma espécie de bobos da corte a reverenciarem seus verdadeiros líderes continentais.

Na esteira da UE[79] já despontam na Ásia três novos grupos, além da já comentada por mim UNASUL. A ASEAN (Association of Southeast Asian Nations), formada pela Declaração de Bangkok de 1997, reunindo Brunei, Cambodja, Indonésia, Laos, Malásia, Myanmar, Filipinas, Singapura, Tailândia e Vietnam. A SAU (South Asian Union), reunificando Índia e Paquistão e incluindo possivelmente Sri Lanka e Bangladesh. Os obstáculos culturais são enormes, pois estes países vivem em guerra e numa corrida armamentista muito perigosa. A Asian Union, reunindo a força de trabalho da China com o capital do Japão, Coréia do Sul, Taiwan, Hong Kong e Singapura.

---

[79] A União Europeia é objeto de estudo mais detalhado no meu livro *Rumo ao Governo Mundial Totalitário — Grandes Fundações, Comunistas, Fabianos e Nazistas* (*https://www.heitordepaola.online/rumoaogovernomundial*)

No entanto, nada será conseguido se não acabar com a soberania da única nação que pode interromper estes planos: os Estados Unidos da América. Sendo uma nação muito forte e capaz de se defender, só um ataque interno poderá derrubá-la por suicídio. Abordarei aqui uma dessas tentativas já em fase avançada de implementação quando da primeira Edição deste livro, na qual o Presidente George W. Bush estava completamente envolvido, levando a uma divisão nas hostes republicanas, pois os conservadores se opõem a ela com todas as forças: o projeto de liquidar com as fronteiras dos EUA com seus vizinhos da América do Norte.

O plano de unir os EUA com o México e Canadá criando uma União Norte Americana (North American Union — NAU) é uma ideia globalista bastante antiga e foi a inspiradora do NAFTA (North American Free Trade Agreement) entre as três nações, embora aberto a todos os demais países centro e sul-americanos. As informações sobre sua implementação, levadas a efeito pela Trilateral Commission e pelo Council on Foreign Relations (CFR), têm sido constantemente sonegadas pelos principais meios noticiosos americanos. Só muito recentemente começaram a surgir coberturas jornalísticas sobre este fato. Em 1959 o CFR emitiu um *position paper* intitulado *Study N. 7, Basic Aims of US Foreign Policy* (Estudo nº. 7, Objetivos Básicos da Política Externa dos Estados Unidos), propondo que os EUA procurassem construir uma nova ordem internacional e sugeria os seguintes passos:

1. Buscar uma ordem internacional na qual as decisões políticas sejam tomadas em conjunto com ou-

tros Estados livres, com diferentes sistemas econômicos, políticos e sociais, incluindo aqueles que se auto intitulam "socialistas".

2. Garantir a segurança dos EUA através da preservação de um sistema de acordos bilaterais e arranjos regionais.

3. Defender e gradualmente aumentar a autoridade da ONU.

4. Tornar mais efetivo o uso da Corte Internacional de Justiça, cuja jurisdição deverá ser incrementada pela renúncia às reservas das nações sobre matérias julgadas como sendo de jurisdição doméstica.

Em 1973 Zbigniew Brzezinski e David Rockfeller, juntamente com o CFR, a Fundação Ford e a Brookings Institution, formam a Trilateral Commission. Uma de suas funções é combater o nacionalismo e a própria noção de "Estados Nacionais" e a criação do conceito de "interdependência". No ano seguinte, um dos membros desta organização, Richard Gardner, publica na Revista do CFR um artigo intitulado "*The Hard Road to World Order*" onde diz explicitamente que "é necessário erodir o conceito de soberania nacional, pedaço por pedaço, por dentro, de baixo para cima, o que será mais produtivo do que um assalto frontal tradicional"[80]. Este assalto seria realizado através de acordos de comércio acertados pela cúpula dos países, sendo apresentados ao público como *fait accompli*. Em janeiro de 1981, o Presidente Reagan propõe a criação de um mercado comum norteamericano. (Assim começou a União Europeia). Em janeiro

---

[80] Mais detalhes sobre esta organização adiante.

de 1989, após três anos de negociações, torna-se efetivo o Canada-US Free Trade Agreement (CUFSTA). Em 1990 os Presidentes Bush e Salinas anunciam o início de discussão do mesmo tratado entre EUA e México e um ano após o acordo torna-se oficialmente trilateral. Em 1992 os parlamentos dos três países aprovam o acordo e dois anos depois o NAFTA passa a vigorar plenamente.

Livre Comércio (*Free Trade*) não é o que aparenta ser — a liberação do comércio entre países em que todos lucrarão — não passa de um instrumento importante para a organização da Nova Ordem Mundial que se inicia em vários focos regionais, mas se expandirá para todo o planeta. É, na realidade, produto do "capitalismo" corporativista e monopolista transnacional cuja finalidade é evoluir para um socialismo da super-elite (Ver adiante Uma Aliança Improvável) que virá a dispor de poder absoluto: econômico, político e cultural. Christopher S. Bentley no artigo *"Immigration and Integration"* aponta cinco estágios principais através dos quais se chegará à integração total:

1. A super elite cria uma área de livre comércio. Nas sombras vão criando controles políticos e burocráticos.

2. Cria uma união aduaneira. Implementa e expande a burocracia.

3. Cria um mercado comum. Fim das restrições à migração de capital e trabalho. Paulatinamente, torna as fronteiras desnecessárias.

4. O MC evolui para uma união econômica. Estrutura legal, regulamentos e impostos comuns, moeda única. (No caso em apreço já tem nome: Amero).

5. União política, desenvolvida através do sistema de "parcerias público-privadas" (PPP), uma simbiose entre banqueiros, corporações e burocracia estatal.

Acrescenta que "não podemos esquecer que até Karl Marx amava o 'sistema de livre comércio' por sua capacidade destrutiva de 'quebrar' as velhas nacionalidades e acelerar a Revolução Social (Mundial)".

Sob a égide do NAFTA a Casa Branca, através do Departamento de Comércio, constituiu a *Security and Prosperity Partnership of North America*[81] que entrou em vigor em março de 2005, na reunião trilateral de cúpula em Waco, Texas. Alega-se que o SPP nada mais é do que um diálogo para aumentar a segurança e a prosperidade, não um acordo nem um tratado. Analistas como Jerome R. Corsi consideram que isto é uma forma da administração Bush ludibriar os processos legislativos dando um golpe executivo, pois um Tratado teria que ser submetido à aprovação pelo voto de 2/3 do Senado.

No artigo 1, seção 8 da Constituição dos EUA, a autoridade é concedida **ao Congresso** "Para regular o comércio com nações estrangeiras". Uma solução final eficaz para contornar esse obstáculo insuperável seria convencer o Congresso a entregar voluntariamente esse poder ao Presidente. Com essa autoridade em mãos, o Presidente poderia negociar livremente tratados e outros acordos comerciais com nações estrangeiras e, em seguida, simplesmente apresentá-los ao Congresso para votação, exigindo apenas uma maioria simples de 51% em vez de 66%, sem emendas possíveis. Isso indica novamente o desdém da elite

---

[81] https://2001-2009.state.gov/p/wha/rt/spp//index.htm

por um Congresso eleito para ser representativo "do povo, pelo povo e pelo povo". A primeira legislação chamada "Fast Track" (oficialmente conhecida como Autoridade de Promoção Comercial) foi aprovada pelo Congresso em 1974, apenas um ano após a fundação da Comissão Trilateral.

A chamada "integração mais profunda" dos três países estava[82] sendo realizada por meio de uma série de regulamentos e decretos executivos que evitam a vigilância dos cidadãos e a supervisão legislativa. Houve uma reformulação total das leis administrativas dos EUA para "integrar" ou "harmonizar" com as correspondentes do México e Canadá, inclusive com a integração das forças de segurança dos dois países no *Department of Homeland Security* americano. Para completar, ainda está prevista a criação de uma Corte Suprema Norte-Americana (refere-se à América do Norte — os três países — e não aos Estados Unidos) com poderes de revogar quaisquer atos das três Cortes nacionais. E tudo está acontecendo à revelia do Congresso e do Judiciário e sem nenhuma divulgação para o público americano, canadense ou mexicano. O que estaria sendo "harmonizado" não seria o incremento da segurança dos alimentos e drogas para os povos, mas a facilitação das operações — e aumento dos lucros — das imensas corporações farmacêuticas e alimentares em conluio com as burocracias governamentais nas Parcerias Público Privadas (como no Brasil onde as PPPs são a moda). Pergunta Steven Yates[83] com muita propriedade: "...se as super

---

[82] Donald Trump extinguiu o NAFTA em 2020 criando o USMCA (United States Mexico Canada Agreement) em novas bases.

[83] http://www.newswithviews.com/Yates/steven23.htm

elites das três nações tivessem como alvo o interesse da população de seus países, por que o segredo com que tudo está sendo conduzido?" Essa mudança de tática de elite não deve ser subestimada: regulamentos e ordens executivas substituíram a legislação do Congresso e o debate público. Este é outro "estilo final de Gardner", em torno da soberania nacional, corroendo-a peça por peça. Aparentemente, o governo Bush, dominado pela Trilateral, acreditava que havia acumulado poder suficiente para levar a NAU pela garganta abaixo do povo americano, protestando ou não[84].

O CFR lançou uma força-tarefa independente sobre o futuro da América do Norte para examinar a integração regional desde a implementação do Acordo de Livre Comércio da América do Norte. A força-tarefa analisou cinco esferas de política nas quais uma maior cooperação pode seria necessária. São eles: aprofundar a integração econômica; reduzir o déficit de desenvolvimento; harmonizar a política regulatória; melhorar a segurança; criar melhores instituições para gerenciar conflitos que inevitavelmente surgem da integração e explorar oportunidades de colaboração.

O Presidente do CFR, Haass, declarou que "existe muito pouca coisa a discutir". Isto mostra uma técnica elitista usada repetidamente: primeiro decida o que você quer fazer e, em segundo lugar, atribua um bando de acadêmicos para justificar suas ações pretendidas. Esse é o cerne do financiamento acadêmico pelas grandes fundações. Depois que o processo de

---

[84] Cf. Patrick M. Wood, *Technocracy Rising*

justificação é concluído, as mesmas elites que o sugeriram em primeiro lugar, se "deixam atrair" como se não tivessem outra escolha lógica, a não ser aceitar o "pensamento sólido" dos "especialistas" (Wood, op. cit.).

Robert A. Pastor um operativo da Comissão Trilateral Operativa foi aclamado como o pai da União Norte-Americana. É o mesmo Robert Pastor que foi diretor executivo da força-tarefa do CFR de 1974 (financiada pelas Fundações Rockefeller e Ford) chamada Comissão de Relações EUA-América Latina — também conhecida como Comissão Linowitz.

A *North American Union* seria a correspondente no Norte à integração regional latino-americana através da UNASUL[85] e juntamente com os outros blocos regionais virão oportunamente se integrar num Governo Mundial inicialmente comandado pela ONU, mas realmente dirigido pela super-elite mundial, a Nova Classe ou Nomenklatura mundial. O germe disto é a chamada "comunidade internacional".

---

[85] Nas edições anteriores constava assim: "através da URSAL ou da Alba ou que nome venha a ter (depois da 1ª Edição deste livro ter sido publicada foi escolhido o nome de UNASUL, mas a base conceitual e estratégica é a mesma aqui esboçada)".

CAPÍTULO XV

# A "comunidade internacional" e Nova Ordem Mundial

Uma das expressões mais badaladas dos últimos tempos é "comunidade internacional". Sempre que se fala em "comunidade internacional" tem-se a impressão de que esta se refere a um consenso entre os povos, mas se está realmente falando é do conjunto destas organizações anteriormente citadas — a comunidade para elas são elas mesmas, pouco importa os demais habitantes do planeta. Entenda-se que é totalmente irracional acreditar naquele pretenso consenso, pois, para isto, deveriam ser realizadas pesquisas ou até mesmo votações em que os povos de todo o mundo participariam. Mas freqüentemente a "comunidade internacional" é contra — ou apóia — algum fato logo depois de ocorrido. Portanto, o repúdio ou apoio depende do fato em questão estar inserido ou não num planejamento prévio levado a efeito por aquelas organizações, as quais já chegaram a um consenso entre elas em função do futuro que programaram para o mundo! Por esta razão as respostas aos acontecimentos são sempre automáticas: aconteceu algo, lá vêm os comentários da "comunidade internacional". Depois, só depois, busca-se um arremedo de consenso internacional através de níveis intermediários de redes de ONG's e massas de idiotas úteis que reagem como autômatos ou cães de Pavlov. A ideia básica é de que não se pode deixar para as pessoas comuns escolherem seus destinos, muito menos organismos eleitos — como Governos e Parlamentos — pois os mesmo são suscetíveis de influência da vontade popular, mas para uma corporação que represente a "elite internacional". Esta ideia foi definida pelo Conde Hugo Lerchenfeld, em 1924, na revista do CFR, Foreign Affairs:

"Não poderia um grupo de homens de mérito e competentes, como são encontrados em todas as nações representando suas mais elevadas forças morais — um tipo de Areópago — se encontrarem e tomarem decisões sobre assuntos de grande importância sobre os quais não haja consenso? Não poderia ser constituído um conselho cuja alta capacidade de julgamento e imparcialidade fosse tomada como verdade e que guiaria a opinião pública em todo o mundo?".

Esta é a essência da Nova Ordem Mundial: um corpo de elite não-eletivo que tome todas as decisões e depois guie a opinião pública para aceitá-las. A pergunta nunca feita é: e quem não se convencer, isto é, quem não concordar com o "consenso da comunidade internacional"? Para respondê-la basta ver as experiências com este tipo de governo para saber a reposta: guilhotina, forca, fuzilamento, campos de concentração e outras que venham a ser inventadas. Mas a oposição diminui a cada dia mais. Isto porque, antes de tudo, antes da chegada ao poder, os que não concordam sofrem a ridicularização, a desmoralização e o desprezo dos gurus, dos *maîtres à penser* que fazem a história dos conceitos e das ideologias, comandam a mídia e determinam os modismos intelectuais pagos a peso de ouro pelas fundações interessadas. Quem se atreve a ser contra o consenso corre o risco, já hoje, de ser estigmatizado como "reacionário" (oh, horror!), truculento, contra a paz e, se for da área acadêmica ou das associações profissionais, ostracismo e morte intelectual.

## 1. Teorias de conspiração — a "mão secreta"?

*Existem mãos secretas (governando o mundo), é claro, mas são muitas e vivem se estapeando umas às outras, às vezes até a si próprias. Ninguém tem o controle hegemônico do processo histórico mundial, embora muitos busquem obtê-lo, não raro cometendo erros catastróficos que levam seus planos a resultados opostos aos pretendidos.*

— Olavo De Carvalho

O que afasta muitas pessoas da leitura de artigos e livros sobre este tema é o medo de encontrarem teorias que falam de sociedades secretas com poderes malignos que dirigem o mundo através de superpoderes mentais ou máquinas aterradoras. Algo do tipo Dr. Silvana (para os mais velhos que leram, como eu, as histórias do Capitão Marvel). Isto é, valem como ficção, mas como explanação da realidade não passariam de maluquices às quais os leitores sérios não querem dar a mínima atenção. E com toda razão! Há muitas maluquices por aí e nem sempre é fácil separar o joio do trigo. Existe ficção apresentada com foros de verdade, como os livros de Dan Brown. Há livros como o de Daniel Estulin que misturam verdade com sensacionalismo para efeito de marketing, elevando às alturas o caráter secreto e o poderio do Clube Bilderberg e, com isto, valorizando sua própria investigação. Ler este livro exige algum treinamento e muito conhecimento prévio para separar o joio do trigo.

Existem várias "mãos secretas", cada uma querendo atribuir a si mesma um poder imenso, e Santo Agostinho dizia que o diabo tem orgasmos quando alguém exacerba seus próprios poderes. Geralmente tais poderes são exacerbados também pelos supostos inimigos para posarem de "única solução" frente a eles. Existem paranóicos para todos os gostos: desde fanáticos nacionalistas, inventando invasões iminentes do território a fanáticos anticomunistas que enxergam suas conspirações por detrás de tudo, até fanáticos comunistas e esquerdistas que vêem como centro de poder mundial os grandes banqueiros e empresas transnacionais. O corpo de elite não eletivo que é a essência da Nova Ordem Mundial, possivelmente jamais passará de um ideal irrealizável tantas são as mãos invisíveis competindo umas com as outras. O que não quer dizer que o Governo Mundial já não esteja aí, cada vez mais forte. A consequência da mistura de teorias ridículas com a realidade que já está presente é fazer com que esta seja descartada junto com as primeiras, como ocorreu nos EUA quando as denúncias da maciça infiltração comunista na administração foram ridicularizadas devido às investigações de Joseph MacCarthy.

No meio de tantas tramas secretas absurdas as pessoas que se julgam racionais por rejeitá-las, acabam tomando como verdade tudo que tem origem em algum organismo ao qual atribuem credibilidade sem nem desconfiar e acabam caindo na própria armadilha da qual fugiam, isto é, do verdadeiro e nada secreto protótipo de Governo Mundial já instalado e em franca expansão: a ONU. É claro que existem mãos invisíveis por trás da ONU, invisíveis só para aqueles que não se informam a respeito. Nenhuma é propriamente secreta: das três organizações acima referidas duas (CFR e TC) possuem páginas na Internet, publicações e livros, comandam Universidades e dominam vários governos nacionais.

Existem sim operações e decisões tomadas em sigilo, cuja existência em si não é segredo para ninguém, só o conteúdo delas. Estas organizações precisam de financiamentos vultosos e ninguém financia nada que não seja em proveito próprio. As fundações e corporações, tal como os banqueiros e mega-empresários, mantêm seus projetos em segredo em função da concorrência. Obviamente, seus planos de investimento também são elaborados secretamente. O fato novo nas últimas décadas são as ONG's isentas de impostos que, portanto, não precisam revelar suas fontes de financiamento.

## 2. A implementação

A implementação do plano para o Governo Mundial já está em pleno andamento e para os leitores se darem conta disto, aqui vão alguns dos principais itens e seu estágio de desenvolvimento atual:

- Formação de uma Força Internacional de Paz permanente sob o comando da ONU e aumento do poder da ONU — em fase adiantada de implementação.

- Transformação da Assembleia Geral da ONU ampliada num Parlamento Mundial com poderes de legislar acima dos legislativos nacionais.
- Ampliação do Conselho de Segurança e dos Membros Permanentes (Brasil candidato) com eliminação do poder de veto. A crença enraizada de que a ONU é uma organização empenhada pela paz mundial é no mínimo irracional. Criada uma burocracia, qual é a sua tendência senão expandir-se indefinidamente? E qual o meio da ONU se expandir senão se mostrando cada vez mais necessária fomentando guerras chamadas "limitadas"? É o velho lema das burocracias: "criar dificuldades para vender facilidades". O conceito de guerra limitada foi desenvolvido na primeira ação "pacifista" da ONU, a Guerra da Coréia (1950-53). Os EUA não usaram todo o poderio que tinham, muito superior ao de todos os países comunistas juntos, porque não estavam lá para ganhar, mas apenas para "conter os comunistas" que, por sua vez, sabiam que não podiam ganhar já quando iniciaram as hostilidades. Entre os interesses dos dois lados foi decisivo o de dar credibilidade à ONU como pacificadora. MacArthur[86] percebeu isto, protestou e foi despedido por Truman em 1951. Foi recebido com honras pela população que, enraivecida, enchera a Casa Branca com 125.000 telegramas de protesto.
- A tão decantada "paz" será um estado crônico de guerras localizadas. Sem dúvida vai morrer muito

---

[86] MacArthur cunhou a frase de sua renúncia: "In war there is no substitute for victory".

mais gente nesta paz do que nas guerras convencionais, lutadas para vencer. Mas a elite da comunidade internacional sabe que "A Paz", pela qual financiam tantos movimentos e passeatas, não passa de uma quimera inatingível — salvo nos cemitérios — quimera que a elite usa para iludir a população mundial.

- Uma Corte Criminal Internacional para proteger os "direitos humanos" e mais tarde impor seus julgamentos superiores aos das Cortes Nacionais. Tais "direitos" são sempre enfatizados para bandidos, terroristas, assassinos; o alvo, os Estados Unidos da América, Israel e qualquer país que preze sua independência e autonomia. As exigências de fechamento da base americana de Guantánamo, enquanto se fazem de desentendidos do genocídio castrista do outro lado da cerca, é uma ilustração suficiente — esta Corte já está formada: Tribunal Penal Internacional já em atividade.

- Um sistema global de impostos e taxas para sustentar a nova burocracia e o futuro Exército mundial sob a ostensiva razão de "diminuir as desigualdades entre países", redistribuição obrigatória da riqueza e da renda para combater as desigualdades, perdão unilateral das dívidas externas — já propostas e em discussão, o Brasil atual é um dos paladinos desta causa "social".

- Uma abordagem global para a doença mais politizada de toda a história da humanidade: a AIDS. Controle global da saúde determinando, via OMS, o que podemos ou não comer; ampliar o pânico do fumo, gorduras e o que mais interesse — já em pleno andamento. Sucesso total quanto ao fumo; parcial quanto às gorduras. Itens importantes da agenda são a liberação das drogas, do aborto e da eutanásia. (Acrescentado na 2ª Edição, 2015: as restrições alimentares são cada vez mais severas e aterrorizantes seguindo certas metas parciais: primeiro o fumo, depois as gorduras "trans", os enlatados, o sal e o açúcar. Simultaneamente estimulam-se os exercícios físicos como em todas as ditaduras que já existiram quando es déspotas descobrem que a energias gastas no físico faltam para estimular o pensamento e a plena percepção da realidade).

- Radical feminização do poder segundo a "perspectiva de gênero" inventada pelas feministas radicais americanas — em plena fase de implementação; nos meios "bem pensantes" entre nós, a palavra sexo foi praticamente abolida e substituída por gênero, e descriminação do aborto em qualquer época — em fase de implementação; mais uma vez o Brasil na vanguarda.

- Educação pública internacionalizada e ações afirmativas internacionais — praticamente em todo o mundo a UNESCO já é quem dá as cartas na educação, com exceção de alguns colégios particulares religiosos que ainda resistem nos USA. Para as bases desta Nova Educação para a Paz a e Cidadania Universal ver meu artigo já citado True Lies II. Objetivo principal: erradicar completamente as tradições da civilização ocidental judaico-cristã, substituindo estas religiões pela religião da Nova Era.

- Registro internacional de armas e restrição ao porte — os eleitores brasileiros deram uma surra nos desarmamentistas, mas ganharam apenas uma batalha, a guerra continua e será cada vez mais árdua, pois o interesse em colocar todas as armas do mundo sob controle da ONU é avassalador. A lição foi de que no voto podem não levar, o que só reforçará a investida a favor de um grupo não-eletivo. Apesar do resultado do referendo o Estatuto do Desarmamento, que deveria ter sido extinto após a manifestação do eleitorado, está sendo usado para ampliar as limitações.

- Pânico ecológico crescente, visando aterrorizar a população com o fim do mundo para submetê-la totalmente aos burocratas, ativistas e políticos alarmistas sob o manto da ONU, fazendo com que a população mundial abra cada vez mais mão de seus direitos cedendo-os aos burocratas globais que passariam a controlar cada casa, cada meio de transporte, fábrica, negócios, agricultura e todas as decisões dos consumidores. O objetivo mais tenebroso é acabar, para os cidadãos comuns, com os resultados do progresso capitalista fazendo a humanidade retornar a um estado anterior de escassez, resultado inevitável da aplicação do Protocolo de Kyoto. O tom de fim do mundo com que o tema do clima tem sido abordado e principalmente a atribuição a causas humanas, é exatamente para impedir as pessoas de pensar e se informar e somente reagir emocionalmente como num arco reflexo de Pavlov: falou em aquecimento global a maioria começa caninamente a salivar ódio contra as indústrias "poluidoras", os carros e aviões que lançam $CO_2$ na atmosfera, enfim, contra o capitalismo e o "imperialismo norte-americano". As muitas alegações catastróficas sobre o aquecimento global ser uma consequência direta e inequívoca da ação do homem, servem como justificativas para o avanço da agenda política da burocracia global, isto é, é parte integrante e essencial dos planos de Governo Mundial. São bilhões de dólares escorrendo para os bolsos de cientistas, ativistas, burocratas, políticos, empresas que vendem novos produtos "politicamente corretos" geralmente subsidiados. É dinheiro, poder e controle mundial! Se não houver pânico, não haverá dinheiro.

- Last but not least, destruição da linguagem tradicional em todos os idiomas substituindo-as pela Novilíngua (apud Orwell), a já instalada linguagem do politicamente correto.

Todas estas ações são dadas como oriundas da misteriosa "comunidade internacional" e realizadas através de "formadores de opinião": pop stars, personagens destacadas tipo Al Gore, cineastas, teatrólogos, atores de TV, teatro e cinema, principalmente nos países, como o Brasil, em que são dependentes de verbas federais e das ONG's globais:

> [...] uma gente que desde os tempos de Stalin só pensa em tomar o poder em nome da igualdade e da justiça social, mas sempre de olho na grana fácil, nos cargos públicos e nas mordomias sem fim [...]

como bem assinala Ipojuca Pontes, profundo conhecedor do ramo.

Os pontos acima não são sequer discutíveis; são impostos como aceitos "por todos" consensualmente. Como disse o eco *agit prop* Al Gore perante o Congresso americano sobre seu filmeco cheio de mentiras convenientes para a "comunidade internacional":

"Não há mais lugar para nenhum debate sério sobre os pontos básicos do consenso sobre aquecimento global", ao que Rush Limbaugh observou que, "quando os liberais declaram que acabou o debate, pode apostar que não acabou, eles querem apenas sufocá-lo".

## CAPÍTULO XVI
## Uma aliança improvável... mas real!

> *Existem novas regras para o "big business" que substituíram os ensinamentos de nossos pais e podem ser resumidas numa única máxima: arranje um monopólio; deixe a sociedade trabalhar para você; e lembre que o melhor negócio de todos é a política, porque uma concessão legislativa, uma franquia, um subsídio ou uma isenção de impostos vale mais do que uma mina Kimberley ou Comstock, porque não exige nenhum trabalho, seja físico ou mental, para ser explorada.*
>
> — Frederick C. Howe, Confessions of a Monopolist

Fundações bilionárias unidas a comunistas para conquistar o mundo? Maluquice pura! Tais "maquinações" só podem ter saído de mentes insanas que melhor fariam se procurassem um psiquiatra. Meu intuito é tentar esclarecer o que há de realidade nesta aliança, já atuando a pleno vapor há mais de cem anos[87].

Uma das principais dificuldades é que a maioria das pessoas tem uma visão de mundo ultrapassada — a qual, de resto nunca foi nítida — que divide o

---

[87] Este aspecto é estudado detalhadamente no meu *Rumo ao Governo Mundial Totalitário* https://www.heitordepaola.online/rumoaogovernomundial

mundo político, cultural e econômico entre uma *direita* — os capitalistas burgueses e as religiões tradicionais — e uma *esquerda* — onde ficam os comunistas e socialistas, uns mais, outros menos revolucionários. Acredita-se que os capitalistas são os maiores inimigos dos marxistas e socialistas. Esta crença tem sua origem no próprio Karl Marx que a usou para seus propósitos. Como a maioria dos historiadores não enxerga um palmo além do que Marx determinou que enxergassem, por continuarem amarrados na camisa de força do materialismo histórico, a aliança que sempre existiu entre os capitalistas e os revolucionários socialistas, para benefício mútuo, tem ficado fora do escopo dos estudiosos e da população em geral. Lenin e principalmente Stalin precisavam mantê-la e estimula-la pela razão que uma revolução não pode ser feita sem inimigos. Enquanto isto, como se verá, os bolchevistas se aproveitavam de uma aliança invisível com os supostos inimigos, utilizando-os para acumular capital antes de expropriá-los. Stalin é que acelerou a estatização e até hoje a divisão do mundo em esquerda e direita é baseada numa visão de que o comunismo significa a expropriação e estatização imediata dos meios de produção.

Mas Lenin estava mais para o espírito da teoria marxista. Se a retórica de Marx era a da destruição da burguesia, seu entendimento da história era de que a burguesia não existia *como inimiga* do proletariado, mas como etapa inevitável do devir histórico que tinha ademais a importância de ser a *parteira do proletariado*, classe que não poderia existir antes do desenvolvimento capitalista. Com ela se iniciaria a etapa superior da luta de classes com a vitória inevitável do proletariado por força das contradições internas do capitalismo. Mas a gestação do proletariado seria lenta e dependeria da acumulação capitalista de capital. Não se pode esquecer que seu principal aliado e **financiador** era Friedrich Engels, um burguês muito bem de vida, com cujo "capital acumulado" o sustentava. Que aconteceu no interregno histórico entre esta estranha aliança e o que ocorre hoje na China, onde megaempresários obtêm lucros estonteantes e o comunismo segue firme e forte? A mesma coisa, exatamente a mesma coisa, só que da forma mais velada possível. Uma economia socialista pura é uma impossibilidade que já foi demonstrada por von Mises. A *Perestroika* de Gorbachov nada mais é que um retorno corretivo a Lenin, como ele mesmo declara.

## 1. O embrião da aliança

Para termos um ponto de partida, pode-se dizer que tudo começou em 1909 quando o Congresso dos Estados Unidos incluiu na Constituição a segunda medida sugerida por Marx e Engels no *Manifesto do Partido Comunista*[88] para a instalação de um futuro estado comunista:

2. *Criação de um imposto de renda pesado e gradualmente progressivo.* (Manifesto)

Estabelece a XVI Emenda à Constituição dos Estados Unidos:

---

[88] http://www.anu.edu.au/polsci/marx/classics/manifesto.html

O Congresso terá poderes para criar e recolher impostos sobre a renda, de qualquer fonte, sem distribuição proporcional entre os diversos Estados, e independentemente de qualquer recenseamento ou lista.

Os EUA somente haviam tido imposto sobre a renda durante a Guerra Civil. Em 1895 a Suprema Corte declarara inconstitucional qualquer imposto sobre o rendimento cobrado uniformemente em todos os Estados. Por isto foi necessária uma Emenda Constitucional. A princípio era apenas nominal: 1% da renda abaixo de US$ 20,000.00 e a promessa era de que nunca aumentaria. A Emenda foi ratificada em 1913 e neste mesmo ano o Congresso adotou a quinta sugestão de Marx, criando o *Federal Reserve System*, mais conhecido como FED:

5. *Centralização do crédito nos bancos estatais, através de um banco nacional com capital estatal e monopólio exclusivo.* (Manifesto)

No século XIX os banqueiros internacionais[89] haviam conseguido criar Bancos Centrais na Inglaterra, França e Alemanha que nada tinham de estatais como o nome sugere; eram *monopólios privados* conseguidos dos Chefes de Estado em troca de empréstimos aos governos — e possivelmente algum grau de corrupção — seguindo a máxima do mais representativo de todos os banqueiros, Meyer Amschel Rothschild: *"Dême o controle do dinheiro de uma Nação e pouco me importa quem faça suas leis"*. Os Diretores de tais bancos não tinham poder real algum, pois nada mais

---

[89] Entenda-se por um banqueiro internacional aquele que, entre outras atividades, empresta dinheiro a governos nacionais.

eram do que prepostos dos banqueiros privados. O objetivo final era estabelecer um *Sistema Mundial de Controle Financeiro* e, depois da Europa, a possibilidade de continuar pelos EUA seria um manjar dos deuses.

A primeira tentativa de Rothschild nos EUA falhara redondamente pela determinação do Presidente Andrew Jackson (1829-1837). Rothschild, através de dois influentes advogados e políticos poderosos, Henry Clay e Daniel Webster, fez de tudo para transformar o *Second Bank of the United States* (1816-1836), um monopólio patrocinado pelo governo, mas por ele controlado, num banco central sob controle privado. A pressão foi tanta que Jackson disse a Martin van Buren, que viria a ser o seu sucessor: *"O banco está tentando me matar, mas eu vou matá-lo antes!"* Os advogados conseguiram no Congresso uma renovação da carta de privilégios do banco e Jackson, que era conhecido como a "velha nogueira", vetou-a, fechou o banco e ainda o processou por uso ilegal de privilégio econômico. E declarou:

> O grande esforço que o banco fez para controlar o governo [...] é uma premonição do futuro que cairia sobre o povo Americano se tivesse sido convencido a perpetuar esta instituição, e que cairá se permitir o estabelecimento de outra igual no futuro.

Sobre a criação do FED manifestou-se o então Senador Charles Lindbergh, Sr., pai do famoso aviador do *Spirit of St. Louis*:

> Este ato cria o mais gigantesco trust; quando o Presidente assinar este ato o poder invisível do governo financeiro será legalizado...e submeterá os

poderes executivo e legislativo da Nação e dos Estados.

Lindbergh fazia parte da Comissão Monetária Nacional, criada pelo pânico de 1907[90], presidida pelo Senador Nelson W. Aldrich, não por coincidência o mesmo que propôs a criação do imposto de renda. Sua filha casou-se com John D. Rockfeller Jr., e o filho do casal foi o ex-Vice Presidente Nelson Aldrich Rockfeller. Apesar de ter o nome de federal o FED está sob controle privado incorporado por ações pelos grandes bancos. Dois terços de seus diretores são indicados pelos bancos privados e seu *Chairman* é escolhido sempre entre membros da comunidade bancária de New York.

## 2. A ideia de uma união de todas as nações para a paz e o governo mundial

Anos antes daqueles acontecimentos descritos, a ideia de um governo mundial já era propagada nos EUA pelo *Carnegie Edowment for International Peace*. Em 1950 investigadores governamentais tiveram acesso aos antigos registros desta organização. Bem antes do início das hostilidades da I Guerra Mundial encontrava-se nestes documentos a necessidade de envolver os EUA numa guerra generalizada que resultasse num

---

[90] Também conhecido como *Banker's Panic*, crise financeira causada pela restrição de crédito seguida pela falência de vários bancos. O pânico foi habilmente utilizado pelos banqueiros para pressionar o Congresso Americano a aprovar a lei Glass-Owen, com base numa proposta de Nelson W. Aldrich, anteriormente rejeitada.

anseio mundial pela paz *através da união de todas as nações*, o que abriria o caminho para o governo mundial. Haveria uma ligação entre estes planos, a criação do FED e do imposto de renda, e o afundamento no navio americano *Lusitania* em 4 de maio de 1915, incidente que despertou um grande sentimento anti-germânico no povo americano? Há indícios de que sim. Embora o navio fosse britânico e transportasse munições americanas para a Inglaterra, levava 128 cidadãos americanos a bordo. Mesmo assim, Wilson hesitou e foi reeleito em 1916 com o slogan *"Ele nos manteve fora da guerra"*.

Suspeita-se que esta hesitação teria a ver com orientação dos grandes banqueiros internacionais. O principal assessor diplomático do Presidente Woodrow Wilson era o Coronel (título honorífico) Edward M. House, intimamente ligado aos banqueiros[91]. Sua influência era tanta que fazia sombra ao Secretário de Estado Robert Lansing. Logo depois de empossado para o segundo mandato, em 22 de janeiro de 1917, Wilson pronuncia seu famoso discurso *"Peace without victory"* e em comunicado ao Kaiser declara que os EUA não participariam das discussões de paz, exceto quanto ao estabelecimento de uma "Liga das Nações". Mas em 1º de fevereiro tudo mudou após a Alemanha ter iniciado a *guerra submarina irrestrita*, fato sem precedentes, negligenciando as restrições contidas nas *"Rules of Prize Warfare"* (Lei das

---

[91] Sintomaticamente é dele a autoria de um livro de ficção que terminava com um ditador na América: *Phillip Dru: administrator; a story of tomorrow, 1920-1935*, (Michigan Historical Reprint).

Presas de Guerra)⁹². Do lado alemão, como vimos no Capítulo III, a sugestão de Hermann Weil foi fundamental.

House também teria instado Wilson a conceder passaporte americano para Leon Trotsky, então exilado na América, logo após a abdicação do Tzar, para que assumisse seu posto na revolução bolchevique. House também interveio, em 28 de novembro de 1917, 21 dias depois da tomada do poder pelos bolcheviques, para evitar qualquer menção nos jornais de que a Rússia passara a ser o novo inimigo. Imediatamente Wilson declara que não haveria interferência e, apesar das notícias sobre as atrocidades impedirem o reconhecimento formal (que o Senado jamais aceitaria), Wilson continuou expressando seu apoio.

## 3. *Wall Street e a Revolução Bolchevista*

*(Em outubro de 1917) o regime corrupto dos Tzares foi substituído por outro regime corrupto poderoso. Os Estados Unidos, que poderiam ter exercido sua influência para o surgimento de*

---

⁹² Navios de passageiros não podem ser afundados; a tripulação dos navios mercantes deve ser posta a salvo antes do afundamento (botes salva-vidas não são considerados situação a salvo); somente navios de guerra podem ser afundados sem aviso. A guerra submarina total foi desencadeada também em função de uma aliança proposta ao México e ao Japão contra os Estados Unidos, que ainda não tinham entrado nas hostilidades. A Alemanha oferecia ao México a recuperação do Texas, Arizona e Novo México e ao Japão o controle do Pacífico. Mais detalhes em O *Telegrama Zimmermmann*, de Barbara Tuchman. Este telegrama, de Arthur Zimmermann, Secretário do Exterior alemão, de 16 de janeiro de 1917, interceptado e decifrado pela inteligência americana, precipitou sua entrada no conflito.

*uma Rússia livre, escolheram se submeter às ambições de uns poucos financistas de Wall Street os quais, para seus próprios propósitos, podiam tolerar uma Rússia Tzarista centralizada ou uma Rússia marxista centralizada, jamais uma Rússia livre descentralizada.*

— Anthony C. Sutton

Já no verão daquele ano uma missão "humanitária" da Cruz Vermelha Americana integrada por 15 financistas de Wall Street liderados pelo *Chairman* do FED, William Boyce Thompson, chegou a Petrogrado ostensivamente para ajudar o governo Kerensky, mas em outubro, com o golpe bolchevique, continuou lá. Jacob Schiff, Presidente da casa bancária Kuhn, Loeb & Co. mandou 20 milhões de dólares para ajudar o assalto final dos bolcheviques. J. P. Morgan mandou um milhão de dólares através de Thompson para financiar a divulgação da ideologia bolchevique. Não é de estranhar que seu banco, o National City Bank, tenha sido o único a não ser nacionalizado na URSS. O mesmo Thompson fundou a *Liga Americana de Ajuda e Cooperação com a Rússia* quando de lá retornou. Fez uma longa turnê pelos EUA para promover a causa dos bolchevistas e pelo reconhecimento do novo governo russo. Outro comitê formado por banqueiros e executivos de Wall Street, a *Junta de Negócios de Guerra*, recomendou ao Departamento de Estado, em junho de 1918, "relações comerciais mais próximas e amistosas com a Rússia".

A Cruz Vermelha Americana tinha quase falido pelos encargos da I Guerra Mundial. Foi "salva" pelos banqueiros nova-iorquinos que viam nela não uma entidade assistencial, mas um braço do governo americano. Em troca da "salvação" intervieram no Conselho que ficou parecendo, segundo Sutton, um "Diretório Central das Diretorias dos Bancos de Nova Iorque": tomaram posse representantes de J. P. Morgan, Anaconda Copper, Guarantee Trust e Rockfeller. A missão da Cruz Vermelha era constituída em sua maioria de advogados, financistas e seus assistentes e oficiais do Exército Americano e seus ordenanças, e havia apenas *cinco* médicos. Estes, ao perceberem que se tratava de uma missão política, nada humanitária nem de assistência médica, voltaram para os Estados Unidos um mês depois da chegada em sinal de protesto, liderados pelo Dr. Frank Billings, Professor da Universidade de Chicago.

\* \* \*

Além de financistas inúmeros empresários foram responsáveis pelo soerguimento e consequente exploração altamente lucrativa da economia russa após a tomada de poder pelos bolchevistas. Por razões que ficarão claras abaixo, limitar-me-ei a Armand Hammer. Seu pai, Julius, médico emigrante russo fizera amizade com Lenin numa conferência socialista em Berlim em 1907 e adotou como sobrenome o símbolo do *Partido Comunista dos Trabalhadores Americanos* — o braço e o martelo (*hammer*) — e veio a ser um dos fundadores do Partido Comunista Americano. Julius aceitou a incumbência de formar uma célula clandestina de elite de apoio às necessidades de Lenin do movimento revolucionário russo. Fundou uma pequena cadeia de drogarias que distribuía cremes para a pele e ervas medicinais, a *Allied Drug and Chemical*. Quando os bolcheviques tomaram o poder total, em 1919, trabalhou com Ludwig Martens, chefe do Bureau Soviético nos EUA tido como o embaixador soviético de facto, que veio a se tornar o dono efetivo da *Allied* e a usou para lavagem de dinheiro procedente do contrabando de diamantes e para exportar secretamente armamentos para a União Soviética. Julius foi preso em 1921 por prática clandestina de aborto seguido de morte e condenado a uma sentença de três e meio a doze anos de trabalhos forçados, e Armand assumiu o controle. Na verdade Armand tinha sido o autor do aborto ainda como estudante, o que seria condenação certa e o pai esperava conseguir absolvição.

Lenin usava Hammer como contato com os capitalistas americanos, ingleses e alemães levando aos mesmos "a imagem de uma Rússia não ameaçadora e uma fonte potencial de grandes lucros" e contando com que sua ganância servisse de caminho para pressionar os governos a suspender as restrições ao comércio. A expansão foi rápida. Hammer persuadiu Henry Ford a ir a Moscou e lá Ford fundou a fábrica de tratores *Fordson*. Hammer negociou peles de animais que só existiam na Rússia e eram altamente valorizados no ocidente e uma fábrica de lápis de sua propriedade garantiu o monopólio. Em 1929, quando Stalin expropriou todos os seus bens, como compensação permitiu à sua amante "contrabandear" artigos de arte antiga da época dos Tzares. A abertura recente dos arquivos de Moscou demonstra que Hammer era muito mais do que um comerciante desonesto: era de fato agente do *Comintern* para cujos cofres secretos nos EUA iam todos os lucros de suas transações que ele não conseguia surrupiar. James Jesus Angleton, Chefe da Contra-Inteligência da CIA denunciara a existência de um agente de influência russo identificado como "o príncipe capitalista" e evidências de que tal agente seria Hammer foram encontradas em 1927 em documentos da Arcos, a missão soviética de comércio em Londres. Seu sócio na *Allied*, Ludwig Martens declarou perante um Comitê do Senado que investigava a influência soviética na America, que seus esforços de propaganda não se dirigiam aos radicais e proletários, mas a ganhar o apoio dos grandes empresários e industriais. E asseverou que grande número das famílias de negócio o ajudou a buscar o reconhecimento soviético pelo governo Americano.

## 4. *A convergência das duas estratégias*

*A pergunta que surge para os leitores deve ser: será que os banqueiros eram secretamente bolchevistas? Não, claro que não. Os financistas não têm ideologia. [...] Os financistas eram motivados pelo poder e, portanto, ajudariam qualquer meio político que lhes desse acesso ao poder, comunistas ou fascistas. Qualquer um, menos quem quisesse uma sociedade verdadeiramente individualista e livre.*

— Anthony C. Sutton

Por que existiu e existe ainda esta aliança entre os super-ricos e os comunistas? Se os comunistas seguissem sua ideologia como eles a expõem, deveriam desprezar e atacar os "patrões capitalistas" do proletariado cujas empresas viriam a ser expropriadas em favor "do povo", e não se aliar a eles. Por sua vez, os empresários que fizeram suas fortunas no regime de livre concorrência, deveriam ser enérgicos defensores do capitalismo e se opor aos comunistas. O que ocorre então?

A resposta, assim como a pergunta, é dupla. Em primeiro lugar, o comunismo, *na prática*, é uma cultura e um sistema no qual *o poder total está nas mãos do Estado*. Isto inclui o monopólio do poder econômico, político, controle total das comunicações, da educação, das religiões, da moral, nada escapa ao poder do Estado, representado pelo Governo e órgãos assessórios. Não é um sistema anticapitalista, mas no que toca à economia, controlador monopolista da produção, da distribuição e até do varejo e, para isto, *impede a concorrência*.

Para Olavo de Carvalho

> [...] um século de liberdade econômica e política [foi] suficiente para tornar alguns capitalistas tão formidavelmente ricos que eles já não querem se submeter às veleidades do mercado que os enriqueceu. Já não são megacapitalistas: são metacapitalistas — a classe que transcendeu o capitalismo e o transformou no único socialismo que algum dia existiu ou existirá: o socialismo dos grãosenhores e dos engenheiros sociais a seu serviço.

E é exatamente aí que os dois sistemas confluem para a convergência (*sblizhenie*): os empresários muito ricos fizeram fortuna através da livre concorrência, mas tornaram-se paulatinamente monopolistas. Quando isto ocorre, a livre concorrência com os que estão começando os ameaça, pois estes certamente possuem maior criatividade. Se não puderem ser comprados — e muitos não se interessam — devem ser esmagados e suas criações roubadas. John D.

Rockfeller dizia: *"a competição é um pecado!"*. Não mais querem se submeter, mas

> [...] controlar o mercado e os instrumentos para isso são três: o domínio do Estado, para a implantação das políticas estatizantes necessárias à eternização do oligopólio; o estímulo aos movimentos socialistas e comunistas que invariavelmente favorecem o crescimento do poder estatal; e a arregimentação de um exército de intelectuais que preparem a opinião pública para dizer adeus às liberdades burguesas e entrar alegremente num mundo de repressão onipresente e obsedante (estendendo-se até aos últimos detalhe da vida privada e da linguagem cotidiana), apresentado como um paraíso adornado ao mesmo tempo com a abundância do capitalismo e a 'justiça social' do comunismo (op.cit.).

A única diferença entre metacapitalistas e comunistas é que os últimos defendem o monopólio do Estado. Mas, se um banqueiro internacional conseguir dominar o governo comunista instalado, através de empréstimos subsidiados pelos impostos dos países ricos, — leia-se pelos contribuintes — manipulação do Banco Central, campanhas políticas comprando votos e corrompendo os políticos para votarem a favor de seus desígnios? A diferença desaparece, pois o regime socialista os atrai exatamente por serem ambos monopolistas!

Entenda-se que anticomunistas são os pequenos e médios empresários, a classe média e o povo em geral que precisam da concorrência para crescer de status social. Os primeiros serão fatalmente engolidos — através de compra, fusões, etc. — e ainda pior, com o dinheiro de seus impostos! Anticapitalistas são os sinceros comunistas, antes de conhecerem o "espírito da coisa" e os idiotas úteis que acreditam nas intenções benévolas *da utopia ideológica comunista tal como ela é exposta e não como funciona na prática.* Não é por outra razão que são os primeiros a irem para o paredón, pois seu idealismo ameaça muito mais os donos do poder do que oposições armadas.

Aos metacapitalistas pouco importa que os demais monopólios — educação, cultura, religião, etc. — sejam dominados pelos comunistas, desde que estes estimulem a crença absoluta no regime e anulem as oposições. Perguntado por um assessor onde ele encontraria a corda para enforcar os capitalistas, Lenin respondeu: *"eles mesmo vão providenciá-la para nós!"* Deve-se acrescentar ainda outra força irresistível que também quer dominar o mundo: o Islam, que está fora do escopo deste livro, mas que momentaneamente se une a um ou aos dois lados para destruir o inimigo comum aos três: a civilização Ocidental greco-judaico-cristã e o domínio da liberdade e da individualidade. Indubitavelmente é uma aliança instável, mas quem vai ganhar no final é outra história ainda não contada. O resto do mundo sairá perdendo — até mesmo a vida.

## 5. O elo com o presente: Hammer, Gore & Co.

Minha escolha de Hammer[93] entre tantos foi devida ao fato de que ele estabelece um elo bastante nítido com as atividades quinta-coluna da mesma elite americana no presente. Quando Al Gore Sr., pai do ex-Vice Presidente e atual *enfant gaté* do *beautiful people* e *eco agit prop* Al Jr., foi eleito pela primeira vez para a Câmara de Representantes em 1930 ele vivia do salário de professor no Tennessee e alguns dólares extras tocando violino em festas de igreja. Mais tarde, como Senador ele passou a viver no luxuoso *Fairfax Hotel* e mandou seu filho estudar na caríssima *St. Albans School*, freqüentada pela alta sociedade de Washington. Como milagres não acontecem, descobriu-se que o Senador Gore tinha um sócio secreto: Armand Hammer desde 1950 era seu sócio em comércio de gado e Gore servia de abre-alas no mundo oficial de Washington, D. C. Sua belíssima recompensa foi uma posição da *Occidental Petroleum* que lhe rendia meio milhão de dólares por ano. Sua influência só entrou em declínio com a posse de Ronald Reagan que havia sido avisado de suas atividades pelo chefe da Inteligência Francesa, Alexandre de Marenches. O filho continuou a tradição do pai de colocar o Senado americano a serviço de Hammer e seus patrões comunistas.

As atividades anti-americanas de Al Gore Jr. continuam. Tendo perdido a Presidência para Bush em 2000, frustrando todos os antiamericanos do mundo,

---

[93] *Dossiê: The Secret History of Armand Hammer*, Edward Jay Epstein, disponível na Amazon.com

elas agora estão mais centradas em provocar o suicídio do seu país através das "mentiras convenientes" do terrorismo ecológico. Num artigo para o *Washington Times* em 28 de Janeiro de 2007, *An economic suicide pact for Europe and the US* Paulo K. Driessen relata o impacto catastrófico que a redução de emissão de gases combustíveis exigida pelo Protocolo de Kyoto teria sobre a vida na Terra tal como a conhecemos hoje. Os países desenvolvidos teriam que reverter aos estágios anteriores ao uso de motores de combustão interna. Acabariam milhões de empregos transferindo-os para países em desenvolvimento. Como este artigo não é sobre o assunto, basta mostrar a conexão de Al Gore e seus cúmplices atuais, Nancy Pelosi na política, idiotinhas deslumbrados como Leonardo Di Caprio e o Príncipe Charles, com a antiga gang comunista de Gore Sr. e Hammer.

# CAPÍTULO XVII
## As principais organizações globalistas

> *I can smell something cooking*
> *I can tell there's going to be a feast*
> *You know, baby, that sometimes*
> *Satan comes as a man of peace*
>
> — Bob Dylan, *"A man of peace"*

Neste capítulo serão descritas de forma resumida algumas organizações globalistas constituídas por pessoas que pretendem trazer paz eterna à Terra — desde que sob certas condições por eles determinadas. As raízes filosóficas da Paz Eterna estão em Kant, (*Perpetual Peace. A Philosophical Essay. 1795. In: Kant's Principles of Politics, including his essay on Perpetual Peace. A Contribution to Political Science*, trans. W. Hastie, Edinburgh: Clark, 1891.[94]), onde o filósofo apresenta os pontos principais que deveriam ser seguidos para se chegar a este consenso universal. Alguns destes pontos serão citados brevemente no desenrolar do capítulo.

---

[94] On-line em: http://oll.libertyfund.org/Texts/Kant0142/PrinciplesOfPolitics/HTMLs/0056_Pt05_Peace.html

# 1. Woodrow Wilson International Center for Scholars

O Centro Woodrow Wilson foi criado em 1968 pelo Congresso dos EUA, como *"um centro privado de investigação e documentação política"*. O Centro é dirigido por uma junta composta por oito funcionários oficiais, dentre os quais o Secretário de Estado, e outras onze personalidades do setor privado, porém nomeadas pelo governo. Entre essas personalidades figuram luminares das finanças, como John Reed, presidente do *Citibank*, Max Kampelman, presidente honorário da *Liga Anti-difamação B'nai B'rith*, e o presidente do gigantesco cartel graneleiro *Archer Daniels Midland*. Condoleezza Rice, Secretária de Estado de George w. Bush é Membro do *Board of Trustees*.

No entanto, o Centro se dedica a outro tipo de ideologia, baseada no pacifismo utópico e nas ideias messiânicas do ex-presidente americano que lhe dá o nome, de reformular o mundo pela remoção do que lhe pareciam as causas das injustiças e da guerra, considerando uma "missão sagrada" dos EUA a imposição da democracia, do livre mercado e do liberalismo, uma espécie de comunismo com o sinal trocado. Segundo Gaddis (*We Now Know*) a história subseqüente do século XX foi, em grande parte, a repercussão da luta entre estas duas ideologias — Wilson x Lenin. Na verdade a situação não é bem de oposição, mas de dois lados que operam com a estratégia da tesoura.

Logo após o término da I Guerra Mundial, em janeiro de 1918 e apenas dois meses e meio após o golpe de estado bolchevista, Wilson lança seus famosos 14 pontos como garantia para a Paz entre as Nações[95]. É interessante a coincidência com os Artigos de Kant, acima referidos, principalmente o início do discurso de Wilson [*It will be our wish and purpose that the processes of peace, when they are begun, shall be absolutely open and that they shall involve and permit henceforth* **no secret understandings of any kind**] com o primeiro Artigo de Kant [*No conclusion of Peace shall be held to be valid as such,* **when it has been made with the secret reservation of the material for a future War**].

Chamo a atenção para os seguintes pontos de Wilson que são relevantes para o estudo posterior:

> IV. Deverão ser estabelecidas garantias adequadas de que **os armamentos nacionais serão reduzidos ao mínimo necessário à segurança interna**. (Kant ia mais longe: Exércitos permanentes deverão ser completamente abolidos no futuro). Vemos aqui o germe de decisões atualíssimas que estudaremos adiante.

> XIV. Uma associação geral de nações deverá ser formada através de contratos específicos para o propósito de proporcionar garantias mútuas de independência política e territorial para todos os Estados, independentemente de seu tamanho. Este ponto serviu de base para a Fundação da falida Liga das Nações e mais tarde da ONU.

---

[95] http://www.historicaldocuments.com/WoodrowWilsons14Points.htm. Existe a possibilidade de que a redação destes pontos tenha sofrido grande influência da Sociedade Fabiana através H.G. Wells, ver Capítulo XI, 2

Diferentemente da primeira, no entanto, a atual não está nada propensa a aceitar as garantias asseguradas por Wilson quanto à independência dos Estados, mas cada vez mais se aproxima da formação de um Governo Mundial centralizador.

## 2. Council on foreign relations

Esta organização, veladamente admite que a paz mundial será estabelecida através de um único governo Mundial, embora a descrição de sua "missão" seja insossa e um primor de inocuidade:

> O CFR, fundado em 1921, é uma organização nacional não-partidária, que não visa o lucro, dedicada a promover o entendimento das relações internacionais e a contribuir com ideias para a formulação da política externa dos Estados Unidos.

Curiosamente, no entanto, seus arquivos, que "contém todos os registros históricos das atividades e crescimento" não podem ser consultados livremente, pois todos ficam inacessíveis por 25 anos após a data de edição original.

O CFR foi entronizado no governo americano através de Franklin Roosevelt — e mais profundamente por Kennedy — e desde então seus membros estão sempre presentes nas administrações democratas bem como na grande mídia, instituições financeiras, multinacionais, corporações militares e de segurança. Kennedy nomeou membros ativos do CFR para seus dois principais Departamentos — de Estado e Defesa — respectivamente Dean Rusk e Robert

McNamara. Nove meses após a posse, em 25 de Setembro de 1961, Kennedy apresentou ao plenário da ONU uma proposta intitulada *Freedom from War: The United States Program for General and Complete Disarmament in a Peaceful World* (Livre da Guerra: Proposta dos Estados Unidos para Desarmamento Geral e Completo num Mundo de Paz), que se tornou conhecida como *Department of State Publication 7277*[96].

Este documento servia aparentemente para controlar os armamentos nucleares estratégicos e o uso pacífico do espaço. Previa uma evolução em três estágios. Já no primeiro sugeria a redução das tropas convencionais Americanas e Soviéticas limitando-as a 2.1 milhões de efetivos respectivamente, proibia testes nucleares e propunha poderes à ONU para a manutenção da paz, arbitramento de conflitos, desenvolvimento de legislação internacional prevendo limites de armamentos para todos os países através de uma Organização Internacional de Desarmamento (IDO). E da manutenção de uma Força da Paz (*Peace Force*) permanente com poder de coerção, estabelecendo regras para todos os países do mundo. No segundo previa o aprofundamento destas medidas e o fim da produção de armas químicas, bacteriológicas e radiológicas. No terceiro, várias medidas são sugeridas. Para o que interessa aqui: redução de todas as tropas e armamentos convencionais ao nível de garantia da ordem interna em cada País e proibia a produção de armamentos com exceção da produção destinada à Força

---

[96] Este e outros documentos e comentários sobre o tema são encontrados em *Rumo ao Governo Mundial Totalitário*

de Paz da ONU, sendo que todos os demais armamentos deveriam ser destruídos ou convertidos para propósitos pacíficos. Em suma: propunha a castração da capacidade de defesa e ataque de todos os Países do mundo. Este item deixa em aberto até mesmo as armas de defesa pessoal, a critério da ONU.

Fazem parte do Conselho Administrativo atual do CFR várias personalidades que já exerceram cargos de primeiro escalão em Administrações Democratas, como Carla Hills, Robert E. Rubin, Richard N. Haass (atual Presidente), Peter Ackerman, Madeleine K. Albright e muitos outros. O interessante para nosso estudo específico é o fato de que o *Chairman* do *Board of Trustees* em 2006 era o brasileiro Luiz Felipe Lampreia que foi Ministro das Relações Exteriores do Brasil nas duas administrações de Fernando Henrique Cardoso (de 1995 a 2001), além de ter exercido outros cargos como Representante Permanente junto à ONU (Genebra, 1993-94), Secretário Geral do Ministério das Relações Exteriores (1992-93) e Sub-Secretário do Ministério das Relações Exteriores (1988-90). Ocorre que a mesmo Lampreia era simultaneamente o Presidente do Centro Brasileiro de Relações Internacionais (CEBRI)[97]. O CEBRI possui Forças-Tarefa sobre a ALCA e os EUA. Da primeira fazia parte Marco Aurélio Garcia (quando era

Secretário de Cultura de São Paulo), o então Senador Roberto Requião e Clovis Brigagão (Universidade Cândido Mendes) [*ibid*]. Coincidentemente, mantém estreita ligação com o Movimento Viva Rio com o

---

[97] http://pt.wikipedia.org/wiki/Centro_Brasileiro_de_Rela%C3%A7%C3%B5es_Internacionais

qual patrocinou juntamente com o *Center on International Cooperation*, seminários sobre *Transformações nos Arranjos Multilaterais de Segurança: Perspectivas Latino-americanas* — do qual participaram Antônio Rangel Bandeira, Rubem César Fernandes e o onipresente Marco Aurélio Garcia.

## 3. Trilateral Commission

*The Trilateral Commission is international and is intended to be the vehicle for multinational consolidation of the commercial and banking interests by seizing control of the political government of the United States. The Trilateral Commission represents a skillful, coordinated effort to seize control and consolidate the four centers of power — political, monetary, intellectual and ecclesiastica.*

— Barry Goldwater

A Comissão Trilateral[98] idealizada por Zbigniew Brzezinski, Assessor de Segurança Nacional da Administração Carter, foi criada em 1973 por ele e David Rockefeller, Presidente do *Chase-Manhattan Bank*, com a função de coordenar industrial, econômica e politicamente as atividades dos vários governos da América do Norte, Ásia e Europa desenvolvendo o conceito de "interdependência crescente" para intensificar a liderança mundial das nações industrializadas do Hemisfério Norte.

---

[98] http://trilateral.org/

A ideia de criar a Comissão Trilateral foi apresentada informalmente pela primeira vez na reunião do grupo Bilderberg na Europa em 1972 por David Rockefeller e Zbigniew Brzezinski. Os membros iniciais da Comissão consistiam em aproximadamente trezentas pessoas, com cem da Europa, Japão e América do Norte. Eram selecionados acadêmicos, políticos e magnatas corporativos; estes incluíam banqueiros internacionais, líderes de sindicatos e diretores corporativos de gigantes da mídia.

As fontes de financiamento eram as empresas multinacionais gigantes — aquelas com representação mundial — que se beneficiaram da política e das ações da Trilateral: gigantes como Coca-Cola, IBM, CBS, Caterpillar Tractor, Bank of America, Chase Manhattan Bank, Deere & Company, Exxon, etc.[99]

A TC pode ser definida como o comitê executivo de assessoria ao capital financeiro internacional. Segundo Richard Falk (cit. em *The Trilateral Commission and Elite Planning for World Management*, de Holly Sklar), sua perspectiva ideológica representa a visão de mundo transnacional das corporações multinacionais que pretendem substituir as políticas territoriais por objetivos econômicos não territoriais. Uma de suas funções, portanto, é combater o nacionalismo e a própria noção de "Estados Nacionais". A "interdependência crescente" dos anos 70 que motivaram sua fundação vêm se aprofundando no sentido da "globalização".

---

[99] Wood, op.cit.

Seus membros dominaram todas as Administrações desde Jimmy Carter/Walter Mondale, incluindo George H. W. Bush, Bill Clinton/Al Gore e George W. Bush/Dick Cheney. Mais tarde, a Administração Obama foi saturada por eles. As primeiras nomeações de Carter foram de Brzezinski para assessor de Segurança Nacional, Cyrus Vance para Secretário de Estado, Michael Blumenthal para Secretário do Tesouro e Harold Brown para Defesa, todos trilateralistas.

Mas a dominação política era apenas um meio para "dominar a mais poderosa máquina comercial do mundo"[100], o que fica claro pelas ações subsequentes: nove dos onze Representantes Comerciais Americanos foram seus membros, assim como seis dos oito Presidentes do World Bank. Também os Presidentes do FED Arthur Burns (19701978), Paul Volker (1979-1987) e Alan Greenspan (1987-2006). Também foi a responsável pela criação da World Trade Organization, do NAFTA e da conversão da ONU ao Desenvolvimento Sustentável e ao "aquecimento global".

Segundo os autores citados, se o CFR criou o conceito de governo mundial, a CT, criada com o beneplácito do Clube Bilderberg, foi a força-tarefa para assaltar todas as "cabeças de ponte" adversárias.

Brzezinski escreveu (*Between Two Ages: America's Role in the Technetronic Era*, cit. em Sutton & Wood) que a humanidade passara por três grandes estágios de evolução e que estava no meio do quarto estágio. O primeiro foi o estágio **religioso**, onde se

---

[100] Anthony C. Sutton & Patrick N. Wood, *Trilaterals Over Washington I & II* (outras referências são destes livros, caso não haja outra designação).

acreditava que o destino estava essencialmente nas mãos de Deus; o segundo sendo o **nacionalismo**, baseado no conceito Cristão de igualdade perante a lei; o terceiro, o **marxismo**, baseado numa maior criatividade da visão de mundo da humanidade. Finalmente, o quarto e último, a **Era Tecnetrônica**, a do humanismo racional em escala global — o resultado da transformação evolucionária do "American-Communism".

[A era tecnetrônica] envolve o surgimento gradual de uma sociedade mais controlada e direcionada. Uma sociedade assim seria dominada por uma elite cuja reivindicação ao poder político se basearia em um conhecimento científico supostamente superior. Desimpedida pelas restrições dos valores liberais tradicionais, essa elite não hesitaria em alcançar seus fins políticos, usando as mais modernas técnicas para influenciar o comportamento público e manter a sociedade sob vigilância e controle rigorosos.

> O estado-nação como uma unidade fundamental da vida organizada do homem deixou de ser a principal força criativa: bancos internacionais e corporações multinacionais estão agindo e planejando em termos muito mais adiantados do que o conceito político do estado-nação.

A filosofia de Brzezinski apontava claramente para o difícil caminho de Richard Gardner para a ordem mundial, que apareceu nos Negócios

Estrangeiros em 1974, onde Gardner afirmou: Em resumo, a "casa da ordem mundial" teria que ser construída de baixo para cima, e não de cima para baixo, usando a famosa descrição da realidade de

William James, mas um fim em torno da soberania nacional, corroendo-a peça por peça, o que realizará muito mais do que o ataque frontal à moda antiga.

Compreender a filosofia da Comissão Trilateral foi e é a única maneira de conciliar a miríade de aparentes contradições nas informações filtradas pela imprensa nacional.

Como formulador de políticas para a Comissão Trilateral, Huntington, Assessor de Carter, adverte que a democracia "só pode funcionar quando houver um aumento relativamente constante no bem-estar econômico da sociedade". Ele alerta que "existem limites potencialmente desejáveis à expansão indefinida da democracia política. Finalmente", continua ele, "um governo que não tem autoridade e está comprometido com programas domésticos substanciais terá pouca capacidade de impor ao seu povo os sacrifícios necessários para lidar com problemas de política externa e defesa".

Huntington atribui esse declínio na "governabilidade da democracia" a um "estrato de intelectuais orientados para o valor que freqüentemente se dedicam à derrogação da liderança, ao desafio da autoridade e à deslegitimação de instituições estabelecidas". Huntington conclui que em uma era de educação e meios de comunicação difundidos, esse "desafio ao governo democrático é, pelo menos potencialmente, tão sério quanto os apresentados no passado por panelinhas aristocráticas, movimentos fascistas e partidos comunistas"[101].

---

[101] Cf. Michael A. Calabrese, *Carter's Trilateral Connection: Jimmy's Foreign Policy Club Assembled Long Ago,* The Harvard

Sua perspectiva vem mudando paulatinamente, levando em consideração as dramáticas mudanças do sistema internacional. Segundo o Professor de Economia da Universidade Estadual da Califórnia — Los Angeles e Pesquisador Senior da Universidade de Stanford, Dr. Sutton, que rastreou o desenvolvimento da CT desde seus primeiros passos, ela vem se encaminhando no sentido de dar um impulso final para a criação de um Governo Mundial, ou Nova Ordem Mundial. Ele afirma que muitos Americanos se deixam enganar ao aceitá-la, pois ela representa uma ameaça mortal à Soberania Nacional dos EUA bem como do bem-estar econômico de seu povo. Imagine-se o que não dizer dos Países, como o Brasil, que nem incluídos estão em suas discussões!

Se os principais elementos da Trilateral no Governo Carter não se interessavam pela América Latina, o Presidente tinha interesses. Robert Pastor que foi diretor executivo da força-tarefa CFR de 1974 (financiada pelas Fundações Rockefeller e Ford) chamada Comissão de Relações EUA-América Latina foi nomeado diretor do Escritório de Assuntos da América Latina e do Caribe. Pastor então se tornou o homem de comando da Comissão Trilateral para fazer lobby pela devolução do Canal do Panamá. Com relação à definição de uma agenda e uma abordagem para a América Latina, a fonte de influência mais importante sobre o governo Carter foi a Comissão de Relações EUA-América Latina, presidida por Sol M. Linowitz.

---

Crimson, January 12, 1976 https://www.thecrimson.com/article/1976/1/12/carterstrilateral-connection-pmondale-vance-brzezinski/

Pastor[102] definiu a política do governo Carter em relação à América Latina dividida em duas partes, refletindo as mudanças na agenda regional e internacional. Nos primeiros dois anos, o governo abordou uma extensa "nova agenda mundial de interdependência" e formulou uma nova abordagem para a região com base em um conjunto de princípios com ênfase nos direitos humanos[103]. No final de 1978, o governo havia implementado a maioria das iniciativas iniciadas no ano anterior. Nos últimos dois anos (1979-80), o governo foi obrigado a abordar uma questão de segurança tradicional, focar sua atenção na Bacia do Caribe e administrar crises em vez de desenvolver políticas de longo prazo. Durante o último período, os princípios que Carter delineou no início de seu mandato foi testado por escolhas difíceis.

Os direitos humanos, é claro, foram o centro de sua política:

> Nossa preocupação com esses valores [de direitos humanos] naturalmente influenciará nossas relações com os países deste hemisfério e em todo o mundo. Os Estados Unidos estão ansiosos por defendê-los ao lado das nações que respeitam os direitos humanos e promovem ideais democráticos.

Anunciou que assinaria a Convenção Americana sobre Direitos Humanos e instou outros governos a se unirem aos Estados Unidos para aumentar seu

---

[102] *The Carter Administration and Latin America: A Test of Principle*, https://www.cartercenter.org/documents/1243.pdf

[103] Na época, Brasil, Chile e Argentina estavam sob governos militares e Carter agiu contra eles.

apoio à Comissão Interamericana de Direitos Humanos e à assistência a refugiados políticos.

Outro ponto importante foi o seu apoio a iniciativas convencionais de controle de armas e disse que os Estados Unidos mostrarão restrição em suas próprias vendas de armas. Declarou que assinaria o Protocolo I do Tratado de Tlatelolco[104], que proibia armas nucleares na América Latina.

Segundo Wood (op.cit)

> Os lucros inesperados acumularam-se com os interesses associados à Comissão Trilateral, mas o efeito de sua 'Nova Ordem Econômica Internacional' nos EUA foi nada menos que devastador. Os fundamentos filosóficos da Comissão Trilateral têm a aparência de ser pró-marxistas e pró-socialistas, mas apenas como um trampolim que conduz à sociedade tecnocrática de Brzezinski. Eles são contra o conceito de estado-nação e, em particular, contra a Constituição dos Estados Unidos. Assim, a soberania nacional deve ser diminuída e posteriormente abolida por completo a fim de abrir caminho para a Nova Ordem Econômica Internacional que será governada por uma elite global não eleita com sua estrutura jurídica autocriada.

Em 2007 uma pesquisa realizada Pelo Financial Times/Harris[105] em seis países industrializados mostrou

---

[104] https://www.oas.org/36ag/espanol/doc_referencia/Tratado_Tlatelolco.pdf

[105] FT/Harris poll on Globalization, (http://www.FT.com)

que apenas 20% da população estava a favor da globalização e mais de 50% era radicalmente contra.

## 4. A trilateral amplia o eixo do mal: a nova China[106]

Após a histórica visita de Richard Nixon à China, este país, então um país predominantemente rural com algumas indústrias soviéticas lá se estabelecendo sob rígido controle de Moscou, a China começou a mudar. E é um exemplo da influência da Comissão Trilateral criando políticas do outro lado do mundo. Em fevereiro de 1979 um simpósio sobre o comércio com a China patrocinado pelo jornal Japonês Nihon Keisai. Os participantes eram principalmente trilateralistas. Kiichiro Kitaura, Presidente da Numuru Securities Company apresentou as seguintes propostas:

- Internacionalização do yen
- Consultas e Cooperação entre homens de negócio Japoneses e Americanos sobre formas de penetrar no mercado Chinês
- Harmonizar a tecnologia Japonesa e Americana

O Japão concordou com a sugestão da Brookings Institution em aplicar seus excedentes não mais no Japão, mas no exterior. A decisão teve o pleno apoio da

---

[106] Esta seção é predominantemente baseada no livro de Sutton & Wood já referido

Lehman Brothers, Kuhn Loeb, Inc. Que precisava ampliar seus negócios. A Trilateral propôs criar a China Comunista forte. O Triangle Paper nº15[107] que dizia:

> É do interesse do Ocidente garantir à China condições favoráveis nas relações comerciais em formas aceitáveis de tecnologias civis avançadas. [...] A situação é diferente no que toca às tecnologias militares avançadas. Mais tarde, no entanto tais tecnologias foram comercializadas como também foi estimulado que a China se tornasse expansionista, tendo como primeiro alvo Taiwan, porém somente se a China, fortalecida deveria normalizar suas relações com a URSS.

No que toca à China, a Trilateral queria:

- Construir uma China superpotência
- Fazer isto com o entendimento de voltaria sua tendência expansionista no Extremo Oriente
- Que subsidiasse as atividades de guerrilhas na Tailândia e Malásia — Que a China aceitasse se transformar numa tecnocracia.

Este só veio a ser avaliado em 2001 pelo Time Magazine, quando publicou um artigo intitulado *Made in China: The Revenge of the Nerds*.

---

[107] http://trilateral.org/file.showdirectory&list=Triangle-Papers

## 5. O diálogo interamericano

Um relatório de apreciação da Agência de Inteligência da Força Aérea Brasileira, de 12 de janeiro de 1994[108], sugere que o Diálogo Interamericano, um conhecido grupo de estudos sediado em Washington do qual FHC e outros ex-presidentes latino-americanos fazem parte, é uma "sucursal da Comissão Trilateral nas Américas".

Em 1982 duas ocorrências levaram pânico aos países ricos: a Guerra das Malvinas e a crise da dívida externa que apresentava sérios riscos de *default*. Aproveitando o caos político e institucional na América Latina, interesses internacionais moveram-se rapidamente buscando manter seu domínio político e econômico na região. Desse esforço surgiu o que se convencionou chamar *Diálogo Interamericano*[109]. Em junho, julho e agosto de 1982 foram organizados três seminários para debater as repercussões da guerra das Malvinas nas relações interamericanas, sob os auspícios do *Centro Woodrow Wilson*.

No primeiro dos três seminários realizados após o término da guerra das Malvinas, Heraldo Muñoz, então professor da Universidade do Chile, argumentou que o intento (argentino) de recuperar a soberania sobre as ilhas Malvinas *"só foi possível porque não havia um governo democrático na Argentina"*. Muñoz, posteriormente, foi nomeado embaixador do Chile

---

[108] Cf. https://www1.folha.uol.com.br/fsp/poder/po1404201103.htm

[109] http://www.thedialogue.org/

perante a OEA (Organização dos Estados Americanos)

O Diálogo Interamericano propunha estabelecer estruturas supranacionais para atuar no continente, vigiando as atividades militares e promovendo ações intervencionistas "sempre que necessário". Dez anos depois — governo Clinton, um membro ativo dos mais importantes do CFR — o Diálogo Interamericano anunciou um plano para eliminar, em curto prazo, a soberania dos estados da América Latina, substituindo suas funções por uma rede de instituições supranacionais subordinadas aos interesses hegemônicos transnacionais, via Nações Unidas, FMI, e uma série de Organizações Não Governamentais. Esse projeto baseava-se no argumento de que "a soberania dos estados nacionais não poderia constituir-se num escudo atrás do qual governos ou grupos armados poderiam se esconder", numa clara menção à ideologia wilsoniana e kantiana. Não por coincidência, movimentos de guerrilhas no México, Colômbia, Peru e Guatemala passaram para a primeira página dos jornais, servindo para estimular as diretrizes do Diálogo Interamericano, forma de intimidação e erosão dos Estados Nacionais. Também foram incrementadas campanhas para a formação de nações indígenas independentes, como no caso dos Ianomâmi.

Outras ameaças aos Estados Nacionais foram feitas por parte do Diálogo Interamericano: suspensão da assistência econômica bilateral, estimulando a criação de instituições supranacionais e sujeitando a elas a ajuda, embargo de exportações e importações vitais, suspensão de ajudas militares, de fornecimento de equipamentos e, finalmente, a possibilidade de intervenções militares. O modelo também previa a internacionalização das economias nacionais via privatizações fajutas — como as de FHC — possibilidade total de especulação financeira e até recomendação de que deviam ser suspensos os direitos sociais de algumas constituições de países da América Latina, como forma de "incrementar investimentos".

Foi questionada a missão dos militares, infensos a aceitar a transformação de nosso território numa imensa fazenda exportadora de matérias-primas e de produtos semimanufaturados e sub-valorizados. Foi sugerido então que se construísse uma *"rede democrática"* com poderes suficientes para opor-se *"aos comunistas e aos militares"*, colocados, assim, em pé de igualdade. Daí nasceu a Resolução da OEA sobre o monitoramento das democracias no continente. O foco dos países ricos passou a ser não mais somente os movimentos comunistas, que já não são considerados tão perigosos após o "fim da guerra fria", mas também as ações dos militares do continente em defesa das respectivas soberanias nacionais.

Para lograr este último objetivo, o documento do Diálogo considerou ser urgente reduzir a participação militar em *"assuntos civis"*. Em fins do ano de 1986, o Diálogo pôs em marcha um projeto que culminou com a publicação, em 1990, do chamado *"Manual Bush"* (de Bush Senior), uma obra anti-militar editada em espanhol com o título *"Los Militares y la Democracia: El Futuro de las Relaciones Cívico-Militares en América Latina"*[110], que sugeria o desencadeamento de uma guerra econômica contra os militares latino-

---

[110] http://www.amazon.com/Los-Militares-Democracia-relaciones-civico-militares/dp/9460315011

americanos, assinalando que *"o nível de recursos a ser destinado aos militares"* deveria ser questionado e mudado, como uma das formas mais efetivas de *"conter a influência das Forças Armadas"* dos países ao sul do Rio Grande. O flanco econômico transformar-se-ia, assim, rapidamente, no ponto forte da guerra contra os militares da América Latina. A *Comissão Trilateral* defende a substituição das Forças Armadas dos países subdesenvolvidos, notadamente da América Latina, por *forças regionais de defesa*, que por aqui até já tem nome: *Força Interamericana de Defesa*.

Outro fator de risco é o considerado como excessivo crescimento populacional nos países em desenvolvimento ou subdesenvolvidos, pois *"o excesso populacional agride a natureza e provoca o aquecimento da Terra"*. Foram também recomendados pactos mundiais para forçar as nações atrasadas ao cumprimento de rigorosas medidas protecionistas do meio ambiente, em troca da promessa de redução de suas dívidas externas. Ao propor a criação de *forças regionais de defesa*, foi assinalado que a Guerra Fria acabara e que não havia mais riscos de comunismo na América Latina. Sobre a eliminação das Forças Armadas nacionais, a conclusão da Trilateral e do Diálogo é a de que em muitos países da América Latina elas tendem a *"ser promotoras institucionais vigorosas de comportamentos nacionalistas"*.

Embora reconhecendo que as nações necessitam de Forças Armadas, sugere-se que elas devam ser "reestruturadas" segundo as normas fixadas pela *"Nova Ordem Mundial"*: cortes orçamentários, redução de efetivos, abandono da missão histórica de defender o Estado Nacional, participação em forças multinacionais, etc.

> As Forças Armadas terão que aceitar que as coisas não podem continuar como até agora; certas mudanças terão que ser feitas, porque há uma mudança muito forte em nível mundial indicando que as grandes organizações de tipo estatal estão em crise [...]. As Forças Armadas, como uma instituição estatal, sofrem o mesmo destino que todos os demais organismos do Estado: perdem poder, perdem dinheiro e perdem lugar.

O desmoronamento dos soldos dos militares e do seu prestígio, através de uma sistemática campanha para ligá-los à tortura — no Brasil aos "anos de chumbo" — a par com vultosas indenizações pagas aos guerrilheiros e terroristas por eles combatidos nas décadas de 60/70 que servem muito mais para dar justificativa à campanha de desmoralização e só secundariamente ao aumento das suas contas bancárias — criaram uma *"profunda crise de identidade entre os militares no continente"*, assegurou que *"está crescendo a brecha entre gerações novas e velhas"* na instituição militar, e que

> [...] a geração mais jovem está imbuída do ponto de vista da sociedade civil [...] Ao ir-se ajustando às novas noções de democracia e ao neoliberalismo, os militares tendem a uma visão retrospectiva em busca do nacionalismo e do regresso à política antiga. Porém, isso mudará, pois a profissão de militar está a ponto de converter-se em uma profissão como qualquer outra.

Quem muito contribuiu para a discussão desses pontos na ONU e suas ONGs foi Fernando Henrique Cardoso que é incensado como a grande esperança de transformação na América Latina, restaurador da governabilidade democrática e das políticas dos direitos humanos na região. Para uma Organização que defende a globalização e o Governo Mundial é possível avaliar as ações dos oito anos de Governo do PSDB e concluir com certeza de que não se trata de um Partido nacional, como já vimos que o PT não o é, mas sim um Partido a serviço das ideologias globalizantes daqueles que se autodenominam "elite" internacional. Um dos mais importantes documentos da globalização é de autoria de FHC e ficou conhecido como *Cardoso Report*[111], elaborado por um Painel de Pessoas Eminentes da ONU — *Civil Society Relations* constituído de mais 12 pessoas.

FHC ainda faz parte de outra organização de "pessoas eminentes": The Elders (Os Anciãos) [www.theelders.org]. Fundada por Nelson Mandela em 2007, que se define como "liderança ética e cooperação internacional". FHC é um dos Elder Emeritus. Seus objetivos são claramente globalistas e antinacionalistas. Seus objetivos principais são o fortalecimento da ONU, a não proliferação nuclear e o desarmamento — oficialmente apenas do desarmamento dos países, mas subrepticiamente inclui o desarmamento civil.

Como seu irmão siamês, o PT, sua política de privatizações, p.ex., nada tinha de capitalista, mas visava a internacionalização da economia nacional para os grandes cartéis transnacionais. Por esta razão, a cria-

---

[111] https://www.globalpolicy.org/empire/32340-panel-of-eminent-persons-on-united-nations-civil-societyrelations-cardoso-panel.html

ção simultânea das famigeradas "agências reguladoras" através das quais fica mantido o controle estatal. Explica, também, a política externa antiamericana e de apoio total à ONU, continuada pelo PT.

\* \* \*

Outro perigoso movimento destinado a fragmentar as nações latino-americanas é o chamado *"Movimento pelos Direitos Indígenas"*, grupos que operam em quase todos os países do continente. Onde não há indígenas nativos, missionários e antropólogos estrangeiros os constituem ou reconstituem. Esse movimento é financiado, dirigido e promovido desde o exterior como uma força dirigida explicitamente contra o Estado Nacional. Em fevereiro de 1993, o Diálogo Interamericano constituiu um grupo de trabalho encarregado de *"Divisões Étnicas e a Consolidação da Democracia nas Américas"*, com o objetivo expresso de *"estimular o debate entre os povos do hemisfério sobre a relação entre os governos e os povos indígenas"*, e se propôs emitir aos governos da região *"recomendações programáticas práticas"* sobre a matéria.

A Convenção 169 da Organização Internacional do Trabalho (OIT) — que, em futuro não muito remoto, se tornará o Ministério do Trabalho do Governo Mundial — estatui o direito de autodeterminação dos povos indígenas e tribais, incluindo o direito de fazer leis próprias, regulamentos, convenções, tratados, etc. Em breve os povos indígenas e tribais deverão constituir-se em Estados independentes dentro dos territórios nacionais.

O Brasil supera todos os demais por uma situação característica de nosso país: a existência dos **Quilombolas**. Os descendentes dos habitantes dos antigos quilombos, redutos de negros refugiados da escravidão, de acordo com o Artigo 68 da Constituição Federal tem o direito de propriedade definitiva dos territórios, desde que estejam ocupando suas terras. A partir de 2003 o Decreto 4.887 especifica que "para a medição e demarcação das terras serão levados em consideração os critérios de territorialidade indicados pelos remanescentes das comunidades quilombolas". Na prática, é a Fundação Palmares, do Ministério da Cultura, que pode reconhecer como quilombola qualquer comunidade afro-descendente mesmo **as que não estejam ocupando as terras pretendidas**. No entanto, o título de propriedade é coletivo, em nome de uma Associação obrigatória, próindiviso, com obrigatoriedade de cláusula de inalienabilidade, imprescritibilidade e impenhorabilidade. Significa, na realidade, a estatização da terra nos moldes soviéticos.

## 6. *Association of World Federalists*

É ligada ao *World Federalist Movement (WFM)*[112] e foi uma das mais importantes e atuantes organizações pela criação da Corte Criminal

---

[112] http://worldfederalistmanifesto.com/, http://wfm-igp.org/

[113] http://en.wikipedia.org/wiki/Millennium_Summit, http://www.un.org/en/events/pastevents/millennium_summit.shtml

Internacional. Seu principal objetivo de longo prazo é a criação de um Governo Federalista Mundial. Em curto prazo trabalha por uma reforma em larga escala da ONU que transforme a Assembléia Geral num Parlamento Global, pela criação e reforço da uma Força Internacional de Paz permanente e por um sistema de impostos internacionais para financiar o desenvolvimento internacional sob proteção ambiental. O WFM, fundado em 1947 em Montreaux, define a si mesmos como um movimento internacional de cidadãos lutando por justiça, paz e prosperidade sustentável, baseado em instituições mundiais fortes e democráticas para trazer a paz e a justiça para a comunidade internacional através de instituições globais efetivas e submetidas às leis internacionais. Apóia a criação de estruturas democráticas globais.

## 7. A sblizhenie na ONU

Em setembro de 2000 reúne-se na sede da ONU o que foi considerado o maior encontro de Chefes de Estado da história: o *United Nations'*

*Millennium Summit*[113]. Os líderes das nações representadas eram pressionados a assinar diversos tratados de aceitação global, incluindo o controvertido Estatuto de Roma que abre caminho para a Corte Penal Internacional, feito sob medida para condenar americanos e israelenses e o Protocolo de Kyoto para paralisar a indústria americana. "Coincidentemente" do outro lado da ilha de Manhattam, no *New York Hilton Towers* reuniu-se o *State of the World Forum*, convocado por quem? Ora, quem disse Gorbachov levou o prêmio! Nesse Fórum ele exigia um novo e mais amplo papel para a ONU. O Forum — um projeto iniciado em 1994 pela *Gorbachov Foundation-USA* — busca o diálogo entre líderes mundiais, tanto dos governos como de setores da "sociedade civil organizada" na busca de um novo paradigma para a civilização no limiar do novo milênio. Este novo paradigma inclui uma expansão radical da ONU com maior força de coerção sobre os governos nacionais. No seu discurso de abertura ele disse: *'Em 1998 eu falei de um novo papel para a ONU. Além do Conselho de Segurança, devemos ter um Conselho Econômico e um Conselho Ambiental, ambos com igual autoridade ao de Segurança'.* Embora tendo negado que estava propondo o controle sobre a liberdade econômica, sugeria que *'o Conselho Econômico deverá ter direito de desenvolver regras que previnam situações explosivas, pois o mercado capitalista mundial sem regras nítidas traz a falência das economias menores e a recessão'.* Acrescentou que *'no final, as corporações internacionais terão que aceitar este controle',* no que um observador questionou se isto não seria apenas a internacionalização da versão marxista de controle econômico.

O onipresente George Soros, na apresentação dos 500 participantes do Forum, disse que o mesmo era *a quintessência da voz do globalismo* enquanto criticava acerbamente as corporações e o Congresso Americano, controlado pelos Republicanos. No terceiro dia ficava claro que em todas as sessões cada orador abordava um novo ângulo da mesma ideia: **a ONU deveria coordenar a governança global!** Só assim haveria condições para assegurar os direitos humanos, mercados estáveis e direitos pessoais. Certamente algum mecanismo de força seria necessário para proteger os direitos de toda a Humanidade. Obviamente, um exército planetário e transnacional. No principal Painel do Fórum — co-presidido por John Sweeney, Presidente da central sindical esquerdista americana AFL-CIO, Soros e Gorbachov — foi proposto um novo *globalismo bom* em oposição àquele do "consenso de Washington", *que trouxe desigualdade entre as nações e violação dos direitos humanos*. O Painel propôs, entre outras coisas, que os empréstimos do FMI fossem dirigidos diretamente a indivíduos e ONG's, sem necessidade de garantias nacionais o que certamente desnacionalizaria o capital, num primeiro passo para a inexorável abolição dos Estados Nacionais. Pregava-se ainda, a criação de um imposto sobre a circulação de capital.

## 8. *As ONG's globalistas*

Cada vez mais as ONG's vão se tornando o maior lobby dentro da ONU. Calcula-se que sejam mais de 10.000.000 financiadas, por Fundações americanas e europeias defendendo a agenda estabelecida naquele Fórum de potencialização da ONU e contra a soberania americana. Incluem-se aqui, principalmente, as organizações que exigem o desarmamento da população civil, pois um povo armado até os dentes como o americano ou o suíço não é fácil de dominar. Os grandes promotores do governo mundial são preponderantemente grandes corporações e universidades, *think tanks* e Fundações isentas de impostos — entre as principais estão, além das citadas acima, o *Bilder-*

*berg Group* (BG), e o *Committee for Economic Development* (CED). O padrão geralmente seguido pela ONU para aumentar seu poder é, mais uma vez, uma estratégia de pinça ou tesoura: por "baixo", congressos, fóruns, manifestações de rua organizadas pelas ONG's para convencer a maioria da população mundial de que expressam um "consenso da comunidade internacional"; por "cima", líderes corporativos, políticos e diplomatas que "apenas" respondem aos clamores de tal vontade da "sociedade civil organizada".

Porém, mais uma vez sem a cooperação de líderes americanos que desejam impor esta nova ordem mundial contra seu próprio País, nada seria possível. E é aí que entra o papel da esquerda do Partido Democrata e a proposta de leis que atentam contra o *Bill of Rights*, centradas contra a Segunda Emenda — principalmente a liberdade do estabelecimento de uma milícia armada e do porte de armas — e, de maneira cínica, aparentemente defendendo a Primeira — mormente a de não legislar sobre assuntos religiosos. Baseados nisto surgem os movimentos ateístas e pagãos que acionam os governos locais e o federal por qualquer coisa que se refira aos símbolos ou às crenças judaico-cristãs, o seu maior inimigo. Vale repetir aqui frase de Gorbachov, em 15/12/1987:

> Não pode existir trégua na luta contra a religião porque, enquanto ela existir, o comunismo não prevalecerá. Devemos intensificar a destruição de todas as religiões aonde for que elas sejam praticadas ou ensinadas.

Nesta luta contam com a quinta-coluna religiosa, infiltrada nas Igrejas americanas — tal como a Teologia da Libertação por aqui — através do *National*

*Council of Churches (NCC)*. Seu Secretário Geral, Rev. Robert Edgar, logo após a reeleição de Bush, proferiu: '*Esta eleição confirmou que esta é mesmo uma nação dividida, não apenas politicamente, mas em termos de nossa interpretação da vontade de Deus*'. Seu Programa de Combate ao Racismo (PCR) é uma das maiores fontes de financiamento para os movimentos guerrilheiros comunistas do terceiro mundo. Um exemplo da atitude do NCC em relação à América Latina é a do Bispo Metodista James Armstrong, após uma visita a Cuba em 1977:

> Há uma diferença significativa entre situações aonde as pessoas são aprisionadas por se oporem a regimes que perpetuam a desigualdade social, como no Chile e no Brasil p.ex., e aquela nas quais são aprisionadas por se opor a um regime que se propõe eliminar as desigualdades, como em Cuba,

argumento que passou a valer para todas as esquerdas e ainda hoje leva à execração dos militares chilenos, brasileiros, argentinos e uruguaios, simultânea com o enaltecimento de Fidel Castro. A campanha do NCC para apoiar os ambientalistas que pretendem liquidar a indústria americana levou o nome ridículo de "*O que Jesus gostaria de dirigir?*" (*What Jesus would drive?*), levada a cabo através do *Evangelical Environmental Network (EEN)*, que defende que "os problemas ambientais são primariamente espirituais — contra o planeta que Deus nos deu".

Outra trincheira religiosa globalista é a *United Religions Initiative*, fundada pelo Bispo William Swing da Diocese californiana da Igreja Episcopal,

[...] uma crescente comunidade global dedicada a promover persistente e diariamente a cooperação inter-fé, o fim da violência religiosamente motivada e criar culturas da paz, justiça e cura para a Terra e todos os seres vivos".

Para conhecer profundamente este movimento globalista pseudo-religioso recomendo o livro de Lee Penn *False Dawn: The United Religions Initiative, Globalism and the quest for a One-World Religion*, Sophia Perennis Ed., Hillsdale, NY, 2004

# REFERÊNCIAS

Aron, Raymond *O Ópio dos Intelectuais*, Editora Universidade de Brasília, 1980

_____ *Memórias*, Nova Fronteira, Rio de Janeiro, 1983

Avellar Coutinho, Sergio Augusto *A Revolução Gramcista no Ocidente*, Ombro a Ombro, RJ, 2002

_____ *Cadernos da Liberdade*, Grupo Inconfidência, 2003 Azambuja, Carlos Ilitch *A Hidra Vermelha*, Ed Samizdat, Rio, 1985

Blight, James et al. Cuba on the Brink: Castro, the Missile Crisis and the Soviet Collapse, Pantheon, NY, 1993 Buchanan, Patrick J. Where the Right Went Wrong: How Neoconservatives Subverted the Reagan Revolution and Hijacked the Bush Presidency, St. Martin's Press, 2004

Camus, Albert *O Homem Revoltado*, Record, Rio-SP, 2005

Carvalho, Olavo *A Nova Era e a Revolução Cultural: Fritjof Capra & Antonio Gramsci*, disponível para download em www.olavodecarvalho.org.

Chambers, Witthaker, *Witness*, Regnery Publ., Washington, D.C., 1952

Charen, Monica *Useful Idiots*, Regnery Publishing, Washington D.C., 2003

Coulter, Ann *Treason: Liberal Treachery from the Cold War to the War on Terrorism*, Three Rivers Press, NY, 2003

Clark, Grenville & Sonh, Louis *World peace through world law. Two alternative plans*. Terceira Edição ampliada, Cambridge, Harvard University Press, 1966

Courtois, Stéphane *et als.*, *O Livro Negro do Comunismo: Crimes, Terror e Repressão*, Bertrand, Rio, 1999

De Paola, Heitor *Rumo ao Governo Mundial Totalitário: as grandes fundações comunista, Fabianos e nazistas*, e-Book

Djilas, Milovan *A Nova Classe: Uma Análise do Sistema Comunista*, Círculo do Livro, SP, 1980

Dyakov, Yuri & Bushuyeva, Tatiana *The Red Army and the Wermacht: How the Soviets Militarized Germany and Paved the Way for Fascism*, Prometheus Books, Amherst, NY, 1995

Edwards, Lee *To Preserve and Protect: The Life of Edwin Meese III*, Heritage Foundation, Washington, D.C., 2005

Estulin, Daniel *A Verdadeira História do Clube Bilderberg*, Planeta, 2005

Freud, Sigmund *New Introductory Lectures on Psycho-Analysis: XXXV — The Question of a Weltanschauung*, (1932[1933]) Standard Edition of The

Complete Psychological Works of Sigmund Freud, vol. 22, Hogarth Press and the Institute of Psycho-Analysis, London, 1973

Fukuyama, Francis *O Fim da História e o Último Homem,* Rocco, Rio, 1992

Furet, François *Le Passé d'une Illusion: essai sur l'idée commnunist au XX siècle,* Robert Laffont & CallmanLévy, Paris, 1995

Gabel, Joseph *Ideologies and the Corruption of Thought,* Transactions Publishers, London, 1997

Gaddis, John Lewis, *We Now Know: Rethinking Cold War History,* Oxford University Press, 1997

Gaspari, Elio *A Ditadura Derrotada,* Companhia das Letras, Rio, 2003

Gorbachov, Mikhail Sergeievitch *PERESTROIKA: Novas Ideias para o meu País e o Mundo,* Best Seller, SP, 1987

Gramsci, Antonio *Cartas do Cárcere,* Civilização Brasileira, Rio, 1966

_____ *Os Intelectuais e a Organização da Cultura,* Civilização Brasileira, Rio, 1979

Golitsyn, Anatoliy *New Lies for Old,* G. S. G. & Associates, Inc., 1990

_____ *The Perestroika Deception: The World's Slide Towards the Second October Revolution*

*(Memoranda to the Central Intelligence Agency)*, Edward Harle Ltd, 1998

Griffin, G. Edward *The Creature from Jekyll Island*, American Media, Westlake Village, CA, 1994

Hayek, Friedrich A. *The Road to Serfdom,* University of Chicago Press, 1994

_____ *Capitalism and the Historians: a defense of the early factory system and its social and economic consequences by a group of distinguished conservative historians,* University of Chicago Press, 1954

Haynes, John Earl & Klehr, Harvey *VENONA: Decoding Soviet Espionage in America,* Yale University Press, New Haven, 1999

Heller, Michael & Nekrich, Alexander, *Utopia in Power: a History of the USSR from 1917 to the Present,* Hutchinson, London, 1982

Horowitz, David *The Politics of Bad Faith: The Radical Assault on America's Future",* Free Press, NY, 1998

Jay, Martin *The Dialectical Imagination: A History of the Frankfurt School and the Institute of Social Research, 1923-1950,* Litlle Brown, Boston, 1973

Johnson, Paul *Modern Times: The World from the Twenties to the Nineties*, Perennial, NY, 2001. Jones, Alan B., *How the World Really Works*, ABJ, 1996

Kjos, Berit *Brave New Schools*, Harvest House, Eugene, Oregon, 1996

Koch, Stephen *Double Lives: Spies and Writers in the Secret War of Ideas Against the West*, Free Press, NY, 1994

Kramer, Hilton *The Twilight of the Intellectuals: Culture and Politics in the Era of Cold War*, Ivan R. Dee, Chicago, 1999

Kravchenko, Victor A. *I Chose Freedom: The Personal and Political Life Of A Soviet Official*, Transaction Publishers, Edison, NJ, 1946 (1988 Reprint). Existe em Português.

Krebs, Richard Julius Hermann (Jan Valtin), *Out of the Night, 1941*

Labin, Suzanne *Em Cima da Hora*, Record, Rio, 1963

Lyons, Eugene, *The Red Decade: The Stalinist Penetration of America*, Bobbs-Merril, Indianapolis, 1941

Marcuse, Herbert *Eros and Civilization: A Philosophical Inquiry into Freud*, Beacon Press, 1974

Moura e Souza, Aluísio Madruga *Guerrilha do Araguaia: Revanchismo*, Editado pelo Autor, Brasília, DF, 2002

O'Sullivan, Noel, *Terrorism, Ideology & Revolution: the origins of moder political Violence*, Harvest Press, 1986

Orwell, George, *1984*, Companhia Editora Nacional, SP, 2005 (Nova edição, recomendada por conter um Apêndice da Novilíngua)

Paim, Antonio Ferreira *Liberdade Acadêmica e Opção Totalitária: Um Debate Memorável*, Artenova, Rio, 1979 Perloff, James *The Shadows of Power: The Council on Foreign Relations and the American Decline*, Western Islands, Appleton, Wisconsin, 1988

Pontes, Ipojuca *A Era Lula: Crônica de um Desastre Anunciado*, A Girafa, Rio, 2006

Powers, Richard Gid *Not Without Honor: The History of American Anticommunism*, Tale University Press, New Haven, 1998

Puggina, Percival *A Tragédia da Utopia*, Literalis, Porto Alegre, RS, 2004

Quigley, Caroll *Tragedy and Hope: A History of the World in Our Time*, Macmillan, NY, 1966

Rauschning, Hermann *The Revolution of Nihilism: Warning to the West*, Alliance Books, NY, 1939

Reagan, Ronald *Reagan in his Own Hands: The Writings of Ronald Reagan that Reveal his Revolutionary Vision of America*, editado por Kiron K. Skinner, Annelise Anderson & Martin Anderson, Touchestone, NY, 2001

Reichley, A. James *The Life of the Parties: A History of American Political Parties*, Free Press, NY, 1992

Revel, Jean-François *Como Terminam as Democracias*, Difel, SP, 1984

_____ *A Obsessão Antiamericana: Causas e Inconseqüências*, UniverCidade, Rio, 2003

Salgueiro, Graça *O Foro de São Paulo: A mais perigosa organização revolucionária das Américas*, Ed. Observatório Latino, 2016

Slater, Phil *Origem e Significado da Escola de Frankfurt*, Zahar, Rio, 1978

Smith, Adam *Teoria dos Sentimentos Morais*, Martins Fontes, São Paulo, 2002

Sokal, Alan & Bricmont, Jean *Impostures Intellectuelles*, Éditions Odile Jacob, Paris, 1997

Sun Tzu *A Arte da Guerra*, L&PM, Porto Alegre, 2000

Sutton, Anthony C. *Wall Street & the Bolshevik Revolution*, Buccaneer Books, 1993

Sutton, Anthony C. Wood, Patrick M. *Trilaterals Over Washington*, The August Corporation, 1979

Torres, Raymundo Negrão *1964: A Revolução Perdida*, Torre de Papel, Curitiba, PR, 2002

_____ *O Fascínio dos Anos de Chumbo*, editado pelo autor, Curitiba, PR, 2004

Tuchman, Bárbara W. *O Telegrama Zimmermann*, José Olympio, Rio, 1992

United States Dept. of Defense — Office of the Secretary *Networks and Netwars: The Future of Terror, Crime, and Militancy*, org. por John Arquilla & David F. Ronfeldt, National Book Network Ustra, Carlos Alberto Brilhante *Rompendo o Silêncio*, Editerra Editorial, Brasília, DF, 1987

_____ *A Verdade Sufocada: a história que a esquerda não quer que o Brasil conheça*, Editora Ser, Brasília, DF, 2006

Voslensky, Mikhail Sergeievitch *NOMENKLATURA: Como Vivem as Classes Privilegiadas na União Soviética*, Record, RJ, 1980

Wiggershaus, Rolf *A Escola de Frankfurt: História, Desenvolvimento Teórico e Significação Política*, DIFEL, Rio, 2002

Wood, Patrick M. *Technocracy Rising: The Trojan Horse of Global Transformation*, Convergent Publishing. Edição do Kindle.

Wormser, Rene A., *Foundations: their Power and Influence*, Covenant House, 1993 Wriston, Henry M. *Challenge to Freedom*, Harper & Bros., NY, 1943

Yakovlev, Alexander N., *A Century of violence in Soviet Russia*, Yale Univ. Press, New Havenm 2002

# Conheça nossas outras obras

**As Origens do Mal:** A maioria das pessoas não conhecem a origem das idéias que definem as diretrizes de governos e instituições. A obra do professor Fabio Blanco provoca o leitor a indagar e levantar questionamentos antes proibidos na esfera intelectual do país.

**Autor:** Fabio Blanco

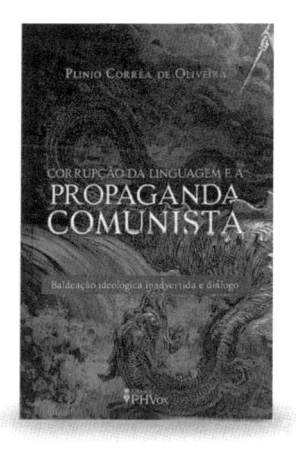

**Corrupção da Linguagem e a Propaganda Comunista**

O presente ensaio denuncia a corrupção e decadência moral do homem moderno e a forma de manipular a opinião pública: a utilização de palavras-talismã.

**Autor:** Plinio Corrêa de Oliveira

Onde adquirir: www.livrariaphvox.com.br
Também nas principais livrarias físicas e digitais

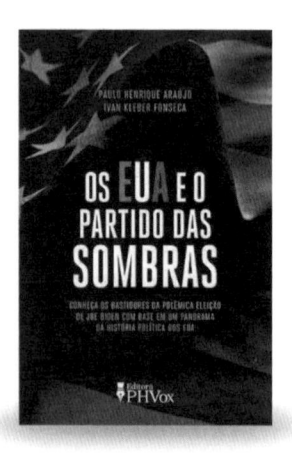

**Os EUA e o Partido das Sombras**

Conheça os bastidores da polêmica eleição de Joe Biden com base em um panorama da história política dos EUA

**Autores:** Paulo Henrique Araújo e Ivan Kleber Fonseca

**As Bases Revolucionárias da Política Moderna**

Um Ensaio sobre as raízes que moldam as sociedades e transformam a política e a cultura contra o cidadão.

**Autores:** Paulo Henrique Araújo e José Carlos Sepúlveda da Fonseca

Onde adquirir: www.livrariaphvox.com.br
Também nas principais livrarias físicas e digitais

Este livro foi impresso pela Ferrari Daiko.
Os tipos usados para este livro foram Sabon LT Std.
O miolo foi feito com papel Chambril Avena 80g e a
capa com cartão Triplex 250g.